设计学校

学校变革新动力

陈 平 著

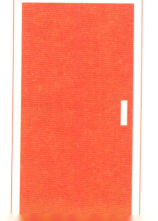

华东师范大学出版社

图书在版编目(CIP)数据

设计学校：学校变革新动力/陈平著. —上海：华东师范大学出版社，2019

ISBN 978 - 7 - 5675 - 9477 - 7

Ⅰ.①设… Ⅱ.①陈… Ⅲ.①学校教育−研究
Ⅳ.①G4

中国版本图书馆 CIP 数据核字(2019)第 206317 号

设计学校
——学校变革新动力

著　　者　陈　平
绘　　图　陈　平
责任编辑　王冰如　张艺捷
特邀审读　蓝先俊
责任校对　孙祖安
装帧设计　刘怡霖　陈　平

出版发行　华东师范大学出版社
社　　址　上海市中山北路 3663 号　邮编 200062
网　　址　www.ecnupress.com.cn
电　　话　021 - 60821666　行政传真 021 - 62572105
客服电话　021 - 62865537　门市(邮购)电话 021 - 62869887
地　　址　上海市中山北路 3663 号华东师范大学校内先锋路口
网　　店　http://hdsdcbs.tmall.com

印 刷 者　上海盛通时代印刷有限公司
开　　本　787×1092　16 开
印　　张　21
插　　页　8
字　　数　263 千字
版　　次　2019 年 12 月第 1 版
印　　次　2020 年 11 月第 3 次
书　　号　ISBN 978 - 7 - 5675 - 9477 - 7
定　　价　68.00 元

出 版 人　王　焰

极富想象力的 PEGS 少年男校校舍建筑，角楼突兀、奇特的建筑物剪影，让男生既紧张
又急于探险。（相关内容见 P49）

让孩子惊奇的卡尔·博列小学。在这里一个普通的墙体也可以让孩子玩出精彩，玩出故事
来。无意中打开某一扇门，展示在眼前的就是一个光怪陆离的世界。（相关内容见 P57）

处于西湖边上的杭州行知小学"几米风格"的彩绘墙及到处躲藏着的"兔子",营造了浓郁的童话氛围。(相关内容见 P80)

杭州天长小学的时光隧道及热带丛林风格的阅读空间,让孩子们仿佛置身于另一个世界。(相关内容见 P80)

清华大学附属小学学生紫色的校服（相关内容见 P179）

校服荟萃。好的校服能体现出不同国家、不同民族、不同地区的特点。（图片来自网络）（相关内容见 P180）

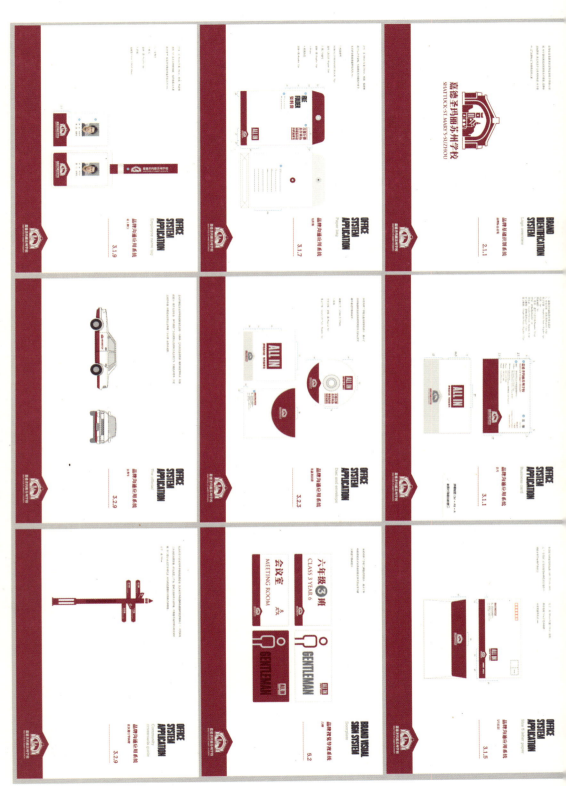

嘉德圣玛丽苏州学校 VI 设计。图片由上海智良文化传播公司提供。（相关内容见 P198）

常州清英外国语学校半月形课桌，充满想象力的造型，营造出了梦幻般的效果，内凹的弧形更适合孩子们学习，活动时也可以把课桌组合成不同的花朵。（相关内容见 P219）

无锡协和国际学校把原来的进门大厅改造成一个多功能活动中心，学生可以在这里阅读、座谈，也可以进行演讲。原来狭小的楼梯改造成宽敞的阶梯式座位，便于学生观摩及聆听。（相关内容见 P222）

蒙台梭利学校富士幼儿园（手冢贵晴与手冢由比夫妇设计），创造了一个"无边界"、"无死角"空间。（图片来自百度文库）（相关内容见 P282）

约翰.哈代的"绿色学校"犹如绿色城堡，掩映在茂密树林中。在这里孩子们拥有了与环境、与自然高度融合的学习空间，通过体验学习，让他们发现真实世界，建立可持续发展理念。（图片来自：约翰.哈代 TED 演讲《我的绿色环保学校梦》视频）（相关内容见 P290）

没有设计，一堆石料就是一堆乱石；有了设计，一堆石料就变成了金字塔。

　　设计，重要的不是造物，而是借助这个物来解决生活中的问题。设计学校，重要的不是建一所学校，而是通过这所学校来更好地培养学生。

目　　录　　contents

推荐序一

作为思想的学校设计

近日阅读了陈平老师的新作《设计学校——学校变革新动力》，十分欣喜。早几年，我就对这一新理论、新趋势有所关注，也拜读过包豪斯这位开创现代艺术历史里程碑的大家的著作——《作为启蒙的设计》，当时便觉一股清新的空气迎面扑来，并且有一种冲动和想象：设计学校呢？如今，陈平让想象变成了现实，形成了专著，我，我们当然是非常感谢的，也很感动。

本书扉页上的这句话道出了设计非同一般的价值与意义："没有设计，一堆石料就是一堆乱石；有了设计，一堆石料就变成了金字塔。"设计的价值与意义同样体现在学校设计上。陈平的这本著作，结合大量案例，用叙事和议论相结合的方式，通过八个章节，较为完整、准确而又生动地概括、提炼了学校设计的核心理念、主要策略、基本思路和具体方法，让设计的价值与意义在其中跳跃、闪耀，让学校设计鲜活起来，蓬勃起来。翻阅此书，我们不难从中感受到设计特有的力量和独有的魅力。让设计走向学校、走向教育，前瞻来看是一种趋势，陈平敏锐地把握住了。

其一，陈平以他对学校发展的深刻认知，得出了一个极为重要的结论：设计学校，是学校发展的新动力。这是关于学校发展一个独特、全新的视角。惯常，我们总是从内在动力与外在动力，从主动与被动，从政策、制度、经费等层面展开讨论，寻找学校发展的动力，这些方面当然还要继续坚持，并且不断深入。而设计，为我们提供了艺术的视角，这一艺术视角又极具科学性和现代性。其实，这是个文化的视角，一如联合国教科文组织的宣言所说，可以用文化来定义发展。文化，这一软实力，作为学校发展的根本动力，陈平将其聚集、凝练、体现在"设计"上，显然是富有新意的，也是很深刻的。这意味着，设计学校是文化的进步，也是文化建设的境界，校长应当是文化设计者。

其二，陈平以他丰富的美学素养，阐明了设计学校的审美意义。设计从物理的范围走向了艺术，走向了现代艺术更大更高的范畴。这自然让我想起了英国赫伯·里德爵士的著作《通过艺术的教育》。他阐扬了柏拉图创见的主题：艺术应为教育任何自然而崇高的形式；教育唯有运用艺术，才能解脱人类心灵所受的压制，才能达成民主社会的教育目标——自我实现。学校原来就是文化的存在，艺术的存在，审美原本就是学校教育的目标和境界。如今通过设计，使学校的审美意义在设计中得到充分开发与彰显，美学精神得到充分培养和发扬。

其三，陈平以他超然的视野，设计学校，打开了学科间藩篱，走向了课程的综合与学习的跨界。包豪斯一直提倡知识是互相关联的，课程是融通的，教育就在生活之中。无疑，设计学校，将学科与学科、学科与技术、学科与生产联结起来，打破了学科边界，推动了边界上的交流与对话，开辟了学科新视野。课程改革一直倡导学科的开放与整合，也探索了一些有效的途径，而设计，这一理论，这一理念，一下子打开了我们的视野，提供了新的途径和方法，这是一大贡献。从书中，我们已感受到了跨界的意义。

其四，陈平站在现实的高地上，瞭望世界与未来，学校设计的理念引领教育走向未来。"启蒙的本质就是一种抉择。"启蒙如同光束，必然同时带来可见和不可见。作为思想的包豪斯在其诞生以来的 90 多年漫长岁月中，一直在启蒙未来。未来可能是看得见的，也可能是看不见的。设计学校这一理念本身就具有未来的启蒙性。陈平写出这一专著，闪烁着未来学校的异彩，可以被称作"作为思想的学校设计"。

陈平是江苏省人民教育家培养工程的培养对象。"工程"要求培养对象要有自己的教育主张。陈平在大量阅读的基础上，进行文献探索与研究，搜集各种案例，视野之开阔，资料之丰富，梳理之细致，思考之深入，从专著中完全感受到了。因而，陈平的教育主张是有新意的，其独到的见解和表达方式，让这本著作具有鲜明的风格，犹如领唱者的旋律。值得注意的是，陈平是美术教师，后来担任了学校领导，实践与理想结合的时候，他有一种专业超越的精神与品格，这值得大家好好思考和学习。

为《设计学校——学校变革新动力》的出版击掌，期待这一旋律奏出未来的教育乐章。

成尚荣

国家督学，中国现代教育专家，原江苏省教育科学研究所所长

2019 年 5 月 12 日

推荐序二

为儿童的学习与发展设计学校

　　"丰田模式"在全球得到广泛关注，并且越是处在经济危机之时，越是受到追捧。丰田成功的一个重要因素就是建立了一个正确的"流程"（process）。"只有正确的流程才能带来正确的效果！"丰田公司总裁张富士夫（Fujio Cho）在谈到丰田成功的原因时说："是所有要素结合起来形成的制度，此制度必须每天以贯彻一致的态度实行，而非只是一阵旋风。"这种集合各要素形成的"制度"，就是公司的一个运行"流程"，而所谓变革就是对原有流程不断修正、完善，并能"持续改善"。这一集合各要素建造"流程"的过程，就是一个"设计"的过程。

　　表面上看，丰田的成功是"流程或制度的设计"，其实，其背后的学理是极具普适性的"设计思维"（Design Thinking, DT）。设计思维，作为一个学术概念而被广为接受与传播，它得益于1987年哈佛大学设计学院院长彼得·罗（Peter Rowe）出版的同名著作《设计思维》，该书为设计师和城市规划者提供了实用的解决问题程序的依据；作为商业领域的宝典，它得益于2005

年大卫·凯利(David Kelley)在斯坦福大学工程学院成立的哈索·普兰特纳设计研究院(The Hasso Plattner Institute of Design at Stanford,简称 D. School)。D. School 旨在培养复合型、以人为本的创新设计师,研究人员由跨学科跨行业人员组成,分别来自工学学院、艺术学院、管理学院、医学院、传媒学院、计算机科学学院、社会科学院、理学院等。D. School 的教学方法也异于其他机构,不提供学位教育,学院没有常规意义上属于自己的学生,课程向斯坦福大学所有研究生开放,强调跨院系的合作,其宗旨是以设计思维的广度来加深各个专业学位教育的深度。

的确,出身如此"高贵"的设计思维想不出名也难啊!短短的几十年,设计思维被广泛运用于社会各个领域,譬如,医疗保健、可持续发展、教育、城市规划、新产品与服务开发以及经济发展等。设计思维迅速成为全球商业战略领域的重要理论,影响了包括 Apple、SAP、西门子、P&G 等诸多企业,使之争相将其作为创新方法论。

然而,可能有人会质疑,设计思维是不是有点名不副实?答案显然是 No!设计思维是以人们生活品质的持续提高为目标,依据文化的方式与方法开展创意设计与实践的。它倡导以人为本的问题解决方法论,即从人的需求出发,多角度地寻求创新解决方案,并创造更多的可能性。有人将这套方法总结为"3P":人(People)、流程(Process)、环境(Place),即设计的目的是为人、为用户,不是为产品;设计是一个专业化的流程,不是一蹴而就,也不是一锤定音,而是需要持续地测试、调整与改善,迭代地发展;设计的结果是一种更宜人的环境、相遇与处境。

这样说来,不仅仅商业领域、企业管理需要设计思维,教育领域、学校管理更需要"以人为本"的设计思维。

6 年前,美术教师出身的陈平,走上了校领导的岗位,并成了"江苏省人民教育家培养对象"。真是缘分,我受江苏省教育厅的聘请,成了他的指导教授。记得有一次,他告诉我,他对学校的设计特别感兴趣。我想,这不是很正常吗？一个美术老师都不关心学校环境的美感,不关心学校视觉识别系统(SVIS),谁来关心？当时我真的没多大在意。可是,上个月,当他将准备了 6 年的书稿《设计学校——学校变革新动力》发给我,我浏览之后,感到非常惊喜,因为太出乎我的意料了,此书完全超越了我的知识所及,颠覆了我原来的想象。他说的设计学校远远不是 SIS、VIS 之类的设计,而是已经提升到用"设计思维"来变革、管理学校,把设计当作学校变革的方法论……这让我对这个不熟悉的话题产生了兴趣:主动承担该书中一些外文人名、著作名、机构名的处理(有些我也不懂,故请教了 6 位朋友),主动查找相关文献,自觉地去学一点设计思维……我完全赞同陈平的观点:学校变革亟需设计思维,以人为本,移情立场,需求出发,多元视角,迭代变革,追求更好。针对我国中小学的现状,我们非常需要将儿童置于学校的中央,秉持儿童立场,研究、理解、洞察儿童的学习与发展需求,为儿童设计学校环境、规章制度、课程教学、文化氛围。至于陈平是不是第一个倡导这样做的人,我没有考证,但我坚信,校长理应是学校的设计师,设计思维一定是学校管理者的核心素养之一。

设计学校,这不仅是一个开创性的领域,更是一个引领性的话题！

祝贺陈平《设计学校——学校变革新动力》一书面世,并期待更多的人对学校的"设计"感兴趣！

崔允漷

华东师范大学课程与教学研究所所长

2019 年 6 月 18 日

前　言

为孩子种一所美的校园

在一些学校，我们会看到这样的现象：

在高端、大气、上档次的现代化校园里，到处可以看到高大的大理石柱子，其四角方正锐利，犹如一把把锋利的刀片，每当孩子从柱子边欢快地蹦过，总让人担心他们会受到伤害。

某校园的中心广场是一片很大的草坪，教学楼在草坪的这边，学生食堂在草坪的那边，学生放学到食堂需要绕过长长的草坪。很多学生就直接从草地上走过去，不久草地上就出现了一条不协调的"捷径"。

一所百年的老校，因为要发展，砍掉了古树、推到了原来的民国的建筑。不久新楼竖了起来，校园新了，但学校的文脉断裂了，校园也失去了她的那份古老记忆。

在声誉颇高的"名校"中，随处可见雷人的标语："只要学不死，就往死里学！""破釜沉舟搏他个日出日落，背水一战拼他个无怨无悔！""提高一分，干掉一千！"

……

　　这些学校可能不缺学校历史，不缺办学声誉，不缺办学经验，不缺名校长，不缺优秀的教师，不缺办学经费……但展现在我们面前的是种种缺憾。校园建筑物在各要素之间没有太多联系，风格不统一，布局缺美感；校园环境杂乱无章，文化布置简单低俗；校园资源建设缺少课程观，不能与学生建立良好的互动关系，等等。所有这些，都是因为学校建设缺少设计思维，缺少对美的追求。

　　学校美不美，主要看"气质"。当一个校园缺少思想及灵魂时，就难言有"气质"，就不会有生机及美感，偌大的校园只是一个空壳。粗俗的设计、不良的文化氛围，会影响学生完美人格的形成，这其实是反设计和反教育的。

　　校园应该是孩子们一生中最重要、最难忘的学习场所，因此，是值得孩子们一生回味及留恋的地方。所以，校园应该是美的。

　　创造美的校园，就是要设计和谐的校园环境。学校环境要把美放在首位，像中国园林一样，每一个角度都能带给学生美的体验。校园应成为孩子审美教育的启蒙之地，开启他们人生寻美的旅程。

　　创造美的校园，就是要创造孩子们的乐园，帮助他们寻梦。学校建设要使校园环境更和谐、校园风格更鲜明、校园文化更有品位，从而培养学生的完美人格。

　　创造美的校园，就是要为学生留下创造美的空间。校园应能激发学生创造美的无穷欲望，使他们充分解放自己的手和脚，不断创造出令人惊奇的作品。

　　真正的美的校园应该在建筑、环境、课程、人文等方面达到和谐统一。因此，创造美的校园既是学校设计师的责任与使命，也是学校教育工作者的责任与使命。

　　美的校园，就是在孩子心中植一颗梦想的种子，让它在这充满诗意的、洒满人文精神的阳光中自由成长。

| 第一章 |
设计改变学校

设计,就是核心竞争力。

学校设计,为学校发展提供个性化的系统解决方案。是要让学校走出发展的瓶颈期,从无休止地追求以分数为导向的"效益",转变到着眼学生长远发展追寻教育的本质上来;从单纯地"迷恋管理",转变到从审美的高度来打造高品质的学校生活上来。

一、 设计改变世界

所谓设计，就是把人们对某件事的计划、规划、预想等，通过文稿、图形、模型、视频等一定的形式表达出来；设计也是对某项事物进行统筹规划过程的总称。设计影响着事物完成的进程与质量。

人类的设计，远远早于科学的出现。早在石器时代，人们就开始有意识地制作工具，打造大小合适并有棱角的石头。可见，设计是人类最本真的智慧。被称为"中国工业设计之父"的清华大学教授柳冠中先生曾说："有设计，才是人与动物的区别。"

我们发现，设计的价值与知识经济的崛起有直接的关系。1990年，因《第三次浪潮》一书享誉世界的未来学大师阿尔文·托夫勒的新作《力量的转移》横空出世，再度震惊学术界。在这部作品中，托夫勒宣告了知识力量的崛起，此书也成为知识经济时代的宣言。暴力与金钱必将被知识所代替，知识是未来世界最有力量的财富。当今世界正处在社会的变革与转型期，知识经济迅猛发展使得知识的价值随着社会的发展变得越来越难以估量。知识的价值不在于知识的本身，而在于知识能为人服务,在于知识的再度创造。设计正是这样的创造。更重要的是,设计处在知识创造的顶端,它集人类的知识、智慧、实践经验于一体,包含了人们的理想、审美观、价值观等因素。

设计,把过去、现实与未来联结在一起,因为人们总是根据以往的经验、现实的需要和对明天的憧憬来设计未来。

设计,在以往很少被关注,但现在已逐渐进入人们的视野。设计,正走向社会的各个领域,开始影响人们的生活。

乔布斯创立的苹果公司从它的 LOGO 开始就已经体现出与众不同的品质。一个完整的苹果,是成熟与完美的标志,但苹果公司非要咬它一口。这一口,让苹果公司在很多地方成了敢于"偷吃禁果"的第一人。这一口,预示着苹果充满着梦想和欲望,预示着苹果的特立独行,预示着苹果公司的超然与超越。

苹果公司成功的最重要的法宝就是创造"好产品"。所谓的"好产品",按照乔布斯的观点就是:它一定是让人心动、触及人的心灵的;它一定是美的、超乎人们想象的。这些"让人心动""触及心灵""美""超乎想象",等等,无一不是对一件伟大艺术品的追求及要求。事实上,乔布斯用心打造的每一件产品,几乎都堪称杰出的"艺术品"。乔布斯培育了苹果公司的一个基本理念:设计比技术更重要。

苹果公司的广告语是"改变世界",简明准确地反映出苹果公司以产品引导大众生活方式的理念,反映出其用设计来改变世界的雄心。真正改变我们生活的不是用"苹果"(Apple 产品)的人,而是设计"苹果"的人。

设计改变未来,设计就是核心竞争力。2012 年,中国电视行业出现了一档让同行"兴奋"甚至有些"嫉妒"的现象级节目——《中国好声音》。《中国好声音》这档音乐真人秀节目能震撼全国,其背后的制作团队及制作方案起了关键作用。据说《中国好声音》节目的方案书就长达 200 页。可以说,要是没有好的创意与好的设计,《中国好声音》就难有成功。但是,时间到了 2016 年 1 月,《中国好声音》被迫停播,原因是《中国好声音》并非原创,没有自己的版权。

洛可可设计公司的创始人贾伟说过:"全球的市场在哪里,设计就在哪里。"未来社会的竞争就在于设计。当年,松下幸之助结束了对欧美市场的考察回到日本时,走下飞机说的第一句话就是:"设计的时代将要来临。"①市场是设计出来的,未来也是设计出来的。

社会将进入一个全面设计的时代,设计也必将成为国家策略。重视设计是一个民族走向现代文明的象征。社会每一个领域都需要设计,都离不开设计,民众的文明也不例外。在国内乘飞机常常遇到这样的情况,先登机的人到了自己的座位旁不动了,站在通道边放置及整理自己的箱包,把后来的乘客堵在客机通道里,这样的情况有时会引发乘客之间的冲突。但在国外,一些航空公司很顺利地解决了这个拥挤问题,他们让乘客在登机前按照座位号排队,让坐后舱的乘客先登机,坐前舱的乘客随后登机。这就是设计的意义。

世界进入了一个大设计的时代。

进入 21 世纪后,人类加快了对"人类基因组图谱"的研究。当人们掌握了这些"基因组图谱"后,就可以预知自己什么时候可能出现什么疾病,从而设计出适合我们个人的生活方式及治疗方案。在未来的某一天,人类一定可以通过某种干预设计出一个更健康、更长寿、更聪明、更漂亮的新生命。

社会进入了一个设计时代,设计同样也在影响着教育、改变着教育,甚至改变着学生人格的发展。

2001 年,我国进行了第八次课程改革,这次课程改革在理念、目标、内容、范围等方面的变化都是空前的。此次课程改革的核心理念是"一切为了学生的发

① 原研哉. 设计中的设计[M]. 济南:山东人民出版社,2006:23.

展"。为保证课程改革能顺利进行,教育部组织专家组设计了完备的《基础教育课程改革纲要》。到 2017 年,国家又启动了新一轮的课程改革。此次改革最大的变化就是全国中小学校全部采用新版本教材,高中逐步实施新高考改革方案。每一次改革都是对教育的一次新的设计。未来教育改革推行得如何,首先得看设计者设计的改革"宏图"是否科学,是否切合中国教育的实际情况。没有设计的改革,成功的可能性很小,"摸着石头过河"的时代已经过去。

学校教育是有计划、有目的、有组织地培养学生的活动。学校是社会的一部分,当整个社会进入了设计时代,那么,我们的学校自然也进入了一个需要设计的时代。设计改变未来,同样,设计也可以改变教育,改变一座学校。建一所学校容易,办一所学校不易。设计,重要的不是造物,而是借助这个物来解决生活中的实际问题。设计学校,不仅仅是建造一所学校,更重要的是通过对学校的理念、课程、学习空间、校园环境等进行系统科学的设计,构建一个理想的育人环境;设计的最终目标是用学校来培养学生、发展学生。

二、 学校与设计

学校的发展力往往取决于学校初创者的设计眼光,取决于初创时期确定的学校理念、发展目标、制度设计等。香港科技大学成立于 1991 年,这是一所不满 30 岁的年轻学校。但它竟曾经连续三年在国际著名的"QS 亚洲大学排名"(Quacquarelli Symonds Asia University Rankings)中排名亚洲第一,它的 MBA 课程连续三年排名世界前十,EMBA 课程更是排名世界第一。早在 2009 年,香港科技大学在世界最好的 200 所大学中已经位列 35 名;2012 年,美国的《美国新闻与世界报道》(US News & World Report)在"亚洲最好的大学"(World Best Univesities:Asia)评鉴名单中把香港科大列为榜首。香港科技大学的迅猛崛起及超常发展,堪称世界高等教育发展史上的一个传奇。其成功离不开学校发展的正确定位,离不开学校初创时期设计者们的智慧及胆略,他们为学校设计了清晰的发展目标,设计了科学的发展策略及有力的制度保障。学校的初创者,一开始就把香港科技大学定位为研究性大学。齐锡生在《香港科大还有什么好说的》一书中总结香港科大能在短时间内缔造出研究奇迹的因素时说,校方把研究的目标说得一清二楚,不是含糊其辞,"那就是要朝着世界学坛高标准的研究水平迈进"①。香港科技大学成功的经验固然很多,但"制度建立(institution-building)和"运作模型(operation model)"在学校的发展中起了很关键的作用。香港科技大学一开始即重视学校的目标设定及制度设计,保证了学校这艘航船能在未来 20 多年的时间里顺利并且高速行驶。

设计也让学校充满了诱惑力。在丹麦港口城市奥胡斯(Aarhus)的亚历山大中心,丹麦设计师将设计理念融入教育课程之中。设计师率队开发的"智慧之井"(the Wisdom Well)交互学习项目将地板变成了学习桌面。小学生可以通过脚踩手按,在玩游戏的过程中学习拼写、初级几何等课程。

位于澳大利亚维多利亚的沃兰纳公园(Wooranna Park)小学,是一所堪与"迪斯尼乐园"媲美的学校。学校的外部还保持着 20 世纪 70 年代建筑的风格,但到内部一看,一定会让孩子们欣喜若狂。你看不到传统的方方正正的教室,看不到秧田式的课桌椅,大厅里放着太空飞船、龙船等,桌椅也可以自由组合。学校为孩子提供了丰富的课程,孩子们还可以根据爱好创建自己的专属课程。这一切的改变都与一位校长的到来有关。1997 年,学校迎来了一位叫 Ray 的新校长,新校长对学校的发展方向、课程体系、学习环境进行了重新规划及设计,他以"反对传统教育"为目标,禁止老师灌输知识,鼓励学生自主学习。在这

---

① 齐锡生. 香港科大还有什么好说的[M]. 深圳:海天出版社,2014:53.

里，学生和老师会结合不同的学习主题，创建博客，制作视频、电影和歌曲，并且随时可分享到 YouTube、Blog 等平台与世界各地的小伙伴进行交流。学校也没有班级的概念，只有根据不同的学习兴趣及学习主题组成的不同的学习单位。比如，第二学习单位的教室就在龙舟里。孩子们会运用已经学过的知识去解决问题：如果驾驶一艘龙舟从澳大利亚前往新西兰需要航行多远？耗时多久？如何在海面上判断方向？如何面对可能会遇到的暴风雨等灾难天气？甚至，他们还会通过图书馆和网络学习摩斯电码和旗语呢！在龙舟里学习的过程中，有个小朋友还写下了一个关于龙舟的童话故事，小龙舟在他的笔下历经艰难险阻，克服种种困难，穿越瞬息万变的大海之后终于到达了新西兰。这个精彩的故事迷住了同一学习单位的所有同学。①

这些基于孩子的学习兴趣及学习特点的设计思想，让学生对学校充满好奇，学校成了孩子们喜欢的学习乐园。

从办学追求来讲，学校发展可以分为三个阶段。一是初级阶段，它最先考虑的是办学条件，主要是物质条件与师资条件；二是中级阶段，在具备了必要的教学条件以后，开始追求教学质量及经营管理制度；三是高级阶段，追求的是精致管理与学校品质。办学的高级阶段应该是"立美、树人"的教育。

一个老师上课上到最高阶段，不仅仅是让孩子学得有效、学得轻松，还应该给孩子带来美的享受，学生在美的体验中不知不觉受到教育、得到成长。具有美感的课堂，应该是课堂教学的最高境界。同样，一个学校发展到最高阶段也应该具有美感，使学生的身心都能得到良好的发展。

"立美、树人"的学校教育，就是本着学生的终身发展需要，从审美的高度来

---

① 比迪斯尼还好玩的学校长这样？［EB/OL］.（2016－6－26）. http://sanwen8. cn/p/1daZsx2. html.

建设及发展学校,把完美及卓越作为学校追求的目标。在办学理念上重视学生的人格培养,追求人的自由与规范和谐统一;在管理上能实现人本化管理,让师生能自律与自主管理;在课程体系上实现独到性与多样化的统一;在学校环境上做到宜人、怡人、育人的完美结合,体现高度智能化与生态多样性的相互融合。学校发展的高级阶段,同人们对于生活的追求一样,在满足了基本生存需要及发展需要之后就会有较高级的追求,比如审美和高品质的生活。美的教育,美的标准,是学校发展中的最高标准,而要实现这样的教育,是需要精心设计的。

重庆市童心小学倡导极简文化,追求极简之美,以极简文化来培养孩子良好的人格。学校简化到没有一只垃圾箱、垃圾桶,学校食堂不提供任何一次性用品,野草可以在校园里恣意生长,校园有了别样的美感。极简之美,走进了学生幼小的心灵。孩子们每人都会带着一个口袋上学,这个口袋是他们用废旧布料改造成的环保袋,每天把在学校产生的垃圾带出校园,孩子们养成了节俭、洁净、文明、爱美的生活习惯。这构成了学校一道特有的风景线。童心小学的家长及前来参加活动的社会各界人士到学校时需要自带水杯,或者使用可以循环使用的杯子,使用完要自己清洗干净并放回原处。在餐厅用餐没有一次性餐具,孩子们要自带饭盒,餐桌上看不到任何的剩菜剩饭。学校的极简文化,创设了"人人欣赏美,人人创造美,人人维护美"的极美之校园。人有人格,学校有学校的"品格",极简之美、极简文化成就了童心小学极具魅力的学校"品格"。

学校发展的瓶颈主要集中在中级阶段向高级阶段的过渡期。如何突破这样的瓶颈,是很多教育工作者努力思考的问题与探索的方向。为了有效解决这个问题,我们提出了"设计改变学校"的理念,把设计作为学校变革的新动力,也把设计作为学校发展的具体抓手。

学校设计为学校发展提供了个性化的系统解决方案。这一方案的目标是要让学校走出发展的瓶颈期,从无休止地追求以分数为导向的"效益",转变到着眼学生长远发展、追寻教育的本质上来;从单纯地"迷恋管理",转变到从审美的高度来打造高品质的学校生活上来。

学校教育是一门科学,也是一门艺术。学校教育需要符合教育发展的内在规律,也需要顺应社会发展的规律,我们不能违背或超越这些规律。教育也在挑战人们的智慧,需要人们不断地按照教育自身规律去创造、去设计更美好的未来。

三、 学校设计的特点

设计,是人们在做某件事之前进行的计划、规划、预想,是一个广域性概念。设计作为美术的一个门类,与其他美术形式相比,具有应用性及实用性的特点,与人们社会生活密不可分,它能深入社会各领域,影响着人们的审美体验。同时,设计又是一项特殊的造物活动,是按照人们对美的理解来创造事物的。因此,设计离不开"创造"与"审美"这两大要素。

学校发展中引入"设计"概念,是为了学生及学校的发展,从学校的核心理念出发,对学校制度、学校课程、师生文化活动、学校形象及学校形象的推介等进行整体设计,并且用美的形式传达出来。学校设计,就是对这些影响学校发展的各要素进行系统规划,最终达成各要素的和谐统一,发挥其整体影响力。

学校设计是"设计"的一种,具有设计的共同特点,但同时又有着自己的特殊需求,并要符合学校这个特殊组织的特点。

学校设计的目标是立美、树人,其主要内容包括理念设计、行为设计、课程设计、学习环境设计、学校形象设计等。学校设计的关键是系统设计,而系统设计的核心是"理念系统"。总的来说,学校设计的特点有"四性"——科学性、系统性、创造性和审美性。

（一）学校设计的科学性

学校最基本的功能就是为学生正常学习提供保障。学校的选址、学习环境的建设及课程的设置等都应围绕学生展开，都要符合学生学习及成长的实际，做到一切方便学生、一切为了学生。科学性，是学校建设的第一要素。我国商周时代的学校统称为"庠"（音 xiáng）。庠，从广，"广"与房屋有关，要有固定的地方，并能遮风避雨，说明当时已经意识到学校应给学生一个舒适、安全的学习环境。《礼记》曰："有虞氏养国老于上庠，养庶老于下庠。"郑玄批注："上庠，右学，大学也，在西郊。下庠，左学，小学也，在国中王宫之东。"这样的学校设计是符合学生的实际的。小学因为学生年龄较小，所以，一般设置在宫廷边上；大学，学生年龄大些，所以，可以设置在郊区，便于学生安静读书，少受社区的干扰。科学性，从有学校开始就是首先考虑的一个问题。

在日常的学校管理中，更多的是要关注学生学习环境设计的科学性。学校管理者需要从学生的学校生活实际出发来设计学习环境。在南京某一所名校，我看到每间教室都设计了一个小书柜，便于学生随时阅读。但我们看到的书柜，里边几乎没有什么书籍，有的放置了学生的衣服等杂物。原来，书柜设计的位子过高，一般学生拿不到里面的书。设计要为学生学习服务，不符合学生实际的设计都是不科学的设计，也是不成功的设计。

随着时代发展，教育变革对学校设计提出了更高的要求，具体来讲有以下几个方面：

1. 学校设计需要从原来外廊连接普通教室的封闭空间形式走向具有多功能的开放空间。

2. 学校设计需要关注学生对造型、色彩及空间等方面的多样化需求。

3. 学校设计需要重视学校室内外环境及空间气氛对于学生身心健康及情操形成的影响作用。

4. 学校设计需要高度关注学校空间环境的生活化、人情化。

5. 学校设计需要重视学校向社会及社区开放及融合的意义。①

（二）学校设计的系统性

在一次会议上，几位校长不知为什么谈到了学校的厕所，而且情绪都很激动。原来，很多学校新造的建筑运行一段时间后，部分化粪池有大量的污水溢出。经过仔细排查，人们发现，新建成的学校污水管道系统与市政污水系统并没有完全对接。对接部分往往缺一段，有的缺1米，有的就差10厘米。要是当初施工人员责任心强一点，多接10厘米，就不会造成这样污水四溢的状况。

但是，对于施工人员来讲，他们是按照图纸规划的尺寸来做的，要是不按施工图纸做，施工人员可能会受到批评，由此增加的材料费谁来出？可以说施工人员并没有错，他们是按质按量来完成任务的。而学校的污水管道系统也是按照既定的设计方案施工的，也没有什么问题。那么，问题究竟出在哪里呢？

其实问题就出在系统设计方面。现在的学校建设都是由政府部门按流程招标完成的。校舍建筑由一个单位负责，学校污水管道系统又由另一个单位负责，不同单位各自为政，都按照自己的设计方案进行，就是中间缺少一个整体统筹、系统设计的环节。最后10厘米，揭示出系统思考及系统设计的重要性。

现实生活中我们会发现，有些学校一直在变换自己的口号，不时提出"新"的教学理念，但这些理念很少能真正走进课堂，走进教师心中。一些学校没有

---

① 张宗尧,李志民,主编. 中小学建筑设计(第二版)[M]. 北京:中国建筑工业出版社,2009:131.

自己的特色课程体系,学校的课程管理基本是凭校长个人感觉或听来的经验进行。当其在另一个学校听到另一种经验时,就有可能把原有的课程体系推倒重来。同一所学校会因不同校长的到来,呈现出截然不同的面貌。所有这些都是因为"学校管理"基本就是"校长管理",校长在管理学校时,缺少学校层面的系统思考及系统设计。校长的素养决定了学校的发展水平及学校的文化层次。同一所学校,新老两位校长之间缺少衔接与传承,前后的发展思路断裂,就会导致学校发展缺少系统性和可持续性,教师们也难以适应因校长频繁变动所带来的办学理念及管理风格的突变。

好的组织一定是内部各要素之间和谐一体的;美的事物,也一定是整体和谐的。电影《阿凡达》当年创造了 27.9 亿美元的票房收入,其最大的成功就是创造了一个高度"真实"的"虚拟世界"。这样的"真实",不仅仅在于 3D 立体影像给我们创造的逼真度极高的场景,也在于"阿凡达"的世界有着自己完整的"生态链"。电影不仅制作了所有潘多拉星球的怪兽,还创造出了独属于潘多拉的丛林、圣母树和数十万的藤蔓。对摄制组来讲,最难的不是技术,而是创造崭新的潘多拉星球部落纳威人的文化。在这个"文化"系统中,需要有自己的哲学、自己的谱系、自己的信仰系统、自己的神话传说、自己的语言、自己的民族记忆等。有了文化,就有了生态,这个神话就活了。

好电影是这样,好学校也是这样。所以,学校发展需要系统设计,因为学校系统是一个组织。这个组织包含学校面貌、发展愿景、办学理念、教育目标、管理制度、行为规范、课程体系、师生精神风貌、校园文化等各要素,这些要素是一个有机的整体,彼此难以分割。要让这个组织焕发活力,就需要让各要素拥有共同的建设目标,并且在相互之间建立起一定的关系,让其发挥整体优势,提高张力。

（三）学校设计的创造性

设计的对象本身就是一个尚未开始的事件或者项目。对一件即将去做的事进行设计、谋划就是一个从无到有的创造过程。创造，意味着摒弃固步自封，意味着思维的突破，意味着对新事物及对新生活的无限向往及追求。设计与创造在概念上是难以厘清的，设计中有创造，创造中也有设计。人类与猿猴分野就是从能创造工具开始的。而原始人从创造工具开始，就已经有很强的设计意识了。

设计中的创造，不是简单的从无到有的过程，也不只停留在"有"的层面。设计中的创造，有更高目标、更高追求及更高品质。设计中的创造，是一个不断自我完善的过程，更是一个不断超越自我的过程。

按照美国著名心理学家亚伯拉罕·马斯洛提出的马斯洛需求层次理论，人类的需求从低级到高级共有五个层次，分别是：生理需求、安全需求、社会需求、尊重需求、自我实现需求。自我实现是高级需求，是在满足其他需求之后的一种追求，是人们的最高级追求。因为它能让人们内在的能力、才智、情感、价值都发挥出来，创造一个全新的自我，获得人生的飞跃。"设计"就是这样一种追求，就是这样一种超越，一个好设计能得到人们高度关注，能获得人们高度的"价值认同"，让设计者自身得到成就感。设计的出发点及归宿，就是为了设计对象获得人们的"价值认同"。

学校作为一个组织，也有实现自我价值的需要，也需要不断挑战学校发展的新高度，需要人们对学校发展愿景的高度认同，而学校设计就能帮助学校实现这样的目标。让创造性高度介入学校的发展中，学校发展就有了竞争力。

（四）学校设计的审美性

设计，作为美术的一个类别，自然具有审美属性。学校设计，需要具有美的眼光,符合审美的规律。经过设计后的校园应该是好看、美丽、有创意的,是让孩子们充满憧憬及流连忘返的。设计后的校园应该是既具有个性,又符合大众审美品位的。

现在很多学校都在追求学校文化建设,一些班级的门口设置了班级信息展示栏,上面有班主任及班级信息,有些做得很有特点,但也有一些版面设计呆板,缺乏美感,或者字体整体采用黑体,配上照片,给人感觉过于庄重严谨。校园雕塑是学校文化的重要组成部分,但在一些学校看到的校园雕塑存在着很多问题,主要有题材单一、造型拙劣及制作粗糙,缺乏整体美感。看到的形象不是捧了本书,就是顶了个球,没有什么创意,更谈不上审美价值。

设计需要符合审美规律,为学生创造本真的、充盈勃勃生机的自然环境,因为"自然"是美的最高境界,过多的人为雕琢及涂脂抹粉式的校园美化,是低俗的、没有任何美感的设计。一个冬天,我在南京一所名校,被校园内的"葡萄架"吸引住了。在万物凋零的季节,这个"葡萄架"上居然有大片绿叶及紫色的花。我好奇地上去看个究竟,走近才发现原来上面挂的是塑料的紫藤花。我觉得这样的景观设计实在与这所名校不符。冬天,挂在"葡萄架"上枯黄的残枝及凋零的落叶更符合自然规律,也更具有审美性。

设计要具有审美的眼光,需要设计者抛弃简单粗俗的想法。有一些学校为了激励学生,为了所谓的提高效率,在目所能及的每一个角落,比如,学生走过的楼梯上、走廊的天花板上,都写满了教科书上的公式及定理;教室里也写上了"扛得住给我扛,扛不住给我死扛""就算撞得头破血流,也要冲进一本线的大楼""不像角马一样落后,要像野狗一样战斗"这样极端的口号。

同样是激励学生的标语,我们可以做得更有创意。比如,"此刻打盹,你将做梦;而此刻学习,你将圆梦""每天早上叫醒你的不该是闹钟,而该是理想""世界正在慢慢奖励有教养的人"……这些标语融入了学生的精神,温暖着每一个人。

学校设计,在追求创意及高雅的同时,确实不能抛离教育性,但是口号化、标签式的设计,甚至一些粗俗的设计,会给学校带来不良的文化氛围,影响学生完美人格的形成。这样的设计是反教育的。

四、 学校设计的意义

学校设计的过程,是学校文化引领及推进的过程。学校通过设计活动进行学校理念及价值的推广,从而形成共同的价值体系,完成学校的管理变革,促进师生的共同发展。

学校设计是学校面对不断变革的社会所带来的挑战,面对家长、社会对教育提出的更高要求,面对学校自身的发展与超越,从学校的教育理念及教育理想出发,对学校发展提出的个性化的系统的建设方案。

具体来讲,学校设计包含理念设计、行为设计、课程设计、学习环境设计及学校视觉系统设计等几个方面。这些要素的设计在学校发展中具有重大意义。

(一) 通过理念设计,形成学校共同愿景,进行战略管理

理念设计,是对学校教育的使命和办学目标的设计,它统率其他设计要素,是学校设计之魂。

理念设计可以帮助组织或公司形成共同愿景,进行战略管理。被誉为"日本 CI 之父"的中西元男认为,设计就是有"意图地、计划地、战略地展现出企业所希望的形象;对本身而言,透过公司内外,来产生最好的经营环境"。

战略,是指在核心理念或者核心价值观的引领下形成的"统领性、全局性、左右胜败的谋略、方案和对策"。美国战略学家詹姆斯·奎因认为:"战略是一个把企业的主要目标、政策和行动顺序综合成一个紧密结合的整体的形式或计

划。一个判断得好的战略有助于调度和分配企业的资源,使企业能根据其内部相对的能力和弱点、预期的环境变化以及聪明的竞争对手所采取的意外行动,采取一个独特而又可行的姿态。"

学校进行战略管理的意义非凡,它是指在学校教育的使命和办学目标指引下对学校发展作出的具有前瞻性、全局性的决策、规划和方案。耶鲁大学的"战略意图"是"为国家和世界培养领袖",该校至今已为美国培养了6位总统、53位议员,同时,也为韩国培养了总理,为德国培养了总统。加州理工学院的"战略意图"是"通过教学与科研相结合,扩充人类知识与造福社会",该校迄今已有31位学者摘取了32个诺贝尔奖,同时,也为我国培养了一批杰出的科学家,如物理学元老周培源、中国原子核物理的奠基人赵忠尧、中国遗传学的奠基人谈家桢、著名科学家钱学森等。①

运用理念设计进行学校战略管理,是一个从无到有、从抽象到具体、从计划到行动的过程,它贯穿在学校每一个部门、每一个领域、每一次活动中。战略管理的过程,也是对学校各项工作规范与完善的过程。战略实施需要师生深入学习并充分理解学校精神,执行学校规范,提高制度管理的执行力。鲜明、积极、规范的学校理念系统,可以使师生员工产生高度的认同感,形成共同的价值观,增强教师的使命感与责任心,激发教师的创造性,从而达到自我管理,提高教师教学和学生学习的效率。

战略管理不可能一步到位,它是有阶段性的,在不同阶段可根据不同情况提出不同的发展理念及策略。以新兴国家的发展历程为例,新加坡是一个杰出的典型②,其不到50年的发展历程展现了战略理念的重要作用。新加坡 1965

---

① 杨福家. 大学的使命与文化内涵[EB/OL]. (2012-1-2). http://eqingfen. sz. tsinghua. edu. cn/show_more. php? tkey=&bkey=&doc_id=527.
② 陈华文. 新加坡:塑造国家形象的成功之道[J]. 书屋,2013(3):66-68.

年独立时只是一个破旧的海港城镇，自然资源极度匮乏，发展前景并不乐观。20 世纪 60 年代，他们打出的广告是："新加坡有良好的商务环境，商务活动也青睐新加坡。"这样一个今天看来十分平庸的广告，让众多工业制造企业涌入了新加坡，助其在短时间内完成了原始积累。接着，新加坡提出了"精致城市"的发展理念，改变了粗放型产业的面貌。作为一个移民国家，新加坡把多种文化形态看成是一种优势，提出了"无限惊奇新加坡"，让游客可以在这里了解整个亚洲的文化。从 2010 年开始，新加坡打出了"你的新加坡"的口号，彰显了新加坡更加开放和包容的胸怀。"花园城市"的发展理念让新加坡市成为最美的城市。正是这一系列品牌战略的推出，才有今天新加坡缔造的国家发展神话。

学校鲜明的发展理念，是一个学校发展的基础及"核动力"。这是新加坡国家战略管理给我们带来的启示。战略管理首先是理念的管理，不同的学校要根据自己学校的具体情况提出适合自己发展的核心理念，并且要提出阶段性的发展目标。

地处南京长江北岸、长江三桥之畔江浦街道五里村的行知小学，是江苏省模范小学、南京市德育先进学校。学校建有供学生进行体验式学习的"行知基地"，内有 700 张固定的床位和配套的生活设施，每年接待上万名城市学生来这里体验乡村生活。学校的发展与校长杨瑞清 30 年来坚持实践陶行知的"生活教育"理念分不开。30 年来，行知小学用"生活即教育、社会即学校、教学做合一"教育思想统帅学校教育工作，"顺应时代潮流，走出学校，服务农民；走出农村，服务社会，初步探索了一条'乡村大教育'的路子"。"生活教育"成为南京江浦行知小学的发展理念，成为学校发展的"共同愿景"，也是学校进行战略管理的抓手。

(二) 通过行为设计，培育学校"个性"，形成学校特色

组织行为被认为是具有统一性、规范性及制度化特征的处事方式。不同的组织有不同的组织特征，不同的组织有不同的制度规范及处事方式。学校通过行为设计，有利于形成学校特色。

个性，就是人在思想、性格、品质、意志、情感、态度等方面的特质，这个特质是一个人区别于他人的核心要素。特质的外在表现就是人的言语、行为方式等，任何人都有个性，个性化是人的存在方式。学校也有自己的"个性"，每一所学校在学校精神、制度管理、处事方式等方面都会有自己的特质，学校与学校之间的差异主要体现在这些方面。品牌学校"个性"意识越强，其特质就会越加鲜明；学校"个性"直接影响着学校特色形成及特色学校的建立。"个性学校"造就个性学生。学校行为设计，有利于学校形成独特、鲜明、易识别的个性气质，也有利于学校品牌的创设及特色学校的建设。

李尔尘在《CIS 设计》①一书中认为，CIS（企业形象识别系统）设计具有"识别、管理、传播、协调"的功能。学校设计的一个目标就是"统一"，其基本功能就是识别。通过系统化、一体化的设计，创造出便于人们理解和认识的行为特征，准确地传达学校的精神、理念和价值观，形成冲击力，提高学校的知名度。在繁杂的信息社会，要方便人们识别就需要有鲜明独特的个性化形象，这样可以促进学校开发具有个性、富有深刻含义的学校特色。

知名作家王开岭曾说，他到学校时，校长们喜欢带他到校史馆参观，并自豪地介绍杰出的校友，有的做了高级干部，有的成为院士。但他最希望的是学校毕业的学生走进社会能有一种共同的气质。走到街上一看，人们基本能猜到这个学生应该是某某学校毕业的。这就是这所学校赋予学生的特有的行为特征，

---

① 李尔尘,编著. CIS 设计[M]. 北京:北京理工大学出版社,2009:10.

这样的特征是精神性的,是一种恒久的品质。

讲到技工学校,人们自然会想到山东蓝翔高级技工学校,想到那整齐一致、声势浩大、开着挖掘机的场面,或者是场景恢弘、做着精美菜肴的厨师队伍。这就是蓝翔技工学校给人留下的鲜明强烈的印象。这种"印象"与蓝翔技工学校推出的电视宣传片有直接的关系。2014年,蓝翔技工学校推出的广告片在央视反复播放:宏大的挖掘机阵容,高大上的校舍,形象代言人唐国强在万千学员簇拥下发出强悍的声音:"汽修学校哪家强?中国山东找蓝翔!"……霸气的航拍画面,再配上澎湃的音乐,场面十分震撼。这种统一、整齐,塑造出刚毅及力量的形象,传达出这所学校特有的行为模式。这样一种模式,他们一做就坚持了20多年,在百姓心中留下了深刻的印象。

(三)通过课程设计,促进教师专业发展,提升课程实施水平

没有课程,学校将变成一具空壳。课程设计,就是根据学校提出的核心理念对学校开设的各类课程进行系统设计。没有设计的课程,就类似一堆"渣土";课程经过设计,"渣土"就变成了"金字塔"。

课程,不仅仅是指课程专家设计出的课程方案或编成的一本本教科书,也包括学校开展的丰富的教育教学活动。课程方案及课程活动,需要学校领导、教师,甚至学生的共同参与,教科书也需要教师根据学校及学生的实际情况进行二度开发。在课程的实施中,学校要给教师更多自主开发及实施的空间。

本世纪初,中国台湾地区开放了教科书市场,学校可以自行选择多套教科书。而学校把这样一种选择权给了一线教师。每年暑假,教师就要完成下一学年的课程计划,从众多的教科书中选出一个版本作为新学年使用的教材。教师要对即将使用的教材打分,并写出详细的教材分析报告。我们在台湾参观期间,与一所初中的语文老师聊了起来,这位老师随即从文件架上取下一沓自己

编写的"作文学程",课程设计全面系统,每一个单元还同时收录了一批优秀学生的作业。从中我们看到了台湾地区中小学教师课程实施与开发的能力。

课程不仅是专家的,也是大家的,课程设计更需要发挥一线教师的积极性、创造性。教师才是课程真正的创造者。课程设计,不但促进了教师的专业发展,也大大提升了他们的课程实施水平。

(四)通过环境设计,让学校成为吸引孩子的"魔法学校",提高学生学习的积极性

与学生学习有关的环境,都可以被称为学习环境。在这里,学习环境包括学校的结构、教室、阅览室、实验室、运动场,及各类功能教室等。学习环境的优劣体现出学校建设品位的高低,也会影响学生们的学习质量。好的学习环境,可以提高学校的知名度,更可以提高学生的学习积极性,让校园成为学生的乐园。

建于 2010 年的伊芙琳格蕾丝学园,位于伦敦兰贝斯区的布鲁克斯顿,一个既有悠久历史又富有活力的社区。在社区的改造中,建设这样的学校是为了给这里带来教育的元素。因此,建造学校的设计师把学校作为社区建设的一个重要附加项目,它要向社区开放,显示通透、热情的姿态。学校位置优越,夹在两条住宅干道之间。在设计时借鉴了周围建筑的形式,以达到整体统一、但又具有鲜明个性的设计目的。最后完成的建筑以简洁的几何元素为主,线条明快、简洁、大气,很有未来感,符合现代人的审美。学校建筑无论在当地还是附近都有很好的辨识度,为周边社区提供了开阔的学习空间,提高了学生的学习积极性,为学校先进的教育理念创造了积极的教育环境。

位于纽约斯卡斯代尔的希斯科特小学,被认为是"集群式学校"的代表——就是在较大的校区内集中设计建筑群,方便学生活动,也可以节省出空间拓展

伊芙琳格蕾丝中学富有现代感的建筑样式，让孩子对未来充满了憧憬。（陈 平 绘）

学生运动场地，进行学校文化设计规划。学校建在一片植被很好的斜坡上，周围绿树葱葱，空气清新。学校主楼有中央礼堂、图书馆、行政办公室、音乐美术教室，礼堂边上有户外活动庭院。围绕四周的教室群有走廊连接。最为独特的是其中三个教室群分别由四个六边形教室组成。六边形教室，让教室光线更加丰富，近乎圆形的室内空间变得和谐、温暖。每一个教室配有单独的卫生设施。四个教室围成的中间活动区域，是可以共享的个人活动和项目学习的区域。

教学楼与主楼之间也有走廊连接，走廊两边装有玻璃，每间隔一定距离镶嵌着彩色的玻璃，学生透过这些彩色玻璃可以看到外面多彩的世界，满足了孩子们的好奇心及探究欲。礼堂外面的庭院设计成园林风格，曲折自由，随意中不乏精致，方便学生自由活动，同时又很有美感。这些构成了儿童喜欢的学校。

由斯基德莫尔、奥因斯和梅里尔（SOM）建筑设计事务所于 2002 年建设完成的美国康涅狄格州格林威治高中，是建筑与自然和谐统一的典范。具有多种功能、类似一个小社区的学校整体坐落在一个山坡上。建筑分两层，底层是各种功能教室：数学与科学室、美术教室、图书馆庭院、科学院、文科教室、广播中心、储物间、运动场等；上层是行政办公室。屋顶栽种了绿色植被，看上去是山坡草坪的延伸部分，与周围的生态、植被融为一体，令人叫绝。

（五）通过视觉系统设计，建立统一鲜明的形象系统，形成学校文化共同体，提升学校品位

视觉是人类最早感知及认识事物的主要方式。离开了视觉感知，我们对于事物的认知将是不完整的。在某些场合、某些领域，颜值就是竞争力，好的学校形象或者说视觉系统也可以成为一种竞争力。

学校视觉系统，是人们了解学校最直接、最形象的方式，它包括学校的校名、标志、文化用品、校旗、校歌、校服、学校的指示标识、学校网页设计、学校吉祥物等。学校视觉系统，是学校办学理念、文化精神、制度规范的具体体现。学校视觉系统，通过设计在人们头脑中形成统一鲜明的符号语言。这些统一鲜明的符号语言，便于学校形成文化共同体，提高学校的管理能力，提升学校的品位。

学校视觉系统，是学校形象系统的重要组成部分。对于企业来讲，形象系统设计是"经济行为，更是一种文化行为"；对学校来讲，形象系统就是一种文化行为，是学校文化发展战略。形象系统的关键要素或者核心就是理念系统。好的学校理念系统会融合学校传统文化，汇集教师们的智慧，很好地阐述学校办学理念，构成特有的组织管理制度。它是组织的 DNA，是学校发展的"核动力"。

形象系统设计的首要任务，是要构建出一套鲜明、生动、积极，并且能得到绝大部分员工认可的理念系统。这样的理念系统同积极的、充满活力的师生行为一起，构成独特的学校文化。大家怀揣着共同的理想，共同创设学校文化共同体。

形象，一般指事物外在的形态或者姿态，它能在一定程度上引发人们思想或者感情的活动。形象用于人的话，就是指一个人的外表或者容貌，也是一个人内在修养、学识、品质、思想感情等的外部反映。个人形象，往往指这个人给人们的整体形象，是人们对该人的第一感觉。

组织形象，则是指人们对该组织综合评价后的总体印象。组织形象包含诸多方面，如组织价值观、发展远景、精神面貌、行为准则、管理制度、形象代言等。组织形象是这些要素的综合体现，其水平反映出该组织的整体实力，体现出该组织的生命力及发展力。

组织形象具有以下一些特征：

1. 整体性。组织形象是各要素共同作用的结果；它是一个有机的整体，各要素彼此难以分割。重视组织形象，就是重视组织整体的生命。

2. 稳定性。当人们对某组织产生一定的认识和看法以后，这样的认识和看法会保持一段时间，不会轻易改变或消失，这就是组织形象的相对稳定性。人们重视组织形象，就是重视组织稳定性的价值，这有利于组织价值观的形成，提高人们对于组织的认知度。

3. 独特性。每一种事物都有自己的特性，不同的组织必定有不同的特征，人们能认识该组织、记住该组织，就是因为其特征鲜明。组织的独特性也是这一组织能存在的因素之一，否则其必定会被其他组织同化，最终会消亡。重视组织形象，就是重视组织的独特性；让组织保持鲜明个性是组织生存的法宝。

提升学校组织形象，是学校形象设计的一个重要目标，其关键点是要形成组织文化。

一个组织是否有生命力，是否有竞争力，就看其是否能形成文化共同体。文化是一片土壤。无论是谁都在自己文化的土壤中吸取营养，在自己组织的氛围中改变自己的品性及习惯。"桃李不言，下自成蹊"，一个组织一旦形成了自己的优秀文化、培育了这样的土壤，就能应对任何时势的变化，也不会因为人才的流失而带来致命的冲击，因为人才的流失带走的仅是个人的智慧，而不是组织所特有的文化。有这样的土壤在，就会有更多的人成长。一个民族如此，一个组织、一所学校也是如此。不同组织对应着不同的文化;反之,不同文化也决定了组织的不同命运。

学校组织是一个比其他单位更重视文化建设及文化共同体建设的组织,形象系统可以在其中起到极大的推动作用及凝聚作用。学校建立形象系统的过程是组织理念进一步梳理、凝练、提高的过程,它通过制度的完善、行为的规范、标识的统一,承担共同的使命,凝练共同的价值观。学校的一个标志、一面校旗、一个校训、一句口号、一首歌、一种基色,都能唤起回忆,激发情绪,凝聚人心。

学校形象系统可以给学校提供稳定的、统一的、鲜明的组织文化。"稳定"与"统一"便于保持高认知度,是取得人们信任感的基础。如丘吉尔几十年来一直戴一样的帽子,这形成了他特有的、相对稳定的气质的一部分。当然,事物的稳定性也不是绝对一成不变的,会根据环境变化、时代需要作一些修正或者完善,如 IBM 标志最初是粗黑体,后来随着网络时代到来,高科技迅猛发展,它被设计成蓝色条纹,以构建"蓝色巨人"的形象,但基本的特征还是没有变化。一般情况下,组织的形象系统不会作大的改变,除非出现大的组织变革。

学校形象系统,也可以帮助校友们建立起对学校的"共同记忆"。2015 年 4 月,一则消息迅速吸引了人们的眼球——深圳校服在英国一博物馆展出!有关照片迅速在网络疯传。这是深圳双年展办公室与位于伦敦的英国维多利亚和阿尔伯特博物馆(V&A)的合作项目,这件被广泛征集而来的、作为深圳元素代表的校服被博物馆"永久收藏",是有其原因的。[①] 深圳,这样一个以全国各地

---

① 为什么深圳校服进入了英国的博物馆? 深圳双年展品牌组主管谢琼枝表示,作为"2013 深港双城双年展"的参展机构,英国维多利亚和阿尔伯特博物馆(V&A)2013 年 10 月份来到深圳,开启了名为"快速回应征集"的收藏项目,通过电子邮件、微博、豆瓣,让在深圳居住的人来建议有什么样的物品其背后的故事能代表这个迅速变化的城市,随后把它们带到"价值工厂"。谢琼枝说,来自学生 Feby Ting 推荐的校服,就成为"快速回应征集"收藏项目中的第一件物品。校服在这里普遍而特殊,为了防止学校从学生身上牟利,深圳成为中国第一个统一校服的城市,在世界各地的深圳留学生也喜欢穿着校服聚会,甚至发起了"深圳校服在海外"的线上活动,最初基于 Instagram 的平台,目前已扩展至微信公众号、微博等其他平台。(资料来自:中华网)

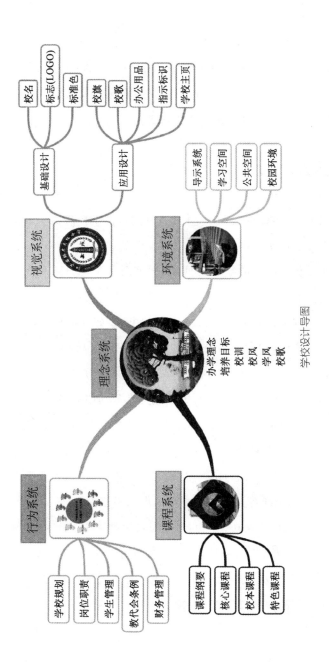

学校设计导图

视觉系统
 基础设计
  校名
  标志(LOGO)
  标准色
 应用设计
  校旗
  校歌
  办公用品
  指示标识
  学校主页

环境系统
 导示系统
 学习空间
 公共空间
 校园环境

理念系统
 办学理念
 培养目标
 校训
 校风
 校歌

行为系统
 学校规划
 岗位职责
 学生管理
 教代会条例
 财务管理

课程系统
 课程纲要
 核心课程
 校本课程
 特色课程

"移民"为主要居民的城市，久被诟病缺乏认同感、没有什么特征，但这件深蓝色带着白边的校服，却成了在这里受教育长大的一代人的共同记忆。校服作为学校形象系统中的一个重要内容，有利于形成共同愿景及文化共同体，让人们尊重历史，敬畏文化，让学校实现可持续发展。

五、 学校设计变迁

学校早已有之，也体现出了一定的设计思想，但学校进入全面的设计时代，还只有 100 多年的历史。

早期的学校没有明显的学校特征，课程体系单一。殷商时代，我国就有关于学校的记载，当时学校称为"庠"。在中国几千年的学校发展历史上，私塾与书院是学校的主要形式。中国有很多著名的书院，如江西庐山的白鹿洞书院、湖南善化的岳麓书院、湖南衡阳的石鼓书院和河南商丘的应天府书院等。这些书院在宋代就已经十分著名，在中国具有很大的影响力。

书院的选址是经过精心考虑的，大多选择在环境幽静的地方。无锡的东林书院创建于北宋政和元年（1111 年），书院因顾宪成的"风声雨声读书声，声声入耳。家事国事天下事，事事关心"而影响力陡增。院内有清澈的池塘、多姿的太湖石、郁郁葱葱的古树，亭台楼阁等一应俱全，构建出典型的江南园林的格局，名人名言、石雕石刻营造了高雅的文化意境。明代的东林书院在布局上采用左庙右学的形制，左边是道南祠，用于祭祀，右边为教学建筑，周围松柏苍翠、环境幽静，是理想的教学场所。书院在环境设计上为人们创造了既威严又安静的读书氛围。

私塾，在中国学校发展史上同书院一样具有举足轻重的地位。私塾一般设置在家境殷实的名流商贾或达官贵人家中，就读的学生主要是大户人家孩子，也有整个宗族的孩子一同上课的情况。学生入学年龄不限，自五六岁至二十岁

学者顾宪成倡导"读书、讲学、爱国"的精神，引起全国学者名流广泛响应，书院不再是一片净土，一些有识之士开始为民众呐喊，东林书院也成为江南地区人文萃聚和议论国事的主要中心。 2002 年，无锡市政府再次对东林书院石牌坊、泮池、东林精舍、丽泽堂、依庸堂、燕居庙、道南祠建筑等进行全面修复。

左右都有。学生数量也不固定，少则一两人，多则可达三四十人。私塾的教学方法主要以"先生"讲授为主，这被认为是中国传统的教学方法。教授内容分阶段进行，最早为蒙学，重视儿童道德品质及生活习性的养成，特别是行为礼节，诸如着衣、叉手、作揖、行路、视听等都有严格的具体规定。

鲁迅在其回忆性散文《从百草园到三味书屋》中，记录了他与同伴妙趣横生的童年生活，这让"三味书屋"成为了当代中国人心中最著名的私塾。三味书屋是一个三开间的小花厅，书屋边上有一个小花园，这个花园给鲁迅带来了无穷的回忆。

这个园子让整天苦读的孩子们找到了乐趣，无异于为他们创设了最难忘的"校外课程"。枯燥的学习内容及单一的学习方式，使孩子们渴望在课堂外寻找到真正属于自己的天地。

早期的学校以私塾、书院为主，从建筑形态来讲还没有独立的校舍，因而就不存在特定的学校形象。有明显学校特征的建筑出现在近代教育体制形成，有"官办"教育之后。当学校由国家或政府出资兴建时，学校就开始有了别于一般的民居、作坊或者厂房式的建筑。现代意义上的学校雏形开始出现。

1842年，中英《南京条约》签订后，其他西方列强也接踵而至，强迫清政府签订了一系列不平等条约。凭借这些不平等条约的保护，西方传教士纷纷来华传教，创办学校。到1860年，天主教耶稣会在江南一带已创办天主教小学90所；"约开埠"五口的基督教新教小学达50所，学生1000余人。[①]

随着在两次鸦片战争中的失败，清政府在与外国列强签订一系列不平等条约的过程中意识到外语人才的严重缺失。1862年（同治元年），在洋务派首领恭亲王奕䜣等的奏请下，清政府设立了我国最早的近代化新式学校——同文馆。新式学堂与中国传统学校有很大的不同，其主要使命是教育学生系统学习西方自然科学及近代科学技术。

而在世界范围内，现代学校的设计与发展则经历了三个阶段：一是"一间房学校"之类独立、可辨识的学校的出现；二是规模化学校的出现；三是以德国包豪斯学校为代表的学校设计时代的到来。

（一）"一间房学校"确立了独立的学校形态

学校作为独立的可辨识的建筑形态出现得较晚，几乎与现代教育体系的发展并行。

在西方，最早的学校主要是私立学校或教会学校，青少年的教育大部分都在家中完成。18世纪末19世纪初，欧洲及美国出现了启蒙运动，现代民主的曙光

① 早期的教会学校[EB/OL].(2009-7-26). http://www.cngx.org.cn/2009/07/26/2217.shtml.

乍现。第一批公立学校建立起来。此时,美国大地上出现了标志性的"一间房学校"①。只有"一间房"的学校虽然规模不大,但学校从此有了独立的校舍。这样的学校通常出现在乡村或者小镇,一般可以容纳 50—100 名学生一起就读,学校的主要任务是对孩子们进行读、写、算等基本科目的教学。因为"一间房学校"离社区很近,只要步行不多时间就能达到,大大方便了孩子们上学,所以,这样的学校慢慢地遍布了美国乡村各地。19 世纪 20 年代初,欧美出现了教育革新运动,以杜威为中心的学者认为,赫尔巴特的教育学是没有儿童的教育学,于是,杜威等人提出了"儿童中心说"。"一间房学校"也是符合以儿童为中心的教育理念的。

美国的"一间房学校"预示着独立的可辨识的学校形态基本确立。(陈　平　绘)

(二)规模化学校的出现

19 世纪中叶,美国教育家霍瑞思·曼推行新学校建设,"致力于拓展、革新

---

① [美]R. Thomas Hillle. 现代学校设计:百年教育建筑设计大观[M]. 胡舒,译. 北京:电子工业出版社,2014:13.

学校的专业课程，吸纳促进身心发展、品格培养和智识进步的科目"①。这样，学校的功能得到了真正意义上的拓展，学校有了基础科学、语言、艺术（包括音乐）及体育课程。实施课程的需要催生了更大规模的学校，人们开始重视学校环境建设，在设计上充分考虑舒适和健康。为了实施体育课程，学校开始出现了操场。这个时期也开始出现了机械化程度高、更复杂的供热通风系统。学校并开始向城市转移。

19世纪下半叶，西方工业化进程加速，美国出现了移民潮，大量外来人口涌入美国，美国也急需能适应美国社会、促进经济发展的人才。大量的公立学校因此涌现，并担负了几大教育目标：

第一，在一个自由、民主的社会中需要有积极的、有见识的公民，所以，学校要帮助这些新移民成为一个能承担责任的公民。

第二，来自不同国度、不同民族的人们会有不同的信仰及价值观，学校要帮助这些新移民接受美国文化，认同美国社会共同的价值体系。

第三，美国社会工业化进程加快，急需具有一定素养、能在装配流水线上熟练工作的劳动大军，学校要为这些新移民快速适应美国自由市场、培养合格的劳动者作出贡献。因此，学校教育需要向学生灌输"服从、守时、恰当的行为规范和较强的职业道德意识"。

这些公立学校的教学理念适应这些教育目标，教师只需进行简单的知识传授及技能训练，学生只需死记硬背及重复训练。不追求学生的个性化学习，也缺少学习的主动性。这些学校的班额很大，一个班级往往能容纳50—60人，甚至更多；学校规模也很大，走廊里来往的人相互都不认识。

---

① ［美］R. Thomas Hillle. 现代学校设计：百年教育建筑设计大观［M］. 胡舒，译. 北京：电子工业出版社，2014：13.

　　这一时期学校建筑开始出现楼房，每一层都有标准化的教室，环绕着中央走廊，呈对称结构分布。教室里出现成排的单人桌椅，教室高大的墙面上只有几个狭小的窗户，使整个空间显得森严、昏暗。此时，学校的卫生、防火等条件并未得到重视。学校立面装饰也不讲究，主要追求实用，外墙都以砖石为主，朴素敦厚，没有其他多余的装饰。

位于美国亚利桑那州的塔里埃森（Taliesin）山腰家庭学校（建于 1902 年），设计师：弗兰克·劳埃德·赖特（陈　平　绘）

山腰家庭学校为 5—18 岁的儿童提供进步的男女同校学习。 除了传统项目外，学校还开设了手工、家政、艺术和科学等丰富的课程。 学校不仅仅是一个读书的地方，也是一个能培养学生生活态度及生存能力的地方，让学生尽可能与自然、周边的环境融合在一起。 设计师充分考虑了周边的生态环境，学校与周边环境完美结合起来。 学校平行的两排二层翼状建筑，通过一座桥连接，中间设计了开放式的车道。 主翼坐落在树木丛生的山坡上，面南，可以俯瞰周边的农场、土地等。 学校建有大礼堂、多用途的体育馆、戏院、艺术教室、科学教室等。学校与周边风景极高的关联性，增加了学生与草地、森林的互动性，方便学生活动。

20 世纪早期,随着大型城市的形成,学校规模进一步扩大,人们更加关注学校的安全问题及孩子的健康问题,在学校建筑设计中开始强调照明、防火、通风安全等标准,并提出功能性空间设计的要求。

根据这些标准,新建的学校教室出现 12—15 英尺高,以保证教室有足够的光照和流通的空气,在最大限度上保证孩子的身心健康。教室的面积一般为 32×28 平方英尺。这样的大小被认为是有利于放置教室标准化课桌椅的。教师的讲台在黑板前,从空间位置上确认了教师的绝对中心位置。学生的课桌成排平行设置,与墙面垂直,且桌椅是固定的,窗户一般在左边,以保证孩子使用右手写字时能有比较好的光照条件。

再后来,学校建筑发生了更大的变化,出现了众多专门教室与功能性空间,如实验室、工艺商店、艺术坊、音乐教室、家政教室、缝纫房、厨房、打字房,以及礼堂、图书馆、戏院、体育馆、咖啡屋等。学校的整体格局也开始出现变化,出现了户外教室和带开放式外墙的教室,空间更卫生,更有利于孩子的健康。有利于组织大规模运动的学校运动场地也出现了。

19 世纪末 20 世纪初,受教育家裴斯泰洛齐和福禄培尔等影响,西方教育改革运动兴起,目标指向了当时通行的教育手段中的缺陷。美国弗朗西斯·W·帕克、约翰·杜威、威廉·柯克帕特里克等其他"进步教育运动"领袖提出了教育新主张。他们对传统的教学方式表示不满,认为它"忽视了个体真正的教育需求",只重视服从,强调传统,但对于自我发现、自我激励、个性追求关照不够,因此,学生在学习中丧失了学习的主动性,也迷失了主体性。体现进步教育思想的主要有塞西尔·雷迪的阿堡谢姆学校、J. H. 巴德尔的比德尔学校等私立贵族寄宿制学校。此次教育改革提出了新的教育哲学——"以学生为中心",认为每一个孩子都是独一无二的个体,并要求学校建设关注这样的教育哲学与教育目标,适应个体特殊需求。学校要有更多的培养模式、更丰富的课程设置、更灵活的课程安排,因此在设计学校建筑时应有适切的回应。学校的空间设计更有利于教师在学习环境中组织多样化活动的需要。建筑结构强调自由化,不像以往一味追求形式上的对称和等级关系。户外环境也是设计的一个重要方面,增加了学生的活动性,在建筑空间内部开始追求多用途及灵活性,鼓励学生在教室、公共空间,甚至走廊进行交流、互动。教室采用轻质、可移动的教学设备,不再使用固定的桌椅。如建于 1912 年的美国弗朗西斯帕克学校,为了学生能够得到平衡发展,在为学生提供严谨的学术课程的同时,打造了一系列活动场所,从而满足了每位学生在学术、社交、创造力、情感和体能等各方面的需求。

(三)进入设计时代的学校建设

19 世纪末 20 世纪初,受到当时新教育思想的影响,学校设计进入学校建设的视野,"以学生为中心"的理念在学校建设中得到重视,从课程设置到学习环境的建设都开始围绕这一中心展开。当然,学校建设真正步入设计时代,是从德国包豪斯学校开始的。

建于 1919 年的德国魏玛市包豪斯学校是一所公立学校。包豪斯学校的诞生是现代设计及设计教育的开端,对现代设计的发展产生了深远的影响。

包豪斯学校在设计上提出了三个基本观点:

第一,达成技术与艺术的高度统一。为了达成这样的统一,学校聘请了当时著名的艺术家及工匠师来给学生授课,要求设计师"向死的机械产品注入灵魂"。

第二,设计的目的是为了人而不是产品。从校舍建筑来看,广泛采用玻璃窗,增加透光性,让教室更加明亮;空间更加实用、简洁,方便学生及老师学习与教学。

第三,设计必须按照自然及客观的法则来进行,不能背离自然法则及客观需要,特别应强调实用价值。在学校建筑风格的设计上第一次摆脱了"玩形式"的弊病,走向简洁、明快、方便、实用、轻巧、经济、美观的设计观。学校中开创了各种工作室,如金、木、陶瓷、纺织、摄影等,方便学生实践。包豪斯学校的设计,使设计从理想主义逐步向现实主义发展,用理性的、科学的思想逐步代替艺术上的自我表现和浪漫主义。

包豪斯学校堪称现代建筑的典范,学校大量使用钢筋混凝土技术,并尝试采用预制件方式建筑房子。教室、工作室、办公室及宿舍礼堂等公共设施全部用预制件拼装,不但加快了建筑速度,降低了建筑成本,也改变了人们的建筑观念。

德绍包豪斯学校(Dessau Bauhaus),建筑师:瓦尔特·格罗皮乌斯
图片来源:普通高中课程标准试验教科书《美术 美术鉴赏》,美术人民教育出版社 2007 年版

在"以学生为中心"的理念得到广泛认可之后,人们更加深刻地认识到学生需要一个新的学习环境。20 世纪 20 年代末及整个 30 年代,西方学校建设开始与传统学校模式决裂,出现了很多创新特征,特别关注到"健康"与"卫生"。设计师开始更多地利用自然光、新鲜空气,更多关注到学生户外活动的需求。所以,学校结构朝着更通透、更开放的方向发展,建筑有了更大的开放度、灵活性、

多用途及功能性，方便学生开展多样的活动。在这样一个学习环境中，学生不但要集体学习，也需要一个相对独立的活动空间，还需要有与伙伴一起探究、小组合作式学习的场所。

位于法国巴黎附近维勒瑞夫的卡尔·马克思学校建于 1932 年，是早期功能主义的代表作之一。设计者在一个地理位置不是很理想的地方，为学生设计出一个安全、健康、卫生的学习环境。连续的窗户保证了教室的采光，屋顶的天台可以用来晒日光浴，或者进行其他的户外活动。学校里有庭院式操场，根据需要划出男生、女生两个区域。这个时候，学校出现了真正意义上的运动场地。同时，还有用于探究性园艺活动的单独场地。雨天等恶劣天气，可以启动带有屋顶的露台。学校医疗室、缝纫室等都被设计得妥妥的。从建筑来看富有表现力的钢筋混凝土、光线、不承重的墙、连续的统长窗等营造出了开放、透明的学习环境。

位于美国伊利诺伊州温内卡特的乌鸦岛学校①，由伊利尔和埃罗·沙里宁设计。这所学校在现代学校进程中具有里程碑式的意义，被认为是展望未来、面向未来的典型作品，体现了先进的教育理念、教育目的的功能性以及人文主义精神。该校第一次在设计中考虑到在教学过程中对教师、职工以及学生参与课堂活动进行直接观察的便利性。学校建筑表达在强调学校具有的一定的严肃性及日常使用的生活化之间的平衡——威严、凝重、永恒与亲密、随意、互动之间能和谐融洽。乌鸦岛学校，拥有满足了孩子多种学习需要的学习空间。

与传统的以"书本学习为中心"的学习方式相比，进入设计时代的学生学习

---

① 学校相关图片及资料可参见［美］R. Thomas Hillle. 现代学校设计：百年教育建筑设计大观［M］. 胡舒，译. 北京：电子工业出版社，2014：268 - 285.

需要有更多的活动空间。在课程设计上，需要"复合或者跨学科的学习"，强调不同学科、不同领域相互联系的重要性，学生不再孤立地学习每门学科，强调学科的综合性，不同学科的相互联系，出现了整体的、协作的学习方式，小组合作学习成为比较通用的学习方式。同时，"培养全面的孩子""终身学习者"等概念开始被人们重视，这样，社会就需要一个更加多元、更为开放的学校。这些都影响着学校设计的走向。

（四）走向多元开放的现代学校建设

20 世纪 60 年代，西方开始出现后工业时代设计风潮，出现了多种风格的设计，如波普艺术、高技术风格、后现代主义、绿色设计、非物质设计等。这些追求个性的、变化的、人文的，或者回归传统的、装饰的、超现实的等多元化的艺术流派也影响到学校的设计。学校正走向开放，这成为 20 世纪 70 年代学校建设的一个趋势。

随着科技的发展，电视开始走进课堂，远程学习开始有了新的发展。空调引入学生的学习环境，视听等更为复杂先进的技术得到很多学校的关注。新的实验教学法得到推广，要求课堂变得比以往更灵活、更开放、更非常态。地板也开始进入教室，体现了更多的人性关怀。

20 世纪五六十年代，英国开始尝试不单单按照年龄来组织教学，而是同时考虑学生的能力、智力、理解接受力等再组织教学，根据不同的学习能力划分不同的学习小组，并实施与之相适应的教学内容及教学方法。在具体实施中，尝试取消班级授课制与年级管理制，根据每一个学生的具体能力特点，分成不同的学习小组。这样，以班级为单位的授课方式慢慢发生了变化，学校教学引入了"家"的概念，因而在学校建筑的空间处理上也发生了变化。

英国的阿露德中学就是按照"家"的概念建立起来的一所具有实验意义的

学校。以教室为中心,周围建有若干个空间的构筑物,并且以"家"来命名。这些大大小小的"家",适合各种各样的学生进行小组学习。

位于德国鲁尔区吕嫩的兄弟学校由建筑师汉斯·夏隆设计。学校建设把设计的中心放在了个人与社区的关系上,学校就是一个微缩的社区,强调社区在学校教育中的意义。学校各功能区的空间关系富有张力、形式多样,营造出一个复合性强、具有多元化的学习环境。学校在设计教室时遵循了先进的教学理念,将教室设计成独特的六边形,使空间变得灵活多样,促进了学生们的交流。教室边还设计了次级空间,这些空间主要由入口的服务区、小型的工作区及户外平台或者露台组成。学生可以通过这些次级空间,进行各类小型活动。这样的教室类似一个温馨的小家,教师与学生在这样一个家庭中和睦相处,建立相互的归属感。

20世纪70年代,跨学科的小组教学法在开放教室中被广泛应用,并达到一个高度。校园中随之出现了共同社交空间,其形态变得更加多样,并且成为通用的校园设计,大型的、小型的,正式的、非正式的,室内的、户外的等都涌现了出来。

现代校园建设,拉开了学校与周围设计的建筑特征的区别。世界上很多国家对学校建设提出了更高的要求,学校的建筑等级上要明显高于一般建筑,成为"最安全的建筑",甚至在遇到突发事件时能成为周围民众的避难所。

(五)21世纪,未来学校的到来

20世纪90年代后,新的世纪即将到来,新技术的大量涌现,特别是互联网时代的来临,学校发展进入了一个崭新的时期。一个真正的教育现代化的时代到来了!

随着教育现代化大潮的到来,在学校设计上,人们不断探索新技术在学校

布罗斯库特小学：不同学习空间的出现

建于 1972 年的英国布罗斯库特小学是能满足新型教学方式的典型案例。该学校有学生 300 多人，学生被划分为三个学习集体，分别为高、中、低三个年级（grade）。校内有三个大的学习空间，每个学习空间内连续开放，也可以相对分割。在连续空间内存在不同的学习空间，有独立的凹室（alcove）、学习角（corner）等，可以集体学习，可以小组讨论，也有独立思考的空间；到节假日还可以向社区开放。

图示：1. 开放空间；2. 安静空间；3. 自学空间；4. 资料空间；5. 制作空间；6. 带顶中庭；7. 餐厅兼学习室；8. 多功能大厅；9. 视听教室；10. 厨房；11. 办公室；12. 储物室；13. 更衣室；14. 淋浴室。

教学中的运用，开始考虑电脑技术、现代科技如何与课堂教学相结合等。人们开始重新定位及设计学校功能、课程设置及学习空间的布局。这个时期，学校发展的主题更集中，探索的领域更广泛。学校需要考虑传统文化的传承及新文化的融合问题，学校发展日趋风格化。

学校的设计要同时考虑社会、历史、生态与环境诸要素的结合。学校的可持续性和可识别性成为设计重点关注的内容，学校建设更强调风格化及独特性。在学习环境的建设上已经没有办法回避新技术、新教材给学校建设及教学环境带来的变化，互联网技术发展给学校发展带来了一个更为开放、更有拓展性、更有未来感及带有未知性的前景。

社会进入 21 世纪，学校迎来了更大的发展机遇，也面临着更大的挑战，一些新的学校形态初露端倪。

未来已来。学校建设需要一个全新的设计观，以支持全新的教育理念，实现学生全面发展的教育目标；同时，学校自身也需要发展，以满足不断发展中的孩子，适应未来社会发展的需要。

以儿童为中心开展，是百年学校发展的必然。

2013 年开始，一种新的课堂形态在中国的一些学校出现。　新课堂基于信息技术云计算、无线 WiFi 技术建立起功能齐全、信息交互迅速、使用便捷的教学一体的平台。　该平台采用多屏方式教学，学生使用平板电脑学习，教师手持终端对四周白板及学生实施电脑控制，多屏互动、即时反馈、在线测试等学习方式交互使用。这样的课堂被称为"未来课堂"。

六、 学校发展正走向设计

学校发展重视系统设计,无论在国内还是国外都有典型案例。比如,国外有美国霍华德·加德纳的"多元智能理论的学校行动"、日本佐藤学的"学习共同体"的建设等;国内有市长教育家朱永新的"新教育实验"、课堂里走出来的教育家李希贵的"新学校行动研究"等,这些都在一定程度上促进学校"静悄悄"地发生变革。

20 世纪 80 年代,霍华德·加德纳提出了多元智能理论。从 20 世纪 90 年代开始,美国一些学校根据这一理论重新设计课程,进行教学实践。比较典型的有罗素小学、卓越示范小学、斯凯威尔初中、凯一初中、泰斯高中、林肯高中等六所学校。通过重新设计学校教学,这些学校在教学环境、课程、评价等方面发生了巨大变化,并且对学校的未来发展产生了深远影响。

下面是罗素小学采用多元智能方案的时间表[①]:

时间	实施内容
1991—1992	校长和两位老师一起研究多元智能理论,并获得四年的经费支持。
1992—1993	提供多元智能专业发展条件,一些教师开始实践多元智能理论。
1993—1994	更多的教师采用多元智能教学;学校的第一幅大型壁画完成。
1994—1995	聘用艺术、音乐、舞蹈和创意写作方面的专业老师,申请并得到歌剧创作经费。
1995—1996	学生在州政府测试中成绩提高一倍,白人学生和黑人学生的成绩差异得以消除。
1996—1997	广泛的校内合作使学校向多元智能学校的目标迈进。

① [美]琳达·坎贝尔,[美]布罗斯·坎贝尔.多元智能与学生成就:六所学校的成功案例[M].刘竑波,张敏,译.北京:科学出版社,2004:20.

续 表

时间	实 施 内 容
1997—1998	成为"用多元智能整合艺术课程的示范学校",增加了多元智能探索课程、主修课和副修课。
1998—1999	更换了校长,但多元智能方案仍是所有课堂不可或缺的焦点。

经过一段时间的实践后,这六所实验学校发生了一个显著的变化:白人和少数族裔学生之间的成绩差距缩小,甚至消失。斯凯威尔初中的学生在阅读、语文、数学上赶超了全州和全国学生 20 个百分点。实验学校得益最多的是学生,他们的个人智能得到了普遍重视,也树立起了学习的自信。

佐藤学在《学校的挑战:创建学习共同体》一书中写到,从 20 世纪 70 年代始,各国正在推行"静悄悄的教育革命"。这一"教育革命"就是"合作学校"及"创建学习共同体","教师的作用正在向学习的设计者与主持者转变"。以高水准教育著称的芬兰,也积极倡导以"设计"为中心的课程,"合作学习"迅速渗透。①

而在国内,一系列教育改革行动也如火如荼地展开。"新教育实验"是由朱永新教授发起的一个民间教育改革行动。它是一项以教师发展为起点、以"六大行动"为途径、以"帮助新教育共同体成员过一种幸福完整的教育生活"为目的的教育实验。其五个核心理念是:为了一切的人,为了人的一切;教给学生一生有用的东西;重视精神状态,倡导成功体验;强调个性发展,注重特色教育;让师生与人类崇高精神对话。"六大行动"是:营造书香校园、师生共写日记、聆听窗外声音、熟练应用外语、建设数码社区、创建特色学校。

2000 年,朱永新教授出版了《我的教育理想》一书,书中提出了他的"理想教

① 佐藤学. 学校的挑战:创建学习共同体[M]. 钟启泉,译. 上海:华东师范大学出版社,2010:10.

育",影响了一大批有教育理想的教师,"新教育实验"随之兴起。2002 年,"新教育实验"的专门网站"教育在线"开通;同年,江苏省昆山市玉峰实验学校正式启动新教育实验,同时提出了核心理念、基本观点、基本原则,并规划设计了"六大行动"实验项目。

新教育实验提出"书写教师的生命传奇"、"缔造完美教室",并研发了"卓越课程"。新教育的"卓越课程"以"让师生过一种幸福完整的教育生活"为使命,强调"教育生活",第一层含义是"教育即生活",而且是一种最重要的生活;另一层意思是"生活也是教育",是一种很现实广义的教育。这一"卓越课程"构建了五大课程理念,也是课程研发的五大原则,分别是:(1)无限相信学生和教师的潜力;(2)教给学生一生有用的东西;(3)重视精神状态,创造成功体验;(4)强调个性的发展,重视特色的教育;(5)让师生和人类的崇高精神对话。每一个课程完成中,都要经历浪漫、精确、综合三个阶段,而且这三个阶段循环往复、相互包容。小学阶段以综合课程为主,初中阶段设置分科与综合相结合的课程,高中以分科为主。

卓越课程体系以生命课程为基础,以智识课程(真)、公民课程(善)、艺术课程(美)作为主干,并以"特色课程"(个性)作为必要补充。

生命课程,或称为"新生命教育",是一门综合性课程,其目的是引导学习者认识生命、欣赏生命、尊重生命,进而不断超越,把握生命发展的无限可能性。该课程分三级目标,即珍惜生命、热爱生活、成就人生。

健康、安全与营养课程,要求优先考虑操场、食堂、宿舍、医务室,并视之为生命课程的重要组成部分。

公民课程,旨在解决作为一个社会人的权利、责任与义务问题,包括公民道德、公民价值观、公民知识和公民参与技能四个方面。

艺术教育在新教育卓越课程中具有十分重要的位置。艺术,在完整人的教育中,同时起着浪漫与综合的作用。以小学为例,从每天的晨读开始,到每学期的童话剧课程,每一所新教育的学校都应该具有浓郁的艺术氛围。

智识课程,就相当于一般的文理课程,包括语文、数学、外语、科学(或物理、化学、生物)、历史与社会(政治、地理)等,这是新教育卓越课程的主干部分。课程的根本不是传授知识,而是形成用以统率知识的智慧和运用知识的能力。因此,该课程的目标是让学生从拥有知识走向智识,走向智慧。

目前,新教育实验已成为中国最大的民间教育改革,辐射 60 个试验区、3 000 所实验学校,共有 300 万师生参与。实验在一定程度上改变着这些学校,特别是改变了很多教师们的教学行为及生活方式。

"新学校行动研究"是 2007 年李希贵与"一群痴迷于教育事业的志同道合者"提出的一项学校改革行动。在《新学校十讲》一书中,李希贵从"新学校"的理念阐释到如何诊断学校、开发适合学生的课程、构建互动的领导和管理体系,等等,进行了详细的说明。书中引用了丰富的案例,直观地呈现了"新学校"为师生自由选择、自主发展而搭建的多样化平台,并将一些企业管理工具运用到学校的自我诊断与改造中,为教育管理者和教师发展提供了新视角和借鉴样本。

当然,今天我们讲的"设计学校"同"多元智能实践""学习共同体建设""新教育"等还是有很大的不同,"设计学校"变革的范围及程度更大,目标及内容更广。它不仅重视学校理念的变革、行为的改变,也重视学校的形象改变及提升。"设计学校"追求的理想学校不仅是向"善"的,也是向"美"的。

设计学校的目标是让学校尽善尽美,但学校的发展会受制于各种因素,学校不会总是按照人们设计好的路线发展。设计者不可能考虑到以后所有的问题。学校发展需要根据具体情况作适当的调整,在实践的过程中进行"再设计"。

加拿大教育学者迈克·富兰在《变革的力量》一书中说,在一个学习社会里,领导者是设计者,其未来的新工作是建立学习机构。好的领导者一直把自己看成是设计者而不是战斗者。实质上,领导者的任务是设计学习的进程。①

学校设计最根本的宗旨是"以学生为本"。设计的结果呈现的是一个个具体方案或产品,但产品优劣的背后是设计师宗旨的"成熟"程度。"'杰出'的设计师,那必定不是制造和服务产业的发达所造就,而是那些能够深刻理解设计民主精神的人,舍此别无其他。"设计师们建立的是一种关系,"与文化、环境和生态建立起一种可持续和谐的关系"。② 设计就是协调与配置学校、社会的各种关系,这些关系能和谐、可持续发展,这些关系能极大地激发学生学习的积极性,有利于学生能力的培养和学生的健康成长。

以拼图为例,要是没有看过原图,虽然孩子很投入很认真,整个过程也充满诱惑,但很费时,也很低效。如果有原图作为参照,那么,他就可以快速准确地拼出图画来。学校发展也是这样。越是看不远越会发生方向性错误,大雾天为什么容易走错,即使是熟悉的路,原因就在于前方没有目标,只能看到脚前的一米。所以,我们不能想一步走一步,对学校发展要有系统思维,要构建教育发展的宏伟蓝图,每一天的工作都是这一蓝图中的一个部分。学校有了发展蓝图,通过我们的努力就有可能创造出一件伟大和完美的"作品"来。

学校领导肩负着两个使命:一是提出新的发展目标,在师生中构建学校发展的愿景;二是不断解决日常工作中的现实问题,并努力改善出现的管理漏洞及机制问题。而设计同样肩负这两种使命,一是勾画未来;二是解决问题。改善现实和创造新世界,都是设计要努力去追求的。

学校正走向设计,设计就是绘制未来学校的蓝图。而学校形象系统是学校设计的一个部分、一种尝试,也是能把理想变成现实的一个方法和一条路径。

---

① [加拿大]迈克·富兰. 变革的力量:透视教育改革[M]. 中央教育科学研究所,加拿大多伦多国际学院,译. 北京:教育科学出版社,2000:88-89.
② 杭间. 设计"为人民服务"[J]. 读书,2010(11):45-46.

| 第二章 |
基于儿童成长的设计

没有儿童就没有学校,没有儿童就没有学校设计,设计最终是为了儿童。
孩子有梦,就给他们设计一个能够做梦的校园。

设计为人服务。

设计的根本是为了人更好地生活,因此设计的服务对象是设计者首要考虑的问题。学校(幼、小学段)设计最重要的对象是儿童。没有儿童就没有学校,没有儿童就没有学校设计,设计最终是为了儿童。设计要考虑儿童特性,研究儿童的喜好,尊重儿童成长规律。一句话,设计要具有"儿童立场"。

学校设计要具有"儿童立场",就是要突出儿童中心。以色列在短短的 20 年中诞生了 10 位诺贝尔奖得主,人们可能会认为,培养这些精英的学校一定是高度现代化、"高大上"的,其实不然。深圳明德实验学校校长程红兵在谈到以色列教育时讲[①],他们的学校与我们的想象大相径庭,朴素的校园,朴素的校舍,朴素的教学设备。一所坐落在农庄里的学校,分不清哪儿是农庄,哪儿是学校,校内可以见到奶牛场、养鸡场、西瓜地、驯马场、养鹿场等,校园里到处是裸露的土地,教室一般,校舍陈旧。但奶牛、马鹿、西瓜,还有裸露的泥土,这些都是孩子们喜欢的。就是这所学校的学生获得了国际科技创新与艺术领域的多项大奖。一所坐落在富人区的公立学校,看起来也十分简陋,看起来就像一个"不施粉黛的中年妇女",但其在环境的

---

① 程红兵. 教育不能有"饥饿基因"[J]. 人民教育,2015(2):67.

设计上却处处以儿童为中心。孩子是喜欢沙地的,有一所学校,幼儿园的教室外便设计了一个很大的沙地,供孩子们玩耍、游戏;小学部的沙地更大,连足球场也是由沙地组成的,在沙地上,孩子们可以自由畅想,搭建他们的理想城堡。

学校设计要具有儿童立场,需要我们具有人文情怀和对民族文化的尊重。20世纪30年代末,国学大师刘文典在西南联合大学任教。这天,刚好新生入学,一向热心的刘文典来到宿舍,帮内务老师给学生们安排宿舍,并且还主动帮忙设计了床具及书桌等物品的摆放位置,安排妥当,刘文典才心满意足地回去。但到第二天,一个学生跑过来反映,说有一位学生不同意现在的宿舍设计,提出要求重新摆放床的位置。刘文典学贯中西,通晓事理,他觉得,目前宿舍的设计绝对是最合理的。因为他认为,现在宿舍狭长,床铺自东朝西摆放,既有利通风,又有效利用了宿舍空间;两张书桌并排放在窗户下面,采光也好,比较适合学生读书写字。他这样一分析,其他老师及学生都认为这样的方案是最好的设计,但那位要求更改方案的学生仍然默不作声。到中午,刘文典再次来到了宿舍,不仅同意了这位学生的要求,还郑重地向他道了歉。他说:"我犯了一个大错,当我回去查档案时才发现,这名学生是维吾尔族人,而在维吾尔族的习俗中,最忌讳的就是睡觉时头东脚西。"

好的设计要给学生人文关怀,并要敬重不同的文化及习俗。这样的设计,才能显出大美。

基于儿童成长的学校设计要求我们在具体实践中关注以下几个方面:一是设计要唤起儿童的好奇心及创造性;二是设计要尊重儿童的活动需要;三是设计要培养儿童的审美情趣。

一、设计，要唤起儿童的好奇心

好奇心人人有，特别是孩子最为强烈。好奇心是孩子探究与学习的开始，好奇心也是孩子深度学习的动力。好奇心让孩子有了历险的欲望，有了学习新知识、获得新能力的可能。能够关注到儿童好奇心的设计，就是好的学校设计。

21 世纪更信奉"未来是创造出来的"理念。伯尼·特里林和查尔斯·菲德尔在《21 世纪的技能》①一书中提出了 21 世纪应具备的三项技能：学习与创新技能；数字化素养能力；职业和生活技能。而"学习与创新技能"被放在了首位。罗曼·罗兰曾说："我创造，所以我生存。"创造力是 21 世纪的基本技能，也是人们存在的价值。创造力对于儿童发展更为重要。孩子的创新意识及创造力是最可贵的一种能力，孩子的创造过程本身就是一种学习，他们在创造中挑战自我，获得学习动力，找到学习的价值。儿童也是最具创造力的群体。能够关注到儿童创造性的设计，才是有未来的学校设计。

（一）设计具有想象力的校舍环境

澳大利亚 PEGS 少年男校的校舍建筑别出心裁。建筑师充分尊重和利用周边非同寻常的都市环境，为少年们创造了不拘一格、极富想象力的建筑，为男孩们的学校生活创造了良好的开端。建筑的立面整体向上收拢，棱角突兀，有些怪异，形如"鬼屋"，中部看仿佛是一座神社，后部看呈篷顶造型，所有这一切都让孩子感到好奇。设计师对因奇异的外形而形成的繁琐、不规则的内部轮廓

---

① 伯尼·特里林，查尔斯·菲德尔. 21 世纪的技能[M]. 洪友，译. 天津：天津社会科学院出版社，2011：44.

进行了重新设计。教室、走廊等空间作了平缓处理，呈现出云朵的造型。高耸的烟囱为教室提供清新的自然风，也增加了室内的采光。室内设计了很多阶梯，让孩子自由跳跃攀爬，满足了孩子喜爱活动的天性。教室格局的设计呈现多样化，以适应各年龄段学生不同的审美需求。

极富想象力的 PEGS 少年男校校舍建筑，棱角突兀，奇特的建筑物剪影，让男生们既紧张但又急于探险。

　　泰赫姆小学①是建造在荷兰瑞德兰顿郊区古村庄核心地带的一所小学。学校附近有一座纪念碑，以及有当地典型风格的农舍。建筑师在设计时充分考虑了这两个因素，于是仿照当地农舍风格设计外形，类似金字塔形的基本立面具有纪念碑的稳定风格，很好地融入了社区的建筑风格。建筑师同时赋予建筑多样化的功能及无穷的活力。

---

① 学校相关图片及资料可参见：凤凰空间·北京，编. 成长空间：世界当代中小学建筑设计［M］. 南京：江苏人民出版社，2012：88－95.

整座建筑设有三个平面、六组教室、四个入口。运动大厅、电梯、两个游戏室和幼儿园融为一体，建筑平面随着高度的增加而延伸，从同轴性到独立空间，不断改变着内部空间及教室之间的关系。高年级的学生被安排在上层，以便他们有更多的空间开展互动，可以进行小组讨论、分组学习、话剧表演、组织展示等活动。这样能更好地培养学生融入集体、融入社会的意识。

对于孩子来讲，更有吸引力的是从上到下的一系列小天窗。这些天窗分布在三个平面之上，这样的设计，不但增加了空间的通风量和自然的采光，节省能源，更主要的是涂有各种色彩的边框，满足了孩子的好奇心，把孩子的想象引向诗一样的远方。

由知名艺术家汤米·温格尔（Tomi Ungere）设计的猫形幼儿园，位于德国沃法特斯威尔勒（Wolfartsweier）。其灵感源于孩子们喜爱的猫。整个幼儿园环境的设计，就围绕着猫展开。幼儿园的正面，就是猫的嘴巴，孩子们小心翼翼地进去，才知道真正有趣的还在里面。猫的头部是一个娱乐场；头顶上是一块

德国沃法特斯威尔勒的猫形幼儿园，两只眼睛刚好是建筑物的圆形窗户，是儿童"窥视"外面世界的"眼睛"。

草坪，模仿猫的皮毛；猫肚子里的内容更丰富，有孩子们的更衣室、教室、厨房与餐厅等；尾巴是一个紧急逃生通道，猫爪子则是孩子们最喜欢的滑梯。要让孩子喜欢学习，那么，先要让孩子喜欢学校，喜欢自己的教室。

（二）设计儿童喜欢的探秘空间

好的设计是最能懂得孩子需要的设计。有一次，雕塑家奥利·巴尔斯伦德·尼尔森帮助儿子所在班级的幼儿园设计了一个新的游乐场，他觉得可以为孩子做更多的事，于是，联合了家具设计师克里斯蒂安·詹森一起为孩子们建造了一个类似剧院布景般的极具挑战性的游玩设施。这些活动场所的每一个设施都可以讲一个故事。这些故事有些来自经典童话，有些来自当地的历史文化，也有些来自生活情境。被炸断的海盗船，扭曲的房子，巨型的海洋生物，庞大的猩猩，如森林一般高的大葱，如房屋一样大的老鹰等，都能让孩子们兴奋不

雕塑家奥利·巴尔斯伦德·尼尔森为儿子的幼儿园设计的游乐场，其中设置了坠落的零式战斗机及中国龙等模型。

已。并且孩子们都可以进入这些巨型"怪物"的内部。这样的场景具有一定的惊险性,但它们都符合国家安全标准,并且根据孩子不同年龄特质,设计成不同的安全等级。这些创造了一个激发孩子们好奇心、锻炼他们勇气的乐园。这里,成了孩子们最喜欢来的地方,因为设计师们知道孩子需要什么。

丹麦奥特拉普(Ordrup)学校的设计理念是"每个人的思维与学习方式的不同"。本着这样的理念,设计师安诺斯·苏内·贝格(Anders Sune Berg)、博施(Sosch)和菲尤德(Fjord)设计了一个能包容一切又富有探究性的空间环境。以"宁静与专注""合作与讨论""安全与仪态"为目标,设计师们为学生探究营造了与传统教育截然不同的学习环境。

这个学习环境其实是一个多种要素组合的多元环境,是为实现独特的教学方式与激发学生创造性思维而设计的。它通过区分活动性质创造不同的空间,让开放的空间、多彩的颜色、舒适的家具与教育技术实现无缝整合,是一个融合多种功能的学习空间。建筑师创造了涵盖学与玩的多样空间,室内设计了若干水平或立体的圆形,孩子们可以躲在里面读书、捉迷藏,也可以站在中间面对小伙伴进行演讲,甚至可以爬上梯子,在空中楼阁一样的岛型空间作宣讲。有时拉开一个帷幕,里面就是一个微型舞台,可以在那里进行表演。类似于海绵一样的软体柱子,可以任意攀爬。所有这些让孩子能在真实、多样的情景中学习、游戏。这样的环境设计,极大地激起了孩子的好奇心,也激发了孩子无穷的探究欲。

由日比野设计(HIBINOSEKKEI)事务所与幼儿之城(Youji no Shiro)公司联合设计的日本的一些学校机构[①],在如何激发学生的好奇心及探究欲方面有

---

① 日比野设计事务所成立于 1972 年,1991 年该事务所单独成立了一个专门设计幼儿园的部门"幼儿之城"。迄今为止,它在全日本范围内已经建造了超过 350 所幼儿园,是个名副其实的幼儿园设计"专业户"。

自己独到的考虑。① 坐落在工业区住宅中的奈良幼儿园，与我们见到的一般幼儿园有很大的不同。周围是工厂，色彩上有些单调，幼儿园的外形色彩处理也比较朴素，似乎没有什么吸引人的地方。但设计师的功夫在另外一方面：从孩子的心灵需求及成长需要来规划学校的建设，把激发孩子的想象力及生命力放在第一考虑要素。学校在采光方面作了充分考虑，孩子的教室与户外几乎是连在一块的，这样可以让孩子充分享受阳光及享用草地。设计师确定的学校改造的主题是"制造梦想和创造力的工厂"，把本来应该隐蔽的一些设施设备，有意识地暴露在外面。室内的通风装置及有螺旋桨的管道，采用透明材料包装，这样，孩子们可以看到风在里面流动的影子。孩子们使用的盥洗池水管也是外露的，可以看到水流的作业流程。所有这些都能引发孩子们的好奇心，并在不知不觉中知道了很多生活原理。通过对这些生活现象的观察，孩子们对生活中的种种创造产生兴趣，也能认识和尊重知识的价值，懂得创造能改变生活、创造能让我们生活更加美好的道理。

（三）留一面可以自由涂鸦的墙

西班牙门加洛沙（Menjarosa）学校的餐厅是一座让人印象深刻的建筑。设计师把餐厅的主色调设计成粉红色，但在餐厅一侧留下了一面黑色的高墙。这面墙是孩子们最喜欢逗留的地方，孩子们在这里可以发挥自己的想象随意涂鸦，与同伴分享自己无穷的创意。

江苏省天一中学靠近运动场有一面上百米长的围墙，每到艺术节就会有很多学生聚集在那里。原来，这是学校专门为学生留下的一面墙，学生们可以在

---

① 看完日本的幼儿园，才知道我们的孩子可能上了假幼儿园[EB/OL].（2017-1-28）. http://mt. sohu. com/20170128/n479661153. shtml.

上面创作自己喜爱的作品。因此，全校师生每年都能欣赏到新的画作，这里成为学生们最喜欢路过的一个地方。

这种"涂鸦的墙"的思维也可以推广到整个校园。美国洛杉矶创玩学校（PlayMaker school）的教育目标就是为学生创造一个充满活力的探索空间，希望学生在玩、拆、设计、发现、构建中学习，感受挑战自我的力量。为此，学校为6年级的学生提供了一套物理和视觉空间相互连接的学习空间，包括"梦想实验室""DIY生产空间""冒险协作空间"等。

"梦想实验室"是一面巨大的白板墙，学生可以在上面涂鸦，把自己的想法毫无保留地展示出来，从而不断地激荡起学生的头脑风暴。

为了激发学生更大的创造热情，2013年1月，创玩学校推出了"DIY生产空间"，突出学生动手能力，倡导动手文化，并为学生提供各种制作工具，方便进行反复拆解、设计、组装等作业。DIY生产空间是一个新的学习空间，也是一种新的学习形式，在这一空间里，学生整合多个学科进行学习，如电气工程、游戏编程、机器人技术、3D打印技术及生态设计等，学校则通过实施新的课程体系，培养学生创新能力。

在冒险协作空间里，学生可以开展"移动式学习、体验学习和基于游戏的学习"，内设一套21世纪高科技学习系统，包括四个等离子体平板显示器、SMALL ab动作捕捉系统、地板投影等。①

这些地方的"白板"不同于我们对"黑板"或"白板"的传统理解。很久以来，我们学校教授给学生的大多是现成的结论，黑板是演示经典结论的"圣地"。这极大地压抑了学生的创造性。学校设计要打破这种传统"黑板"式的教学，给学生一块可以"自由涂鸦的墙"，留一块能让他们做主的"圣地"。

---

① 张渝江. 未来学习空间的展望[J]. 中国信息技术教育，2015（7）：101.

江苏省天一中学长百米的校园围墙，成为每一届学生展露自己艺术才华的"舞台"。

陶行知曾说，我们发现了儿童有创造力，认识到了儿童有创造力，就需进一步把儿童的创造力解放出来。如何解放呢？这就是学校教育需要面对的问题。

要培养儿童的创造力，其实不需要做很多。创造是儿童的天性，现实中孩子的创造力，大多是被我们不恰当的教育所扼杀的。我们要是能做到不用种种成见去否定儿童奇异天真的想法，这本身就已经是成功的教育了。

《21世纪的技能》一书在序言中讲了这样一件事。中国教育部组织了一批领导到美国加利福尼亚州纳巴新技术中学参观，看到许多学生做的有创意的项目作业后很有感触，其中一位代表拿着这个学校的课程指南询问道："你们这儿哪里在教学生改革创新呢？我想知道你们是怎样传授这些东西的！我们需要学生学习如何改革创新。"该校的教务处主任却回答："创新和改革并不在课程指南里面，它更多地存在于我们呼吸的空气中，或者说在我们饮用的水中；在我们美国的历史中——那里有托马斯·爱迪生、亨利·福特、本杰明·富兰克林；它在我们的企业文化中，在我们的企业家身上；在我们尝试新思想的意愿中；在我们修理厂的修修补补和技术革新中；在应对棘手问题的挑战和新鲜事物的激情中；它在我们由于提出新观点而受到的褒奖中；在甘于冒险、屡败屡战的精神中。"

创新，在一种无形的文化中，在整个社会的体系中，也在每一个孩子的血液中。设计，可以为这样一种文化的形成创造条件，比如，建造出更多能让孩子自由表达及创造的空间。

给学生一个创造的空间，他们会还我们一个惊奇！

（四）开发不断生成新情境的课程形态及课程环境

由前卫建筑(Baupiloten)研究所设计建造的德国柏林卡尔·博列小学，是一所令孩子们神往的学校。建筑师脑洞大开、天马行空的设计，让学校充满了诱惑。与其说这是一座学校，还不如说是一个探秘空间。学校的建筑形态完全遵循孩子们的特性及想象。古老的墙上修出了一条条密道，让孩子们玩探秘游戏。在这洁白如雪的环境中，学校设施的各个部分闪着红色、蓝色或者绿色的光，勾勒出了不同的功能区域与一个个全新的声学和光学空间。在这样的空间中孩子们可以进行各种探秘游戏，比如，编写间谍故事、设计情节、分配角色等，让游戏不断生成。不寻常的空间激发了孩子们不同寻常的创造力。配合这些探秘空间，学校还开发了专门的互动课程：抓间谍。

学校里有时会出现"穿着闪亮斗篷的间谍"。当孩子们了解到校园里有"间谍"时，整个校园就兴奋了起来："他现在在哪里？""他在潜望镜里吗？""难道他逃脱了？""我能第一个发现他吗？"孩子们在每一个房间、每一条道路、每一个角落、每一个空间开始寻找。而"间谍"则躲在角落里默不作声，他观察着周围的情境，或者躲藏在间谍镜后不停地晃动来观察孩子们的反应。他要做的是尽可能伪装好自己，不让孩子们发现。"间谍"在角落里左躲右闪，然而，孩子们太多，也太灵活，他的身后、前面，甚至上面到处是孩子，他只能慌张地在间谍巢穴间不停地跑动、跳跃、攀爬。稍不注意，他就被孩子们发现了！但孩子们高兴得太早了，因为他们看到的并不一定是真实的影像，在这些镜子中间，一切都是颠倒的。就在这个时候，间谍消失在静谧的小径中。孩子们不得不开始新的抓捕计划……

　　配合这些游戏与课程，学校进行了特别的设计，"间谍墙"是其中最有创意的一项。它可能会出现在校园的一些隐秘角落里，孩子们可以从不同角度观察周围情况，攀爬、玩耍、躲猫猫。孩子们爬上间谍巢穴就可以占领高地，借助镜子折射及放大镜的功能对缝隙或者间谍洞进行观察。借助四通八达的间谍墙，孩子们可以秘密撤退到后面的房间，或者躲到不为人知的独处空间。有了这些，孩子的头脑中就出现了"夏季迷宫""攀爬森林""白雪世界""秘密花园"等奇异世界。孩子们在这些世界里探索，学会了独立思考和交流沟通，这极大激发了孩子们的想象力及探索精神。

让孩子惊奇的卡尔·博列小学。　在这里，一段普通的墙体也可以让孩子玩出精彩，玩出故事来。　无意中打开某一扇门，展示在眼前的就是一个光怪陆离的世界。

此外还有一面"伪装墙",设计师对墙面进行了声学和光学的设计。墙面镶嵌着多层树脂玻璃,让不同颜色的光和不同单元的光线能以不同方式穿透。光线透过包含着整个色谱的墙投射到对面的墙面上,形成互补色。当灯光打开,镜子会变得透明,它们的覆盖面就会投射出各种光色,整个空间瞬间变得虚幻、神秘,极具美感。这所学校的门厅是"闪闪发光"的。门是透明的,可以反射光线。边上闪闪发光、五彩缤纷的玻璃片让空间变得光怪陆离,使孩子对学校、对教室充满了好奇、诱惑。门像一面威尼斯镜子,成为孩子信息与游戏世界的入口。

孩子有梦,就给他们设计一个能够做梦的校园。

二、 设计,要尊重儿童的活动需要

好动,是儿童的天性。

好学校在校园设计时应该考虑到儿童"好动"的特性。基于儿童的设计,需要在学校环境及课程形态两个方面重新考量儿童的活动性,需要重新定义学校。

(一) 给儿童一个"动起来"的空间

距离西湖风景区不远的杭州市行知小学被誉为西湖区"校风、校貌、校纪"最佳学校。2016 年年底,行知小学楼校长带我们参观了他们的新校区,新校区由原来的一所老校改造而成,主要供 1—3 年级低学段孩子就读。

新校区给了我们很多惊喜。整个校园有一个主色调——粉绿色。楼校长说这是"行知绿",代表生态、生命与活力。教室的走廊、墙面、天花板用粗细不同的绿色管道装饰,象征着蓬勃生命的藤蔓从一楼开始不断向上蔓延生长。更令我们感兴趣的是，从地面到二楼及三楼分别安装了三个形状不同的滑滑梯，我们可以想见放学后孩子们滑着下楼的欢乐情景。走到学校的南边，有一块很大的草坪，草坪一角一棵很大的树上搭了两个小木屋。随行的几个老师有点蠢蠢欲动，想上去看个究竟。楼校长介绍，这是"树屋"，也是学生们的书屋，对平时表现优秀的学生，学校会奖励他们到"树屋"中看书。在行知小学高年级的校区，我们还看到了漂亮的小火车。所有一切都可以激起孩子们的兴奋感，让他们真正"动起来"。这样的学校，孩子们没有理由不喜欢。

杭州行知小学孩子们喜欢的滑滑梯及树屋

　　创造"动起来"的空间，就是要解放孩子们的身体与手脚。当然，好的学校教育在解放孩子的身体与手脚的同时，还应该让他们收获更多的东西。我们在行知小学美术教师姜老师的陪同下，参观了他们的屋顶"陶苑空中农场"。在这里，我们看到了盛开的鲜花，看到了鲜红圆润的迷你番茄，看到了令人垂涎欲滴的草莓，还有其他碧绿的蔬菜。听姜老师讲，孩子们有专门的课程，他们会在老师的组织下来这里栽种作物、采收蔬菜果实。他们还会把刚刚收获的蔬菜拿到学校门口售卖，这些纯天然蔬菜很受市民们的喜爱。

　　行知小学的"陶苑空中农场"，不仅让孩子们"动起来"，还让孩子们体会到农民劳作的辛苦,更体会到通过自己劳动收获成果的喜悦。

湖南省娄底市娄星区机关幼儿园为了去"小学化",进行了一系列空间改造,增加了区角活动区、户外活动场所,增加了孩子们的活动材料。原来类似小学生一样的"一桌一椅"的教室不见了,孩子们更多地在参与投篮、走大鞋、平衡、钻爬、跳绳、攀爬等活动。①

萨米特小学是美国卡斯特地区的一所附带幼儿园的公立小学,建筑面积5 200平方米。整所学校呈现出小型乡村的田园风格。中心位置是一个封闭的活动中心,从中心向外辐射出三组教室群,类似于孩子手中的风车。一到课间,孩子们可以冲向"风车"的中心,一起聊天、游戏。一到上课,孩子就又像风一样奔向各自的教室群。同时,每一组教室群也都有一个大的学习场地,这是一个公共的学习活动场地,也是孩子们社会交往的场地。这里同样采用由中心向周围辐射的方式,教室就建在这个学习场地的周围,便于孩子们迅速走到自己的教室。

设计师利用带有流行色的地毯和作为装饰物的软木来消解或减少这些大空间中的音响。在这些空间中的沙发、桌子等设施都装有滑轮,可以灵活移动,便于在需要时改变空间格局,提高教室的活动功能。每一个房间都有自己的色彩设计方案,既美化了教室的环境,又提高了校园的识别性。

美国的海瑞特·霍尔中学针对中学生过剩的精力,在学校建筑设计上提出了"滑动杆"的概念②。即主要由校园来调节学生的状态,教职工甚至创作出了相对"兴奋"和相对"冷静"的空间,把学生及教职工的学习与工作效率调整到最佳状态。以此为中心,建筑师提出了以下一些设计理念:

---

① 阳锡叶,刘茜,张友湘. 湖南娄底市娄星区幼儿教育区域性去"小学化"[N]. 中国教育报,2015 - 12 - 13(01).
② 高迪国际出版有限公司,编. 中小学建筑[M]. 大连:大连理工大学出版社,2012:276.

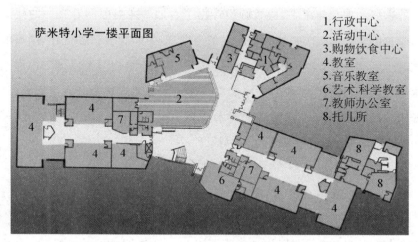

萨米特小学一楼平面图

1.行政中心
2.活动中心
3.购物饮食中心
4.教室
5.音乐教室
6.艺术.科学教室
7.教师办公室
8.托儿所

类似风车一样的萨米特小学校舍，一到课间就像风车一样旋转起来，孩子们就会聚集在活动中心。

- 设计应将学生与学生们的活力和严密的理性感觉结合起来。
- 享受大自然和自然光线。
- 代表年轻人的活力和严密，同时，建筑本身也带有这两方面的风格。
- 建筑本体力求随着地形而产生变化和运动的视觉效果。
- 光线柔和地照在金属外墙面上，产生活泼的动感。
- 可以想象建筑本体在不断地成长。外形设计有不同的尺寸和不规则的思维形状，象征着学校的孩子们年龄不同，每天都在不断地成长变化，建筑具有一种成长的能量。
- 空间，是中学的象征。
- 给人带来惊喜。
- 宗旨是一切为了孩子，而不是大人。
- 童趣！

在这样的理念要求下,建筑师设计出了看似普通但蕴涵着张力的建筑样式。学校的主体框架以坚硬的几何线条为主,但中间隐含很多变化,圆形的天窗与墙上的文化布置给校园带来动感。学校主体建筑边一个巨大的矩形边框给人敬畏感,但又可以把校园美景装在框中。人们通过这个具有金属感、巨大的矩形边框,可以看到郁郁葱葱的树木及教学楼中学生上课的情景,充满勃勃生机,也给校园带来了无穷的艺术趣味。

(二)给儿童一个朴素、温馨、灵活的教室环境

理想的儿童活动环境,应该是能让他们在身体、情感、道德、伦理和社会化等方面都得到发展的环境。学校教室是孩子们主要的学习环境,如果把教室建设好了,那么,设计的目标基本实现了一半。

教室应该是一个多元化、多样性、多角度的学习环境。它是开放的、灵活的;能自由组合,方便孩子自主学习的;能培养学生创造性和独立思考能力的;也是一个充满求知欲,能让学生有无限学习欲望的学习环境。同时,教室也应该是学生最安全可靠、温馨舒适的"家"。"家"的概念不同于展览馆、博览会,其布置及陈设应该摒弃"高大上"的设计思路,实用、朴素、亲切、温馨是它的主要特征,布置的内容应该是方便移动、便于更换的。

教室环境一般会有几个功能区:学习区、展示区、交往区、休息区、个性活动区。从设计目标来讲,一个好的教室环境应该兼具四大要素:方便、安全、可移动、美观。

建于1939年位于伊利诺伊州温内卡特的乌鸦岛学校,是这一进步教育理念的代表性作品。"儿童中心"成为设计师规划学校的出发点最终目标。在空间的处理,特别是教室的处理上,体现出了开放性及灵活性,保证了环境的多用途。在色彩及空间的布局上充分考虑到了孩子生活与学习的便利性及舒适性。

在材料、表面处置、颜色、灯光等方面的处理上，力争营造出一种温馨如家的感觉。教室与户外活动区相连，自然课、自然实验课、园艺课等都可以使用这样的户外空间，大大拓展了学生学习的空间。学校的自然环境成为学生发展中重要的课程资源。乌鸦岛原本就处在一个生态十分完好的地方，周围绿树成荫，乌鸦常常在此筑巢，这些也给学校提供了丰富的课程资源。

学校入口的大厅设置了桌椅，通过空间处理，鼓励孩子们进行社交，而教室内则处处体现出"家"的关爱。空间的开放性，在教室环境的处理上被充分体现了出来。学校除了保证孩子基本的课堂活动外，还考虑到开展多样化学术活动的需要，设计了相应的特殊区域，如用于分组教学的演示墙，用于安静自主活动、会议演讲、其他小组活动的教室或活动室。有限的教室空间也得到了巧妙安排。转角窗户处设计成故事角，方便孩子讲故事。教室后面的角落有一个专门设计的课题区，可用于非正式小组学习。教室边上还有小卫生间，方便孩子生活。走廊上有储物柜，可以让孩子临时放置衣物、鞋子等其他个人物品。

一系列的细节设计多方面考虑了孩子的学习特征及他们的喜好，也充分体现出了"儿童中心"理念。教室的天花板设计得不是很高，约 9.2 英尺，与一般家庭的设计基本一致，给孩子有一种家的感觉，整体上烘托出亲密的气氛。天花板也进行了吸音处理，有效地防止教室的噪声。角落的转角窗户高 7 英尺、宽 44 英寸，可为教室提供充足的光线。天花板的颜色较浅，增加了教室亮度。较低的窗户，可以让孩子有更好的视野。教室的黑板，设计得很低，方便孩子使用，教师则被鼓励坐着使用黑板。灯光开关、门把手、角落的书架和柜子等的高度都按照孩子的高度来设计。门、书架内侧、柜子等都设计成明亮的色彩，窗帘是有图案的，让每一间教室都充满个性，都能与众不同。整个教室的墙面，以及教室外面的走廊，使用的嵌板都是垂直排列的、来自美国西部普通的黄松木条，既环保，又为学生提供了展示作品的空间。在校园的活动区域及走廊裸露的坚硬砖墙上都安装有水平的木栏，高度与儿童一致，起到了保护孩子的作用，孩子们随意追逐、游戏也不会受伤。

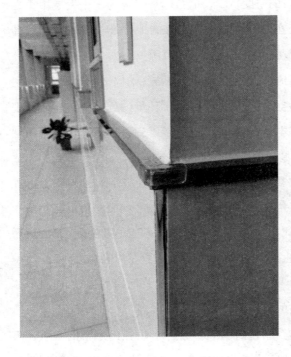

江苏吴江某外国语学校所有凸起的部分，如墙角的转角等都加装了防撞装置，以防孩子奔跑时受伤。

位于美国印第安纳州哥伦布市的赫尔希山小学，是建筑师哈代·霍兹曼·法伊弗的作品。学校建于1972年，其建筑以追求学习开放性为宗旨，同时，也考虑到个性化学习与协同合作学习的综合。在一个宽敞的单独空间中包含着一系列明确而又不同的室内次空间，以支持多样、复杂、分散的多种学习方式。在一个开放式集群中，各种大型、小型和个人学习活动可以同时进行。值得注意的是，学生活动空间中的色彩丰富、饱满，多姿多彩，既增加了美感，也提高了孩子们的活动积极性。

儿童的学习环境，不应是一个纯粹的观赏游乐环境，而应该是一个可接触、可变化、可移位、可重组的多功能空间。

被称为"世界上最好的贫民学校"的秘鲁的伊诺学校（Innova Schools），是伊诺学校和一家顶尖设计事务所联合设计的。[①] 该校的定位就是提供贫民也能上得起的、可复制的、优质的 K-11（基础教育）学校，其理念是经济实惠，拓展可行，极致出众。

学校采用混合学习模式代替原来以教师为主导的教学模式。所谓混合，就是采用自主学习与小组合作学习等多种学习方法。一般学生会先用半天时间自主学习，借助强大的数字平台的支持在网上进行个性化学习，网络会提供学习评价，老师也可以通过网络平台随时了解学生学习质量，家长也可以了解子女的学习情况。还有半天是学生的集中学习时间，主要采用问题解决及合作学习的方式，此时，教师会在课堂中对学生进行辅导。

为了配合这样的混合学习模式，同时提高教室的使用效率，学校对教室空间进行了重新设计。两个教室中间的墙被改造成一扇可以移动的门，在学生进行自主学习时，那扇移动门就打开，这样，一个老师可以照看 60 位以上的学生，有效缓解了当地教师资源紧缺的情况。而当需要进行小组合作学习时，那扇门就闭上，自然成了两个独立的空间，两位老师各自管理 30 位学生，这样提高了学生的学习质量。这一案例堪称空间设计服务于课程的经典，伊诺学校这所充满设计感的学校也因此获得了"卓越国际设计奖"的最高奖项。

在这个几乎被技术控制的时代，追求教学环境的朴素有些困难。2016 年年末，我们参观了美国的一些学校，发现他们的校园建设及设计似乎走了一条与我们完全不同的道路。我们看了五所学校，有小学、中学，也有大学，但没有看

---

① 克里斯·韦勒. 一所让人震撼的乡村学校[J]. 当代教育家，2016(8)：57-61.

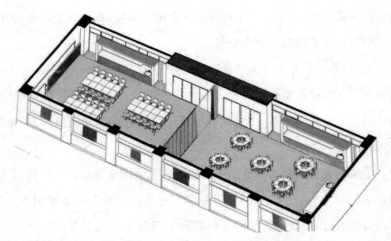

伊诺学校可活动的教室，处在教室中间的隔断，可以根据需要封闭或者打开，拓展
了教室的功能，对于教师资源比较紧张的学校来讲，这是一个比较好的解决方案。

到国内一些名校中常见的耸立的亮丽高楼。校舍一般都只有两三层高，很少有
三层以上的建筑。走进他们的教室，灰色的调子、拥挤的环境、略显凌乱的墙面
布置，一切感觉是那么朴素、那么自然，似乎我们可以随意去触摸、移动。教室
里也有多媒体，不过是常见的液晶投影。在这个高度发达的国家里，学校给我
们的感受却是朴素。

朴素，但是很实用。朴素，讲究的是适用，这就避免了追求所谓的高技术而
带来的各种浪费。因为朴素，孩子们的行为就不会受到拘束；因为朴素，孩子们
更好地露出本真，更彰显了他们的活力。

朴素，适用，基于教育实际需要进行学习环境建设，才是学校设计真正的方
向。反观我国，当前校园环境及教学资源的建设中确实出现了不理智的倾向，
一味追求所谓的"高大上"。耗资几十万甚至几百万元建设的一两个教室或者
展览室，只在上级领导参观时才开放。过两年，这些"高大上"的设计很快就会

过时,添置的高端设备也会马上被淘汰。在校园环境设计中,确实需要防止这些形式大于内容,"为设计而设计"的错误做法。

(三)蒙台梭利互动式学习环境的建设

环境育人,针对不同的教育对象,需要创设不同的环境。要让儿童更好地成长,就需要为孩子设计适合他们成长的专属环境。

意大利幼儿教育家、意大利第一位女医生、意大利第一位女医学博士、女权主义者蒙台梭利,也是蒙台梭利教育法的创始人,她在研究儿童自发性学习行为后提出了自己的理论,倡导学校应为儿童设计量身定做的专属环境。①

蒙台梭利认为,儿童天生具有内在的学习驱动力,称为"贺尔美",同时,儿童对周围环境的具有强烈的学习与吸收能力,称为"牧内美"。"贺尔美"及"牧内美",让幼儿一出生就具有探究周围世界的欲望及能力。这种能力会随着儿童运用自己身体熟练程度的增加而不断增长,随着年龄的增长儿童对环境的探索范围及深度也会不断增加。"生命是活动的,只有通过活动才能发展",在儿童整个成长过程中,儿童就是通过这样的与环境及周围事物不断接触和互动,获取经验,提高认知的。儿童在与环境的互动中所获得的喜悦与成就感,会支持儿童下一次的探索,并有助于儿童形成自信、积极、独立、主动的性格特质。

根据玛丽亚·蒙台梭利互动式环境教育理念,西方建筑师设计了互动式学校。蒙台梭利相信儿童有渴望学习的本能,有"吸水精神"的独特天性,她强调个性自由和自控的发展的必要性,以及每一个人有天生的"发展节奏"和自己的学习速度。这些与儿童成长阶段关键的"敏感期"是密切相关的。蒙台梭利教

---

① (美)R. Thomas Hillle,胡舒,译. 现代学校设计:百年教育建筑设计大观[M]. 北京:电子工业出版社,2014:343 – 369.

育方法,被认为是由尊重孩子的能动性、尊重孩子的个性需求以及一系列鼓励孩子自主学习的原则构成的,包括"自由选择""活动分析""环境中的秩序""感知训练""自由活动中的纪律",等等。这是一个高度多元化的教育计划,而且需要一个同样多元化的学习环境去支持它。她认为,孩子是由"环境塑造的",她相信孩子天生对环境具有观察和学习的欲望,他们对环境有自然的鉴别力。所以,学校的学习环境,特别是教室必须能够直接促进儿童健康成长,有自发引导儿童学习的要素、特征等。当然,户外活动区及自然环境也是必不可少的。

位于荷兰阿姆斯特丹拥挤城区的蒙台梭利学校,由威廉姆·凡·提金、马特·斯塔姆、洛迪·比斯于 1935 年合作建成。因为位于城区,在高度上受到限制,所以,这所学校的设计反而成为功能主义的典范,回应了强调"多元化、户外活动式学习"的先进理念。

学校分幼儿园与小学部。校园内有单独的庭院,庭院内有果树和花圃,有给小朋友玩耍的沙坑、给大朋友玩的小池塘等。庭院西侧有室内体育馆,屋顶上还有露台,便于孩子开展大型户外活动。每一个独立的教室提供专门的衣帽间及卫生间。教室被设计成开放、灵活、可以进行不同组合的空间,方便开展各种各样的活动。底层有一个手工教室,但是同样通过天窗采光。

蒙台梭利教育理念强调环境在孩子成长中的作用,强调环境与孩子的互动关系,因此要求环境能促进孩子之间的互动。这一理念指导下比较典型的学校是赫尔曼·赫兹伯格设计的,始建于 1960 年的位于荷兰(南荷兰省)的代尔夫特蒙台梭利学校。学校分为两层,第一层是学校的中央大厅,大厅与社区相连;第二层是教室。中央大厅就像一条公共街道,教室就像街边的住宅。中央大厅是学校的重点,是公共活动区域。大厅也被分成一系列小空间,可以进行各种个人和集体活动。比较独特的设计是这一区域安放了一个独立的石墩,既可以阻隔空间的流动性,也是学生相互之间进行互动的区域。学生在这里可以阅读、可以休息、可以演讲，也可以把它作为一个工作台、临时的表演场所等。

　　教室分布在一个蜿蜒的多功能门厅的周围，方便孩子进行多样的学习互动。分层的教室呈明显的 L 形，支持个性化学习和自主学习。教室外设计了过渡区，便于学生进行社交活动，也增加了教室与大厅的互动区。裸露在外的混凝土砌块，给人一种未完成感，这种开放的风格提升了人们与建筑物的亲近感，增加了人与物的互动。为了增加互动性及实用性，图书馆被布置在大厅的空旷区域，设置了阅读台和图书展示区，便于学生随时利用这样的场所学习。

蒙台梭利"互动式"学校理念已经被众多学校运用，图为某小学宽广的走廊。走廊中摆放着卡通凳子，课间孩子们可以坐着阅读，也可以玩耍、聊天。走廊中的家具也可以轻易被移动、重组，成为孩子课间的"恩物"。

（四）构建活动性课程

　　空间，不空。这是学校这个空间的显著特点。

　　学校有孩子活动的场地，游乐场也有孩子的活动场地；学校有花园草地，公园也有花园草地；学校有厕所，家里也有厕所。但学校里的这些场地与空间，与校外的那些场地与空间，有显著的不同，那就是"育人价值"。

设计好了学校活动空间，还需要设计相应的课程。真正能赋予空间价值的只有课程，没有课程的空间是没有魂的。只有把空间与课程联结起来，这样的空间才能算是学校的一部分，否则与校外的游乐场没有什么区别。在学校里，让孩子的身体和手脚"动起来"只是一种外在的形态，但动的背后需要课程的支撑。

活动空间的背后需要有一定的课程理念作支撑。这样的课程理念一定是以儿童为中心，一定是围绕着儿童成长的特性、儿童活动的特征展开的。

本着这样的逻辑，我们再来审视学校的空间，一定会有新的发现。同样，我们需要重新定义学校，重新定义影响学生成长的学校环境。也就是，用儿童的眼光来认识学校环境，而不要仅仅用教育者、用成人的眼光来看待学校环境。一旦我们的视角变了，一切就会改变。比如，重庆曙光幼儿园的"操场"。

有学校必有操场，传统概念中的"操场"就是学生做操、上体育课的场所。但儿童成长视角下的"操场"，不仅仅是孩子做操、集会的场地，也是孩子探秘、游戏、认识世界的场地，是孩子学习的空间、生长的空间。空间要为课程服务，重庆曙光幼儿园对学校的"操场"是这样定义的：

1. 是大型集会活动的场所；

2. 是适合全园孩子运动、游戏的乐园；

3. 是观察自然生命、四季更替的浓缩花园；

4. 是教室场地的一个延伸；

5. 是课程生成的一本活教材。①

基于这样的理解，学校把操场与周围的环境结合起来，变成一个多样化的

① 李燕."本真"理念下曙光幼儿园户外环境的打造[J]. 新校长，2015：28.

自然生态的环境。孩子在这里进行学习、活动、探究、游戏、撒野，甚至可以"弄脏自己"。

大操场上堆满了未经打磨的粗糙的木板木墩，孩子们可以用它建造心目中宏伟的宫殿。孩子们的画笔可以在地上、鹅卵石、树桩上随意涂抹。沙桶、沙铲、废弃的塑料瓶等都可以成为他们的工具，他们在沙地上构建他们宏伟的城堡，一个伟大的"帝国"在孩子们的手下诞生了。

同样是一片花圃果园，但在重庆曙光幼儿园就具有不一样的价值。

课程来自生活，教育应该向自然学习。"教育依四时而生"[①]构成了儿童最适切的活动课程，自然节气就是极好的课程资源。校园依据四季种植不同的花草及果树。在这所幼儿园里有芒果、桂圆、枇杷、桃子、水晶葡萄、薄荷、虎耳草、柴胡等近百种植物，其中果树 12 种、乔灌木 35 类、花卉 23 类、药材 10 种，还有不知名的野草 20 多种。按 12 生肖分 12 块地让小朋友认领、种植、照管。春天，花开的时候，老师们就带孩子们看菜花，采摘满山的野花，带孩子依时开耕、依时播种、依时施肥、依时除草；夏天，校园里到处飘着果香味，老师带孩子们一起收获瓜果；到秋天，老师则会带孩子们一起采摘橘子等果子；冬天，老师带着孩子们一起赏雪景、堆雪人、打雪仗……

在校园的一角，把本来要铲掉的小灌木丛，稍加调整、移位则变成了小小的绿色迷宫，这又是孩子们喜欢的一个"秘境"。孩子们在这座绿色的迷宫中一下子难以找到出口，但乐趣就在这挑战中。这就是苏霍姆林斯基眼中"蓝天下的校园"。

在幼儿园入园口，有一排高低不一的入园洗手清洁池。一看就知道这是设计者的用心。幼儿园的孩子正处在长身体时期，从小班到大班，身高会有显著

① 龚晓薇. 一所"世界级乡村幼儿园"的 20 个细节 [J]. 新校长，2015：13.

的变化。那些常见的整齐划一的洗手池,确实十分不便。幼儿园的设计者显然已经考虑到了这一点,这样的洗手池是真正从孩子需要出发的设计,是真正尊重孩子的设计。

环境就是课程。这所幼儿园有"红叶屋""风车谷""开心农场""魔幻山""沙水池"等孩子喜欢的游玩天堂。"红叶屋"是一座木房子,里面有锅、瓢、灶,豆浆机、不能用的电脑等,都是家长从家里带来给孩子们做玩具用的,他们一起打造了孩子们的"家";"风车谷"里孩子们聆听风的声音,探究风车转动的原理;"开心农场"让孩子种植、观察,与自己种植的植物一起成长;"魔幻山"是一个小山丘,上面有一座不起眼的小桥,桥下是由水泥管构成的桥洞,孩子们在这里来回运动,挑战了自己,也锻炼了体魄。

水,是幼儿园设计中的一个着力点,也是一个亮点。幼儿园有一条绕园的小溪,是小树林、小草、小鱼、小蝌蚪们的生命之源,也是孩子们嬉戏、历险,探索生命起源的地方。溪水利用风车里的泵循环,一层层地设计了开关,可以分段清洗、分段管理。里面有水生植物、各类小鱼、蝌蚪等。孩子们喜欢在这里观察,用手去触摸。沿溪水有回收的旧石缸和水槽,孩子在这里可以洗手、洗脚。设计成梯级状的叠水池,水流像瀑布一样潺潺而下,在孩子们的眼中有着不亚于黄果树瀑布的气势。在水景边上有很多出水口,每一个出水口都设计得很有创意,如青蛙、三叶草、石缸、树干等,同时又考虑到了洗手、玩耍、浇灌等不同的取水要求。

随处有孩子们的T形台,整个幼儿园都是孩子们展示自己的天地。不同的区域有不同的展示,不止在室内,不止在教室里,墙上、水边、沙土上、石块上、木块上、玩具堆里、操场上……都是孩子们展示的天地。在跑道上,音乐一放,戴上道具,就是一场大秀。

重庆曙光幼儿园把校园的一石一草一水一木都变成课程。在这样的环境中,"水环境课程""木环境课程""石环境课程"等课程应景而生。各课程自成体系,但又相互联系,共同构成一个具有艺术性、可变性、丰富性、教育性的以生态、生活为主题的乐园。

重庆曙光幼儿园追求让孩子"弄脏自己",是一种教育智慧,也是一种教学勇气,更是一种有良知的教育。它充分尊重了孩子的天性,孩子就是在这样的游戏中,在无拘无束的奔跑、翻滚,甚至在打架与冲突中成长与学习的。当然,这样的"弄脏自己"同乡间孩子们的自由撒野与打架有很大的不同,因为这是经过教育工作者精心设计后的活动,是学校课程的一部分,并且它是安全及需要评价的。

这样一座隐藏在重庆歌乐山的密林之中,当时还鲜为人知的农家幼儿园,在被全球著名幼儿教育专家温蒂女士偶然发现后开始受到人们的关注,并被誉为一座能把孩子的天性还给他们自己的"世界级乡村幼儿园"。

儿童是学校课程及教学环境的中心。由于每一个孩子的需求、兴趣、个性、能力等都是不同的、独特的,以儿童为中心,就需要学校多方面满足这样的需求,与之相关的课程也应该是丰富多样的,无论是课程的内容,还是课程的形式。现在我们课程实施的时间基本是一致的,高中、初中一般是 45 分钟,小学一般是 40 分钟。这样的时间分配,无论是必修课程还是选修课程,无论是国家课程还是校本课程,无论是学科课程还是活动课程,基本都一样。国外一些学校的课时安排就相对多样,有 5 分钟的课程,有 15 分钟的课程,还有 120 分钟的课程,完全根据课程需要来确定上课时间。这样的课时设计,也是值得我们关注的。

空间,不空。这是学校的价值所在,凡是孩子能看到的环境、接触到的设施,我们都可以开发相应的课程,都可以使其成为育人的空间。如在食堂,我们可以开发就餐课程,学习如何文明就餐,如何珍惜粮食;在宿舍,可以开发寝室

孩子喜欢玩沙，就应该给他们一个沙地。 图为杭州西庐幼儿园为孩子设计的沙河、桥及小船等。

孩子喜欢像大人一样劳动生活，无锡羊尖幼儿园就给孩子堆了一个简易的"炉灶"，孩子尝试着"做"起饭来。

课程，学习如何文明就寝，学会相互体贴照顾；在厕所，我们可以开发美化洗手间课程，学习如何把我们的环境打理得更加美观及文明……

能把空间设计与学生的体验与学习结合起来的设计才是真正的好设计。比如，有的学校在广场设计了日晷体验区，孩子站在体验区中，通过日照后的光影变化来体验时间，体验天象的变化，给广场空间增添了许多活力；有的学校在

江苏扬中实验小学在学校的共同区域设置了游戏区，孩子们可以在课间一起游戏、活动。

共同空间的地面铺装书法字体、古代的碑刻等,供孩子们随时临书、读帖;有的学校在门口地面设计了角度值,学生的数学素养在潜移默化中得到培养。也有的学校把传统的游戏嵌入现代的空间设计中,如在道路上设计菜格子、跳房子、走迷宫等地面游戏,以丰富儿童的课后活动。

三、 设计,要培养儿童的审美情趣

设计要培养儿童的审美情趣,这是由学校教育的使命及价值决定的。

2013 年 11 月,中共中央发布了《关于全面深化改革若干重大问题的决定》,提出改进美育教学,提高学生审美和人文素养。学校美育成为"全面贯彻党的教育方针,坚持立德树人,加强社会主义核心价值体系教育,完善中华优秀传统文化教育"的一个重要部分,也成为教育领域深化改革的一项重要内容。中国科学院院士、原华中理工大学校长杨叔子教授说:"一个国家、一个民族如果没有现代科学,没有先进技术,一打就垮;如果没有优秀文化传统,没有民族人文精神,不打自垮。"学校是对学生开展美育的重要渠道,在培养学生认识美、体验美、感受美、欣赏美和创造美的能力等方面都有着其他渠道难以取代的地位。

自从有学校开始,学校发展及校园建设就是一个从未停止过的工作,但具有设计理念或者融入了设计思想的学校发展及校园建设则会有很大的不同。其最大的价值就是让学校建设更科学、更合理、更美观,更具审美品位,也更能培养儿童健康的审美情趣。

要培养儿童的审美情趣,需要设计美的校园。美的校园是风格鲜明,和谐一体的校园;美的校园符合儿童审美特点,是充满生机的校园;美的校园能激发儿童学习欲望,是能让儿童不断进取的校园;美的校园能给儿童一片创造的天空,是能让儿童不断创造自我、挑战自我的校园。

（一）设计有格调的校园

品位在于人，格调在于物。校园首先是以物的形态呈现的，校园设计应该讲究格调。有格调的校园，一定是有鲜明风格的校园。

走进苏州十中，亭台轩榭、假山池沼、婆娑古树，布局精巧，诗情画意，典型江南园林式的建筑格调扑面而来。校园虽被闹市包围，但置身其中，听着琅琅书声，似乎已超然于世。我们感受到了"最中国的学校"的魅力。

北京市二中被《中小学管理》杂志称为"一所具有中国格调的京味儿学府"。学校在翻建时复原了民国时期的老校门，而按照现代教育理念和建筑原理重构的新校舍则保留了京城最具代表性的高贵典雅的灰色，既简约低调，又稳重醇厚。北京市二中以"空气养人"作为自己的办学理念，促进学校文化品质的提升和教师文化自觉、文化自信的形成。

苏州园林风格的苏州十中校园

京味十足的北京市二中校园大门

有格调的校园，是具有创新力但又极为和谐的校园。位于丹麦阿斯明讷勒的威赫尔姆斯洛（Vilhelmsro）小学就是这样的一所学校。

这似乎是一个自然但又是极富想象力的构想，一所学校如同一座起伏连绵的原始山脉横伏在寂静的山野中。这是一个与周边自然融合得天衣无缝的建筑，起伏的屋檐从地面开始被绿色的草皮覆盖着。周边的景色为学校提供了曼妙的背景，自然也被纳入与学校有关的生物、生态及可持续性的课程中。这似乎让人觉得这个校园本该这样设计。正是这样的"本该"或"理所当然"，显示出了设计师的鬼斧神工。学校周围没有太多高大的树木，为的是方便阳光照进每一间教室。建筑师将学校追求可持续性、绿色生态的教育本质，与建筑的灵活性、美观性和社区活动等需求完美地结合在一起了。威赫尔姆斯洛小学成了社区、家长、孩子渴望的学校。

有格调的校园，应该是孩子读书的乐园，是重视文学艺术熏陶的校园。

创建于 1991 年、位于加拿大英属哥伦比亚省的哥伦比亚海鸟岛学校在进行扩建时，特别对走廊的面积进行了双倍的扩张。增加的面积设计了书架，成为开放式的图书馆，让学生随时驻足浏览翻阅。因为主走廊是学生必经之路，流动率高，自然提升了图书的利用率。

曾获美国"全国年度教师"称号的传奇教师雷夫·艾斯奎斯所教的洛杉矶霍伯特小学"56 号教室"，既是孩子神往的地方，也是无数中国教师的"圣地"，更是"有格调"的教室的代表。成就"有格调"的教室的主人有着与众不同、别具一格的教学方式。在艾斯奎斯的课堂，学生每天至少有 90 分钟的时间在大声朗读原版名著。在整个学年中，学生至少要阅读 12 本经典著作，从乔治·奥威尔、马克·吐温到马尔科姆·德拉格维尔。学生在业余时间还要阅读纽伯瑞文学奖（世界著名文学奖）的获奖作品。除了文学名著，每个学生每月要读一本自己选的儿童读物。学生每个月末要提交一份详细的读书报告。此外，学生每天一开始就要做语法练习，正确率低于 90% 的必须要重做，直到改正错误为止。他还开展"小作者"活动，每个学生在一年的时间里要写一本书。艾斯奎斯强调，"要么是街头、电视，要么是我"，他要从充满暴力的街头、低俗的屏幕前把孩子抢过来,回到课堂,回到经典阅读中来。艾斯奎斯给学生布置的作业很少,学生每天的作业不过一小时,成绩好的学生可以自己给自己布置作业。他的学生将主要时间用在读书或者练习乐器演奏上。

艾斯奎斯带孩子们阅读经典的另一层意义是,在日益浮躁的今天,阅读经典可以给孩子们带来一些宁静,坚守一片蓝天,获得一些底蕴。当下孩子们的阅读环境正在飞速改变,有恶化的趋势,"浅阅读""轻小说""快餐文化""读图"完全占据了孩子们的阅读世界,而这些既没有阅读的长度,更没有阅读的深度。

在艾斯奎斯的"56号教室",几十年来孩子们还有一门必修的课程,就是排练一部完整的莎士比亚戏剧。艾斯奎斯还带着孩子们在全国各地甚至国外剧场演出。戏剧表演,让孩子们变得高雅和自信起来。这些高雅、自信、有格调的孩子,成就了"56号教室"的格调。同样,当一个学校拥有了若干有格调的"56号教室",那么,这个学校就有了格调。

(二) 符合儿童的审美特点

儿童审美具有直观与形象性,一般倾向于明快、鲜艳的色彩和丰富、多样的形式。同时,儿童在审美时会融入自己的情感和想象,他们会用自己的想象力来丰富自己所看到的事物。校园设计只有关注到儿童审美的这些特征,才能创造出儿童喜欢的校园。

位于香港地区中环的一个幼儿游戏机构,受到了人们的关注。这机构有一个很独特的名称——宝贝步伐。① 它以游戏、音乐、艺术为中心,在学习方式上,考虑到每一个儿童心理健康的成长,重点推出混合学习法。在空间的设计上,

---

① [俄]伊丽娜·歌利亚齐娃,编. 文化导视II[M]. 常文心,译. 辽宁:辽宁科学技术出版社,2015:38.

充分考虑到儿童的想象力,鼓励儿童的探索性。这个 160 平方米的空间具有三个特点:1. 具有动感的视觉效果。设计师创造了简洁、流畅透明的空间层次,波浪形的垂直线条营造出微妙的光影,构造出动感的视觉效果。2. 色彩明快。整个空间以优雅、巧妙的方式将明快、丰富的色彩融入环境中,创造出欢乐的气氛。3. 互动性强。活动场所各功能室开放、宽敞、互动性强。

走进杭州行知小学,首先受到的强烈冲击是布满校园的兔子模型,整排整排地站立在道路两旁,每天早晨,这些兔子列队欢迎孩子们到来,每天傍晚,欢送孩子们平安回家。原来兔子是行知小学的吉祥物,学校建于 1987 年,这年刚好是兔年。

杭州天长小学东坡校区以蓝色作为主色调,以银杏叶作为基本图案。学校的走廊要比一般的学校宽得多,有的甚至宽达 6 米。这些区域中增加了孩子的活动空间,里面布置了编织的渔网、软包的书橱、沙发、木马,等等。一下课,孩子们或在书橱边看书,或在沙发上讨论问题,或躲在渔网编成的网兜里独处思考,或是在某一个角落里东躲西藏,玩起捉迷藏游戏。天长小学的很多走廊都布置得趣味盎然,有的地方布置成绿色的"丛林",顶上是蔚蓝的"天空";也有的地方布置成"隧道",蓝色紫色的"隧道",在阳光下显得光怪陆离,孩子们行走其间,犹如穿梭在时光隧道之中。天才小学校长,在讲述校园文化设计的秘密时,讲了三个"心机":独立的思想;会玩;乐交往。

校园建设要符合儿童的审美特点,要了解儿童审美心理。儿童审美,喜欢亲身体验,更喜欢用手去触摸。托尔斯泰曾说:"孩子们都是直接感受艺术的,就像对空气和水那样,要用手去摸——这太凉,或者这太热了。"对于低龄儿童来讲,他们更喜欢把物体拟人化、形象化,比如,鲜花会唱歌,板凳会跳舞等。他们希望看到的环境具有一定的情节性,同时在审美时,往往会同自己记忆中的某个情境联系起来,如书本上的故事、电影中的人物等。

　　儿童审美也更容易以"自我为中心","我"就是这个世界的中心,儿童渴望"我"能操控身边的一切,比如,希望身边所有的玩具娃娃都能听"我"指挥等。所以,为儿童设计就需要考虑到这些要素,创造一个充满创意与想象的世界,让孩子能身临其境,同时,设计的事物要有"亲和力",能让孩子去触摸、体验、尝试。

处于西湖边上的杭州行知小学"几米风格"的彩绘墙及到处躲藏着的"兔子",营造了浓郁的童话氛围。

杭州天长小学的时光隧道及热带丛林风格的阅读空间,让孩子们仿佛置身于另一个世界。

　　台湾彰化村东小学,是一个美得能让孩子们尖叫的地方。走进小学,仿佛置身于如诗如画的童话世界。整个校园的墙面绘制了"几米风格"的彩绘,黄绿色的调子讲述了一个情节跌宕起伏的"秋天里的童话"。向校园深处走去,似乎在慢慢打开一页页绘本,又似乎在茂密的森林中探寻与历险。一面墙,就是一页绘本,情节"扑朔迷离":猫咪在暖融融的落叶中闲适游走,小兔则欢快地跳跃着,松鼠在树杈中享受着栗子美餐,还好,老鹰正在栖息,没有太多危险。另一处森林此时却危机四伏,锹形虫缓缓地爬向正在给小鸟喂食的鸟妈妈,但一条黑白相间的毒蛇已经从另一棵树的树枝上探下了头⋯⋯彰化村东小学充满童话色彩的校园,成为孩子们的乐园,也引来了络绎不绝的人潮。

美的校园,要符合儿童审美特点。不同的年龄阶段的儿童会有不同的审美需求,虽然年龄跨度不是很大,但从幼儿园到小学,再到初中,审美需求会发生很多变化。一般来说,越是低年级,孩子们对于直观性、形象性要求更多;高年级的孩子,会有更个性的追求,审美慢慢趋于风格化,更重视具有创意和想象力的校园设计。

(三) 给儿童正能量

台湾作家蒋勋认为,美是一种看不见的竞争力。看得见的是美,看不见的是"竞争力"。

环境可以育人,美的环境就是一种"力量",它可以塑造人,可以规范儿童的行为。在一个杂乱、肮脏的环境中,人们就容易沾染上随地吐痰、语言粗鲁等恶习;而在一个整洁、优雅的环境中,人们自然会约束自己的不良行为。美的环境就像一个无声的老师,告诉孩子该做什么、如何去做。美的校园,是能给儿童带来正能量的校园。所以,创造美的校园,就是要创造一个健康的、生态的、雅致的、有文化的校园环境。

美的校园,与一些追求极端功利的校园环境有着迥然不同的格调。我们在一些所谓"名校"的墙上，会看到这样一些标语："考过高富帅，战胜官二代""不像角马一样落后，要像野狗一样战斗""扛得住给我扛；扛不住，给我死扛""破釜沉舟搏他个日出日落，背水一战拼他个无怨无悔""提高一分，干掉一千""生时何必久睡，死后自会长眠""就算撞得头破血流，也要冲进一本线的大楼""吾日三省吾身：高否？富否？帅否？否，滚起学习！"，等等；也有可能会看到校园的走廊里、阶梯上、饭桌旁、宿舍里等地方都贴满了教科书的公式定律。当我们满眼都是渲染"战斗"气氛的标语口号，睁眼就看到公式定律，学生们究竟会有怎样一种感受，产生怎样一种体验？

这些口号标语究竟能给学生带来多少动力，不得而知；但有一点是可以肯定的，我们的校园变成了低俗的、没有文化可言的残忍的"角斗场"，变成了"血腥"的战场。只不过这些热血青年手里拿的不是枪，而是笔，或者说他们的"枪"是由笔做成的，"枪"中装的不是"子弹"，而是他们的"泪水"与"青春"。

当一个学校展示给学生的是不雅的文化，对学生成长是极为有害的，其结果就如著名学者钱理群所讲的，我们在培养"精致的功利主义者"，或者说"冷血动物"。如此，学校的价值观就发生了根本性的偏差。

如果我们的教学环境给学生带来的是不良的审美感受和审美体验，特别是不健康的价值观，那么，这样的设计是反教育的，也是"反设计"的。为了儿童的健康成长，必须守住设计的基本原则和设计的底线。

"美"离不开"善"。离开了"善"，"美"就不再存在。

美，一定是建立在人类普遍的价值观基础上的。即使某种事物外表很漂亮，但如果不能给人类带来价值，那么，这个事物就不能被认为是美的。

康德认为美是"至高的善"，苏格拉底认为美从属于道德上的善，柏拉图认为美与德行同一。可见历史上的美学家们都认为美与善不可分割，美与善是同行的。事物可以不善，但割裂了善的事物绝对是不美的。校园设计，应该把善

江苏省淮阴中学以伟人周恩来的雕像作为学校的文化符号，以此激发学生"为中华崛起而读书"的精神。

放在首位，要为学生成长提供正能量，为学生终身发展奠定基础。

学校美不美，主要看"气质"。当一个校园缺少思想及灵魂时，就难言有"气质"，就不会有生机与美感，偌大的校园我们只能看到一个空壳。粗俗的设计、放任式的学校管理、不良的文化氛围，会影响学生健康人格的形成。

为儿童提供正能量，需要学校凝练特色鲜明、立意高远、内涵丰富的办学理念。通过由校训、校风、教风、学风等组成的办学理念，规范学生的行为，激励学生的情感，丰富学生的精神世界，打好学生的精神底色。学校不仅要让学生知识增加、体质增强，也要让学生心智得到成长，使校园成为孩子的精神家园。

（四）给儿童一片设计的天空

特级校长张菊荣在他的博文《最见理念是修改》中，讲述了其担任苏州吴江汾湖实验小学校长时的这样一件事①：

我已经记不清文化公司设计了多少稿的 LOGO 了，但因为这个

---

① 张菊荣. 最见理念是修改 [EB/OL].（2013 - 4 - 28）. http://blog. sina. com. cn/s/blog_53455a870102e4z3. html.

LOGO是学校文化最凝练的表达，所以，我们必须郑重其事。在研究了多少稿之后，我们形成的基本方案是一个由"恒"字变形而成的绿色的圆，我是非常喜欢的，很典雅。但是有一天，徐兰老师跟我们提出了两条建议，一是关于色彩，她说，一种颜色虽然雅致，但是小孩子不会喜欢，他们会喜欢"跳"一点的颜色；二是关于造型，她说完整的圆不够活泼，能不能想办法打破一下。——这是两个非常重要的建议，文化公司又根据这样的建议进行修改，最后，就增添了淡绿、橙、黄三种色彩，并将右下角的一笔挑出来，这一挑很调皮，打破了原先的格局，果然活泼多了。我们征求老师的意见，老师们比较喜欢修改前的；后来，我们又找了一些同学来投票，看孩子们喜欢什么，结果，除了个别高年级同学喜欢修改之前的之外，中低年级同学一概喜欢修改了的。——什么叫"儿童立场"，我真该向徐老师好好学习。幸亏我们听到了大家的意见，要不然，确立下来之后，我们就很难修改——因为LOGO是一个定调，校园文化的一切将围绕着它来展开。

一般来讲，学校在儿童到来之前就已经建好了，在很多人看来，设计是成人的事，是专家的事，是政府的事，与儿童没有关系。其实不然，校舍已经存在了，但校园还会成长，还会不断发展，在这样的成长过程中，儿童可以做很多事。张菊荣校长在学校文化建设中的做法，就是为了让校园成长得更好，就是为了让校园成长得更受儿童喜爱。张菊荣校长给了儿童校园设计的话语权，这就是一种"儿童立场"的思维，就是尊重儿童认知水平及儿童审美观的做法，其本质就是以儿童为中心。这样的学校才有可能成为儿童自己的学校。

给儿童一片设计的天空，是把校园还给儿童的一种表现。因为儿童的加入，校园设计也会变得更加灵动，更有挑战性。

很多校长讲，看一所学校管理得如何只要看这个学校的厕所就可以了。我们也可以这样讲,看一所学校文化建设的水平如何,只要看这所学校的厕所品位就可以了。厕所是学校管理、文化建设最后触及的一块地方,也是最容易被遗忘的一块"圣(剩)地",这一块重视了,整个校园的建设也就重视了。但事实上,我们看到很多学校厕所的文明卫生情况不甚理想。我们不能说这些学校不重视文明卫生,不能说这些学校对学生的教育不够,问题的主要根源是没有学生的参与。学生觉得,厕所干净不干净是清卫工人的事,与自己没有什么关系,他们没有把自己视为创造整洁、卫生、美观的厕所的主体。学生仅仅把自己作为一名被管理者,他们始终与学校处在一个对立面。因为缺乏主体意识,导致一些有不良习性的学生在厕所乱涂乱画、损坏厕所设施等现象出现。如果我们在校园文化建设中,让学生加入美的校园的创造过程,给学生一片设计的天空,情况将会发生很大变化。

2003 年年底,香港艺术发展局推出"中小学洗手间美化计划",邀请艺术家与师生共同合作,一起美化校园内的洗手间。"计划"推出后,各校积极响应,组织师生共同参与,共有 40 所中小学参与了美化计划。

玫瑰岗学校(中学部)确定的美化主题为"绿色地带",并向全校学生公开征求设计方案。方案确定后由美术老师带学生分工开展创作,中一、中二学生负责手工艺,中三学生负责洗手间厕格木门的绘制,中四至中六学生则负责厕所墙面大壁画的绘制。最后,一个充满热带雨林感觉的洗手间展现在人们眼前。乐善堂余近卿中学确定了环保的主题,鼓励同学以环保材料进行美化创作。男洗手间确定以"热带森林"为主题,墙体以蓝绿色为主调。厕格门用木板切割出树木图案进行装饰,墙体粘贴了同学们先前用树枝、树叶制作好的水晶胶标本。女洗手间确定以"海洋"为主题,色彩上以女孩喜欢的粉红色为主调。厕格木门用塑胶彩施上粉蓝色海浪,并贴上足以仿真的木制海豚,墙体上粘贴的水晶胶粘标本里面放置着海洋生物。彩色的贝壳、海边的沙石、通透的水晶胶,给人清爽明快的感觉。男女洗手间的大门及周围的墙面,分别被绘上与男女洗手间主题相关的森林及海洋壁画。走进洗手间,马上会有一种回归大自然的感觉。美化后的洗手间成为学校一道亮丽的风景线,广大师生纷纷拍照,分享同学们的成果。一些毕业生也专程回校,拍照留念。①

活动告一段落后,香港艺术发展局组织参与美化计划的学校进行了一个成果分享会。其中洪佩君老师介绍了其与一群学生美化学校女洗手间的过程,他们分别创作了三幅镶嵌壁画《KEEP CLEAN 尿兜狮子》《神秘拉厕娃娃》《镜花水月》及一幅大型壁画《人见人爱的洗手间》。美化工程完成后,得到香港艺术发展局的极大肯定,安排了校外嘉宾参观。"嘉宾们对洗手间作品如何创作出来大感兴趣,纷纷向我及学生提问,又称赞我们的洗手间既美丽又有趣⋯⋯"

参与美化活动的何燕婷同学讲:"美化洗手间计划从意念发展到实行,用了一段相当长的时间,全靠洪洪老师的带领才能完工。虽然在整个创作过程中我只参与了《镜花水月》的小部分,但已明了如要完成整个美化洗手间的创作,当中必定付出无限的心血、时间、耐力等。我感到很光荣,因为我校充满艺术气息,这充分反映出艺术是属于所有人的,并可为我们带来满足感及快乐。"

同学们在"中小学洗手间美化计划"中相互讨论,共同合作,发挥出自己的艺术才华,不仅美化了环境,提升了校园文明的品位,增添了校园生活的情趣,也提高了学生对环境艺术设计的兴趣,更增加了他们的自豪感及对学校、对集体的归属感。通过这样的洗手间美化活动,同学们在以后的学习生活中也会更重视如厕文明,尊重保洁人员的工作,共同参与到维护文明校园的行动中去。

美的校园,一定是符合儿童审美情趣的校园。儿童审美能力的提高,需要

① 阎德明. 洗手间也是教育人的地方,也可以成为学校的亮点[EB/OL]. (2008－2－28). http://www.jydoc.com/article/875780.html.

通过儿童审美实践及参与校园文化设计来实现。审美实践及设计实践是提高审美能力的最有效的方法，儿童通过设计实践得到的审美体验及审美情趣将会影响孩子一生。

校园是有思想的，校舍建设者及学校的管理者，都会尽可能地把自己对于教育的理解、对于孩子成长的期许融入学校的建设及发展中。校园又是有生命的，是一个不断生长的生命体，绝不是我们提供了一个好的设计方案或者建了一个优美的校园就算结束了。美的校园，需要我们在具体的实践中，不断地去改进它、完善它，需要我们用审美的眼光与向美的心灵细致地去创造。

美是无声的教育，是最好的教育，也是最有力量的教育。

第三章

学校理念系统设计

　　一个学校有一个学校的样式，一个时代的学生有一个时代的样式，其背后支撑的就是不同的学校理念。

　　学校不在大小，有魂则活。

20世纪初，中国出现多个让后人称道的名校，如集美学村、西南联大、春晖中学、晓庄学院……这些名校当时云集了国内诸多一流的学界大师。这些中国教育的"麦加圣地"之所以能吸引这些名流，主要原因在于这些学校具有令人神往的精神感召力，有符合时代精神的先进办学理念。集美学村的"兴学报国"，西南联大的"刚毅坚卓"，春晖中学的"与时俱进"，晓庄学院的"教、学、做合一"等，这些能激扬民族精神的教育理念，犹如黑夜的灯塔，给这些处在迷茫中的学者大师们带来了生活勇气及前进方向。这就是学校理念的强大的力量。一个学校有一个学校的样式，一个时代的学生有一个时代的样式，在其背后起支撑作用的就是不同的学校理念。

学校理念系统，是学校的精神、理念、发展目标，是师生共同愿景和共同价值观等的集中体现，是学校的核心与灵魂，是设计学校其他系统的基础。理念系统的设计目标是达成学校各要素在理念上的统一。

核心理念是一切活动之魂，是所有其他设计或其他教育工作的出发点。每一次国家重大的教育改革都有自己的核心理念，如我国第七次教育改革（1992—2000年）的核心是"以德育为首，德智体美劳五育并举的全面发展的教育方针"；从2001年开始的第八次课程改革的核心理念是"为了中华民族的复兴，为了每一位学生的发展"；《国家中长期教育改革和发展纲要(2010—2020 年)》的核心理念是"为了每一个孩子的终身发展"。

2001 年 1 月 23 日,时任美国总统的布什向国会提交了名为《不让一个孩子掉队》的教育改革计划,成为其上台后的第一份立法动议。该法案推出了大量举措,以提高学生学业成绩,推进学校绩效责任体系。这些措施包括确保学校在学生成绩上实现"适度的年度进步",以及所聘任的教师具备"高素质"。《不让一个孩子掉队》法案体现了美国政府"对学校的教育信念与期望",渴望通过学校教育"塑造来自不同背景、不同地区的每个孩子的思想与品格,让每个孩子都应该受到发挥其全部潜能的教育,不让一个孩子掉队"。从愿望及目标来讲,这一法案可以确保所有儿童达到高标准。但随着法案的实施,它的缺陷逐步显现,人们的质疑随之而来,一些问题变得十分尖锐。法案实施后,面临更大的挑战是:广大中小学教师陷入"为考试而教"的困境,优秀教师纷纷离开学校,学生学业表现不佳,学生辍学率始终居高不下,甚至出现了"民怨沸腾"的局面。一贯以培养创造性思维和创新力见长的美国基础教育开始受到动摇。①

奥巴马当选为美国第 44 任总统后,开始重构国家教育发展蓝图,提出改革《不让一个孩子掉队》法案,其改革主要集中在教育评估、特许学校发展、培训教师与提高教师待遇等方面②。可见,国家教育改革离不开核心理念,不同的核心理念会带来不同的结果,需要根据具体情况作相应的调整。

国家教育改革离不开核心理念,学校发展同样离不开核心理念,同时,学校的核心理念必须要从属于国家教育的核心理念。教育理念回答的是"办怎样的教育"的问题,国家教育核心理念回答的是"国家需要怎样的教育"的问题,而学

---

① 陈平. 达标? 创新? ——美国教育政策走向及其对中国的启示[J]. 上海教育 · 环球教育时讯,2012(11):45.
② [美]教育周刊,编. 奥巴马的教育蓝图[M]. 范国睿,主译. 北京:教育科学出版社,2010.

校核心理念回答的是"学校需要怎样的教育"的问题。

学校的核心理念，是学校的精神内核和形成学校文化的风暴中心，是学校的核心价值所在，也是学校存在的意义所在。学校核心价值观的建立，可以让全体师生产生归属感、自豪感和使命感，以此激发师生蓬勃的活力，提升师生不竭的学习力。核心理念也是支撑孩子整个生命、奠定孩子一生成长的基础。

学校核心理念的确立要求定位准确、富有个性、表达简洁独到、易记忆和有激励意义。

学校理念系统具体体现在以下一些方面：办学理念、培养目标、管理目标、校训、校风、教风、学风、校纪、校歌等。规划好的学校理念系统可以形成一本《学校理念系统手册》。《手册》一般会包括学校历史、学校概况、基本理念、组织精神、价值目标、学校宣传语、实施策略等内容。

一、 学校理念系统的概念

学校的办学理念是学校发展的灵魂，是全校师生共同的价值追求，也是学校的核心竞争力。

学校的核心理念主要体现在办学理念中，它是学校确立的指导思想，简明扼要地回答了为什么要办学的问题。办学理念也是学校确立工作目标、管理制度、办学特色的依据，是"学校生存理由、生存动力、生存期望的有机构成"。

学校一般都会有一个比较明晰的办学理念。一些具有一定影响力的学校，其办学理念就更为鲜明及高远。如中国人民大学附中的办学理念是"尊重个性，挖掘潜力，一切为了学生的发展，一切为了祖国的腾飞，一切为了人类的进步"。也有的学校把办学理念体现在校训、校风、校歌、办学目标、学生宣誓等内容中。

办学理念的提出可以从以下几个方面切入：

1. 着眼学生发展，主要是回答"培养什么样的学生"的问题。四川省德阳市第五中学的核心理念为"博"，提出培养博雅之人，即志向高远、学识渊博、节操雅正、身心强健，能自主创新的创造者。成都市实验小学的核心理念是"小学校、大雅堂"，从中国传统文化切入，着眼未来的发展，提出"培养文雅学生"的学校教育目标。

2. 与学校办学特色、校名等有一定的关联，考虑学校所在地的地域或文化特色。南京高淳县湖滨高中确立了"上善若水"的核心理念。"上善若水"的核心理念契合高淳"鱼米之乡"的地域文化特征与"湖滨"的校名，同时与校园营造"若水文化"、弘扬"若水精神"、追求"若水境界"等办学主张吻合。成都市营门口小学的办学理念是"阳光营地，智慧之门"，巧妙地从学校的校名出发，设计出学校的办学理念，"阳光"与"智慧"，又恰恰是学生与家长所追求的，让孩子的生活、心理充满阳光，让孩子变得更加智慧是符合学生、家庭与社会发展需要的。

3. 能凝聚人心，反映全体教师、学生，家长及社会共同的价值追求。办学理念要求语言简洁，富有个性色彩。北京十一中学的办学目标是"创造适合学生发展的教育，将'十一学生'塑造成为一个值得信任的卓越的品牌，把十一学校建设成一所受人尊敬的伟大的学校"。十一中，因为有其特有的学校优势，所以把"伟大"写入了学校愿景。校长李希贵表示，他们无法摆脱这样一个伟大的使命，这主要是因为十一中特殊的地位和特殊的历史。十一中原系中央军委子弟学校，大家出身名门，应该有大家风范。学校的任何举动都应立足当下，着眼长远，为学生一生的幸福奠基。学校教育应该有大思路、大视野、大战略，大举措。

一个好的学校理念会同时体现出学校的地域特点、历史传统，着眼学生发展及学校师生共同的价值追求。广州铁一中学校园的文化石上镌刻着"铁中铮铮,一众佼佼"八个字,很好地把"铁一"这个校名与家长、学校、全体师生培养一流人才及塑造"铮铮铁骨"的坚毅品质的共同追求融为一体。

南通通州区实验小学校训石上镌刻着"以学愈愚"四个字,书写者为南通名人,清末状元,中国近代实业家、政治家、教育家张謇。他全力投入实业教育救国之路,希望"以学愈愚",通过创办学校来改变民众愚昧的秉性。

　　位于澳大利亚墨尔本三一文法学院(Trinity Grammar School)是一所有着一百多年历史的私立男生寄宿学校。"三一"即"三位一体",其校徽是根据主教教冠设计而成的,外形设计成一个等边三角形,很好地体现了学校的办学理念及教育目标。学校提出了"三位一体"办学理念,即精神、身体、智力三方面全面发展。① 这所学校的办学理念与其他学校的不同点就在于强调了学生的精神性。在学生每天早晨的集会上,所有学生都要诵念这样的祷告词:"请赋予我们信念以获得精神上的成长……"对于精神层面的教育,学校依托课程来实现,特

① 徐星. 在繁忙的生活状态中实现德智体的平衡发展[J]. 上海教育,2011(6A):34 - 35.

别重视艺术课程的学习,强调艺术对于一个人的整体发展的重要性。文法学院的副校长皮特·斯代尔说:"对学生来说,学习艺术,不仅可以提高对艺术的鉴赏能力,而且可以学会通过艺术的方式了解自己和所处的生活环境。年轻人,尤其是男孩,不太擅长在某些领域进行深层次的个人反思,而艺术是精神反思的极佳的试金石。"三一文法学院重视学生的艺术实践与创造活动,他们的音乐系在澳大利亚的学校中是数一数二的,孩子们有机会学习各种各样的乐器,从参加交响乐管弦乐队、军乐队、爵士乐队中获得各种乐器的基本教学和训练。音乐就像所有的创造性艺术一样,能够使人们内心有一种自觉的、自然的反应。学生还有戏剧和创造性写作课程和活动,他们和音乐一样,都能够让孩子们更好地去探索他们的精神世界。

一个有真正办学思想的学校,其毕业的学生一定会带上学校文化的印记。美国一位高中校长说:"当我聘用一个三一大学(美国圣安东尼奥)毕业生时,我知道他或她会成为一名学校领导者。这些人擅长课程,富有创新精神。他们拥有火炬。"①

理念改变学校。一个好的理念可以改变一座学校,江苏常州的北环中学地处火车站附近,陷在浴室、小饭店、居民楼的包围中,学校的建筑简陋、寒酸。但这样一个学校后来通过变革学校文化,改变了学校的生存状况,从一所原来人心涣散、大量学区学生择校而走的学校变成师生齐心协力、教育质量迅速提升、为家长所向往的一所学校。北环中学成功的因素是新任校长提出了一条清晰的以"和"为主线的文化链,构建了以"和"为中心的学校管理理念。②

目前,一些学校的办学理念出现了趋同现象。2013 年 4 月 14 日,《中国教

---

① Linad Darling-Hammond. 有力的教师教育[M]. 鞠玉翠,译. 上海:华东师范大学出版社,2009:3.
② 夏雪梅. 文化可以改变学校吗? [J]. 全球教育展望,2010(7):13.

育报》头版刊发了《高中办学理念何以如此趋同》一文指出，湖南省公布了对 21 所高中的办学理念与办学行为的分析报告。报告显示，21 所示范高中中 5 所的办学理念都是"为学生发展奠基"，7 所是"以人为本"或"以学生为本"，办学理念出现了"趋同化""口号化"的倾向。趋同化，说明缺乏校本特色及个性，也是一种"无理念"的表现。这同"推动普通高中多样化发展""鼓励普通高中办出特色"的要求有很大的距离。这些问题的出现，说明一些学校在办学过程中缺乏自己的思考，出现了急功近利的现象。

学校办学理念要有一个相对稳定的语言表达结构，一个完整的办学理念一般需要包含"培养目标"与"培养方式"（或者"培养途径"）两个方面。成都市实验小学的办学理念为"小学校、大雅堂"，其培养途径分为"学生文雅""教师儒雅""学校高雅"三个方面。

核心理念，是学校发展的"核动力"。一旦确立，不管学校怎样变革，一般不会轻易改变，它将成为保持学校"基业长青的支点"。英国剑桥大学在欧洲众多古典大学中能独领风骚，在于其一开始就提出了"以自由教育造就绅士"的核心理念。以工程教育为特色的美国麻省理工学院（MIT），则提出了"手脑并重"的核心理念，让学校在 20 世纪进行了三次重大变革后，跻身世界一流大学的行列。[1]

"山不在高，有仙则名。水不在深，有龙则灵。"校不在大，有魂则活。核心理念，就是学校之"魂"。

二、 学校校训设计

校训，即针对校内人员的训勉、训导，它是学校师生共同遵守的基本行为准

---

[1] 刘献君，周君. 大学核心理念：意义、内涵与构建[J]. 教育研究，2012(11)：52.

则与道德规范,是学校办学理念、治校精神的具体反映,也是校园文化建设的重要内容。校训是学校"人文精神的高度凝练",是"学校历史和文化的积淀",是"眺望其精神家园"的"一扇窗户"①。处在人生关键时期的孩子,会出现一段迷茫期,这个时候,需要给孩子打开一扇窗,需要在孩子的前方树起一座灯塔,为他们指明方向。

创办于 1911 年的清华大学的校训是"自强不息,厚德载物",凸显了百年老校深厚的文化底蕴及不竭动力。成立于 1991 年的香港科技大学的校训是"求新求进创未来"。这是一所不满 30 岁的年轻的学校,学校在"求新求进创未来"理念的指引下,经过 20 余年的努力已在国际学术界崭露头角,初步成为高度国际化的研究型大学。韩国汉城高中的校训是"比意志更强大的是习惯,让我们建立起好的习惯吧"。汉城高中的理念具体明了,准确反映了学校所追求的行为规范及育人要求。

校训的提出需要关注几个方面的问题:

1. 立足学校特点。由于不同学校在发展历史、学校性质和培养目标等方面有所不同,所以,在设计时要立足本校特点,从本校的历史、文化、特色方面出发,让校训能准确反映学校性质。如,郑州正始中学的校训是"人生正始,伟业我待";上海市格致中学的校训是"格物致知,求实求是";上海财经大学的校训是"经世济国";北京林业大学的校训是"养青松正气,法竹梅风骨";北京舞蹈学院的校训是"文舞相融,德艺双馨";首都医科大学的校训是"扶伤济世敬德修业";厦门一所小学的校训是"好学善玩,友爱上进"……这些校训比较准确地反映出这些学校各自不同的性质及培养目标。

2. 承载民族文化。学校担负着传承民族文化和弘扬民族精神的重任。我国

---

① 校训[EB/OL]. (2017 - 8 - 19). http://baike. baidu. com/view/476424. htm.

的学校教育无疑会深受儒家文化的影响,儒家思想中一些优秀的理念如"修身、齐家、治国、平天下"等成为很多学校校训的根基。譬如,江苏常熟市孝友中学的校训是"孝贯人伦、友睦天下";西安理工大学的校训是"博学之、审问之、慎思之、明辨之、笃行之";台湾大学的校训是"敦品励学爱国爱人";各地行知中学的校训基本是"教人求真,学做真人"。国外一些学校的校训也会考虑当地历史文化的因素,如,哈佛大学的校训是"以柏拉图为友,以亚里士多德为友,更要以真理为友"。

3. 具有历史的穿透力。校训要有长久的生命力,能经得起历史潮流的冲刷。如,南开大学校训是"允公允能,日新月异";浙江上虞春晖中学的校训是"与时俱进"①;东南大学的校训是"止于至善";浙江奉化中学的校训是"诚、爱、勤、朴"。这些学校校训虽穿越百年但历久弥新。也有学校的校训因为政治历史的原因,中途出现断裂或者更改等变化,但最后还是恢复了。如东南大学,在2002年百年校庆到来之际,恢复了当初国立东南大学提出的"止于至善"的校训。

校训具有历史的穿透力,意味着校训应该具有一定的稳定性,一旦确认需要形成共识,共同来贯彻校训所传递出的精神,维护校训的价值理念。讲校训具有一定的稳定性,并不是说校训是一成不变的,校训也有一个取其精华去其糟粕的过程,在一定程度上也需要与时俱进,也有一定的发展性。

两江师范学堂时期,学堂监督李瑞清先生提出了"嚼得菜根,做得大事"的训言,这奠定了南京大学校训的基础,展现了"南大人"艰苦创业的精神面貌。随着时代发展,南大提出了更高的办学境界。在中央大学时期,罗家伦校长提出"诚朴雄伟"作为学校的校训,在立意及表达气势上更张扬其精神内涵。1991

---

① 春晖中学,首开浙江中学界男女同校之先河;聘请了一大批名师硕彦,夏丏尊、朱自清、匡互生、丰子恺、刘薰宇、叶天底、张孟闻、范寿康等先后在此执教,实行教育革新,推行"人格教育""爱的教育""感化教育"和"个性教育"等;蔡元培、黄炎培、胡愈之、何香凝、俞平伯、柳亚子、陈望道、张闻天、黄宾虹、张大千、叶圣陶等来此讲学、考察,推行新教育,传播新文化。(参考春晖中学学校网站:http://www.zjchzx.com.cn/century.asp? c_id=128)

年,南大把校风确定为"严谨、求实、勤奋、创新"。2002 年,在南京大学百年校庆之际,学校对校训进行重新征集,最后一致认为,应该回归及弘扬南大的优良传统与严谨的校风,把"诚朴雄伟,励学敦行"作为新的校训。"诚朴雄伟"提出了对南大百年传统的尊重及传承,"励学敦行"揭示了实现育人目标的方法与途径。

4. 语言凝练,易记忆。校训,要求每位师生都能熟知并能铭刻在心,所以,需要语言凝练,易记忆。如,长沙市雅礼中学的校训是"公、勤、诚、朴";暨南大学的校训是"忠信笃敬";香港中文大学的校训是"博文约礼";耶鲁大学的校训是"真理和光明"。这些校训语言简练,意蕴深刻,读来让人难忘。

校训,一般会镌刻在学校醒目位置的石料上或者装饰在墙面上,以警示学生、教育学生。但校训刻在墙上容易,要刻在学生的心中却不是简单的一件事。所以,校训更应该要渗透在日常的学校活动及课程中,体现在整个学校的教育中,让校训能真正润泽学生们的心灵。

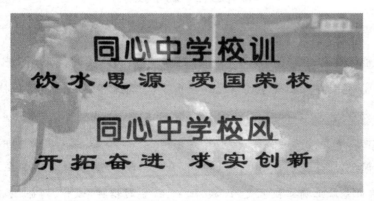

新疆克孜勒苏柯尔克孜自治州阿合奇县同心中学以"饮水思源　爱国荣校"作为校训。维护民族团结,实现社会稳定和长治久安是边疆多民族地区学校教育的主要使命。

校训是学校灵魂,它统率着学校的一切,包括课程、建筑,甚至学校的每一块砖、每一棵草。美国南部海洋国际学院预备高中的校训为"健康""智慧""精神"。学校的功能区域、课程构架、教学计划及各项活动都按照"健康""智慧""精神"三个方面展开。学校根据校训主题划分为几个区域。为了实现"健康"理念，学校采用横木栅栏在空地上隔出可供不同活动使用的室外空间，与主楼风格相互协调，从主楼出来可以直接进入庭院，进入体育运动场所。学校的学术教室及教学区域，是教育的主阵地，实现"智慧"培养目标。学校的图书馆、艺术和音乐教室，为学生的"精神"成长提供条件。学校其他建筑的内部空间也具有灵活性及适应性，可以开展多功能的活动如，体育馆可变成具有1 200个坐席的会议礼堂，也可以根据需要随时灵活地变成音乐厅、艺术展览馆、舞会会场、演讲厅等。

【补充阅读】

诚朴雄伟　励学敦行
——百年传统与南京大学校训①

　　最能展现南大传统精神的是学校不同时期确立的校训和校风。早在两江师范学堂时期，学堂监督李瑞清先生提出了"嚼得菜根，做得大事"的校训，以"俭朴、勤奋、诚笃"为校风。"嚼得菜根，做得大事"是南大校史上最早的校训，奠定了南大百年传统的基础，生动体现了南大人艰苦创业、追求卓越的风骨。南高师时期，江谦校长以"诚"字为校训，希望全校师生为人、为学都要以诚为本，并在此基础上确立校风是"民族、民主、科学的精神，诚朴、勤奋、求实的态度"。东南大学时期，郭秉文校长提出了"三育并举"和"四平衡"的办学方针，要求师生树立理想，以天下为己任，在人文与科学、通才与专才、传统文化与西方

---

① 节选自：蒋树声. 诚朴雄伟　励学敦行[J]. 江苏高教，2002(4)：12-13.

文化之间寻求平衡发展。中央大学时期，罗家伦校长提出以"诚朴雄伟"四字为学校的校训和校风，他希望中大学子承担起复兴民族的重任，埋头用功，不计名利，诚心向学，并集中精力，放开眼界，努力做出伟大事业。我认为，"诚朴雄伟"的校训立意高远，气势磅礴，对中央大学及其继承者南京大学的传统和校风产生了深远影响。南京大学另一个重要源头金陵大学将"诚真勤仁"作为校训，这个校训与中央大学的传统和校风在本质上有类似之处，都将"诚"作为精神内核。

1949 年，中央大学更名为南京大学，并于 1952 年与金陵大学合并，组建为新的南京大学。新的历史时期，中央大学、金陵大学的优良传统和校风在南京大学得以继续发扬光大。1978 年，刚刚复职的匡亚明校长针对"文革"时期南大校风、学风遭到破坏的状况，提倡重新整顿校风、学风，提出南京大学的校风、学风应该具有"高度的政治空气、高度的学术空气、高度的文明空气、高度的文娱体育空气"。1991 年，在广泛征求师生意见和总结南大办学传统的基础上，曲钦岳校长确定将"严谨、求实、勤奋、创新"作为南大校风，体现了学校优良传统与时代精神的统一。可见，南大历史上确定的校训校风，都从不同侧面反映了学校的办学传统与特色，激励着一代又一代的南大人锐意进取，成为国家与社会的栋梁之材。但遗憾的是，由于种种原因，1949 年以后的南京大学一直没有确立自己的校训。

在筹备百年校庆的过程中，全校开展了"南大传统和大学精神"的讨论，广大师生积极参与讨论，或撰写文章，或参加座谈，抒发自己对南大传统精神的感受，许多人在讨论过程中建议学校在百年校庆之际确立南京大学新的校训。根据广大师生员工的要求，为了进一步弘扬南大优良传统与校风，学校决定在百年校庆前夕进行校训的征集工作。学校对这一工作极为重视，我提出了三条基本原则：一是校训要承上启下，继往开来，既要反映传统，又要面向未来，与时俱进；二是校训要能概括南大的办学传统和办学理念，具有南大特色和个性；三是征集工作要广泛听取全校师生员工的意见。根据这三条原则，经过广泛征求意见和反复遴选比较,学校决定将"诚朴雄伟,励学敦行"作为南京大学新的校训。

"诚朴雄伟,励学敦行"八字校训,不仅言简意赅,朗朗上口,易于传记,而且端庄大气,寓意深刻,富有哲理。"诚朴雄伟"原是中央大学时期的校训,"励学敦行"是我从中国古代前贤名句中选取而来。"诚朴雄伟,励学敦行"的校训,既继承和反映了南大百年办学的优良传统,又面向未来,体现了办学理念的更高追求,同时还阐明了实现远大目标的途径。我相信,在百年校庆到来之际,学校确定"诚朴雄伟,励学敦行"的校训,对于激励全校广大师生员工进一步弘扬传统,增强对学校的荣誉感、使命感,继续发奋努力,把南京大学早日建成世界高水平大学,一定会起到重要的推动作用。

三、 学校校风设计

2014年新春,中央电视台开展《新春走基层·家风是什么》系列报道,"家风"——一个好久没有谈起的话题引发公众关注。"家风"对孩子的影响是巨大的,一个品德高尚的人离不开一个好的"家风"。

家有"家风",校有"校风","校风"对孩子成长的影响同样是巨大的。

风,即风气、风尚。校风是一所学校所特有的占主导地位的行为习惯和群体风尚,体现为一种独特的心理环境,它稳定而具有导向性。[①] 在学校,当一种行为素养能成为所有师生的共同行为特征时,这种"行为素养"就是"校风"。校风,包括学生学风、教师教风、班级班风、干部工作作风等。校风,从外部来讲是学校体现出的精神面貌和独特气质,从学校内部来讲是自觉的行为规范,对个

---

① 百度百科 http://baike.baidu.com/view/766278.html? wtp=tt.

体具有很强的规范性和制约力。

校风，需要防止同质化现象，千校一面的校风很难引起师生认同与重视。所以，校风的提出要依据学校的办学理念、培养目标，也要考虑学校个性特点、历史文化等，要能体现出学校的共同愿景。如，哈尔滨尚志中学的校风是"尚志、明礼、博学、有为"；苏州市善耕小学的校风是"求真、求美、求善、求实，善问、善学、善教、善耕"；复旦大学的校风是"文明健康、团结奋发"；南京大学的校风是"严谨、求实、勤奋、创新"。

校风要具有"内驱力"，它是学校管理的一项重要内容，它能激励斗志，催人奋进，是全校师生共同的行为倾向。

很多学校会把核心理念、校训、校风理解为一个内容，如果我们仔细分析还是有所区别的。校风、校训与办学理念之间，相互关联但各有侧重。核心理念是上位的东西，它回答"为什么"的问题，是设计校训及校风的基础。校训与校风则一般回答"如何做""做到什么程度"的问题。

具体来讲，校训与校风也有各自的指向。校训，主要从道德层面规定学校师生的行为方式，强调学生精神气质、品行道德方面的规范，强调人格修养的养成等，它具有一定的规范性、严肃性并体现出一定的执行力。校风，主要从精神层面来规定师生的行为倾向，它更倾向于学生行为风尚的培养，主要通过引导及熏陶来实现校风所倡导的理念及精神。

一个学校如果能认真规划好学校的核心理念、校训、校风，将有利于学校的文化建设，是推进学校内涵发展的基础。

四、 学校宣传语设计

宣传语，又称"广告语"，它是用一句简洁明了的话告知他人学校的办学理念、教育目标、教育特色等。学校宣传语主要在学校的平面设计、电视报纸媒体宣传、微信微博等平台上推送。宣传语的设计有以下一些特点：语言上简明扼要，明白易懂，朗朗上口；内容上突出重点，特色鲜明，具有时代性；功能上感染力强，不但具有感召力，而且具有审美性。

江南的一些学校比较重视学校的宣传，我们可以从他们的宣传语中看到学校宣传语的一些特点。

"穿越百年烟雨的江南名校"——江苏省锡山高中宣传语。

江苏省锡山高中的宣传语揭示了学校所处的地理位置——江南水乡，具有浓烈的地域色彩，同时用"穿越百年烟雨"，揭示了学校承载着百年的文化底蕴。

"无锡人心中的品牌"——江苏省天一中学学校宣传语。

天一中学的宣传语揭示了该学校的办学理想及学校在本地区的品牌优势。

"卓然独立　越而胜己"——上海华东师范大学第二附属中学宣传语。

华东师范大学第二附属中学的宣传语将学校培养了众多卓越人才的实绩变成了学校的品牌资源，并以此来定位华师大二附中培养学生的目标："卓越人才"——卓，人格独立；越，超越自己。

"让建平每一个学生的名字都充满神圣和庄严"——上海市建平中学宣传语。

建平中学关注每一位学生的成长与成功，通过实行分层次教学、学分制教学管理制度、模块化课程建设，最大限度地给予学生自主学习体验的时间、空间和选择自由，最大限度地满足学生个性特长的发展需要。

学校宣传语，可以是学校整体形象宣传，也可以是学校某一条线、某一项目的宣传。如，北京市十一中学招聘教师的宣传语是："来北京市十一中学，跟我们一起改变世界，以教育的方式。"

人们评价山东济南蓝翔技校"拥有着不亚于清华北大的知名度"。"挖掘机技术哪家强？中国山东找蓝翔！"这一句话已经在全国各大电视台铺天盖地播放了 20 多年，这样一个学校形象推介策略也已经持续了 20 多年。学校领导认为，"广告语不要经常换，否则大家还得重新认识"。几乎每一个来就读的学生被问到为什么来这里上学时，都会提到广告的影响，有学生说："从小就知道蓝翔，二十年了。"

蓝翔技校每年投放在广告宣传上的费用多达两三千万元人民币。学校也从当初的"挖掘机技术哪家强？中国山东找蓝翔"，发展到现在的"汽修学校哪家强？中国山东找蓝翔""学习汽车美容哪家强？中国山东找蓝翔""学习西点面点哪家强？中国山东找蓝翔""学习计算机哪家强？中国山东找蓝翔"……目前，蓝翔学校开设有汽修、烹饪、工程机械、机电一体化、计算机、焊接、数控、美容美发等八大专业 100 多个工种，在校学生有 30 000 余人，成为中国具有较大影响力的技工学校。

宣传语或者广告语，虽然只有一句话，但其力量无限。江苏省镇江市生产的醋闻名全国，他们的宣传语让人过目难忘："一座美得让人吃醋的城市。"简单的一句话，概括了这座城市的特点，给人以无限的遐想。在学校系统中也有很多值得回味的宣传语，如位于首都的长江商学院的宣传语是"因为向往大海，我们汇入长江"，向往"大海"的第一步是你要来到"长江"；福建西山学校的宣传语是"走进西山，成就未来"，读来朗朗上口。

当然，宣传语还必须要符合百姓的习俗表达及审美品位。无锡一个叫东湖塘的地方有一个楼盘，开发商起了一个自认为比较响亮的名称"尚东园"，结果百姓不买账，说我们才不去"上当"呢。原来，"尚东"按照当地方言的叫法就是"上当"。

好的宣传语需要选择一个恰当的、能被广大民众接受的形象进行策划设计。一声吆喝，一盏灯火，南方黑芝麻糊的广告曾给人们留下深刻印象。然而，其最初的宣传语"传承制造经典"并未引起什么反响。尽管设计者想要表达这一产品历史悠久、深受喜爱,但这句话显然过于文本化,缺少语言感染力,形象也不鲜明。重新策划后的宣传语"小时候妈妈的味道"却充满画面感,意蕴深远,让人回味无穷,一下子打动了无数游子的心。

图为江苏省锡东高级中学的学校招贴画。学校的宣传语"有梦想 来锡东"简洁明了、朗朗上口,让学生及家长过耳不忘。锡东高中是一个科技创新、艺术创意特色学校,学校建有由八个工作室组成的"创客空间",学生可以在这里进行艺术创作、科技创新活动。"创客空间"成为学生实现自己创新理想的"梦工厂"。

【补充阅读】

"绿动学校"理念系统

阅读提示:

下面是某小学以"绿"为中心设计的学校理念系统,该案例给我们带来了很多启示。

第一,以"绿"为中心构建了比较完备的理念系统,从核心理念、校训再到校风、教风、学风等,从形象定位、办学愿景再到办学理念、治校理念等,几乎囊括了一所学校发展所需的各个方面。"绿动学校"构建的学校理念系统,是经过精心设计的,学校所有理念系统都能围绕"绿"展开,让"绿"所代表的"生命""活力""希望"等理念浸渍在学校的每一个细胞中,贯彻在学校的所有工作中。这很好地体现出了理念系统的价值。

第二,"绿动学校"理念系统除了有一个高度一体化及完备的系统外,还对每一个系统作了很好的释义。释义,可以让师生及社会很好地理解理念产生的背景、内涵,及要达成的目标要求。更重要的是对理念系统的释义,可以让设计者与学生深度研究理念的意义及价值,深度理解学校的核心价值观;也有助于办学者把握学校发展的方向,有助于学校管理者推行科学管理及文化管理,进行"愿景管理"或者"目标管理"。要是把学校理念系统的文字表述部分比喻为冰山的话,那么,"释义"就是冰山的水下部分。"释义"让我们看到了理念系统的根基及土壤。"释义"解释得越全面、越到位、越清晰、越深入,那么,理念系统的根基就越牢固。

当然,本案例也有一些值得探讨的地方。首先,整个理念系统有 17 个要素,其中很多要素重复交叉,显得不够简练。在"办学理念"部分中的教育理念、办学宗旨、办学追求、培养目标等表达不够清晰,对于这些要素的文字表述几乎可以相互交换。这里可以整合成一到两个要素,重点讲清培养目标、办学宗旨等就足够了。

其次,文字概括需要进一步凝练。如,"校训"的"训",它有训勉、训导的意思,是"师生共同遵守的基本行为准则与道德规范",用"每一片叶子都闪亮"来表述,不是很合适,也没有校训本应有的力度,更像是一个教育理念。

再次,在整个理解系统中,缺了一个重要的部分,即"课程理念"。课程系统是支撑学校理念系统的核心要件,少了它,理念就无法落地,学校工作也没有抓手。

案例材料：

绿动学校①

一、"绿动学校"理念系统

学校以"绿"为中心构建了比较完备的理念系统，从核心理念、校训再到校风、教风、学风等，从形象定位、办学愿景再到办学理念、治校理念等，几乎囊括了一个学校发展所需要的各个方面。"绿动学校"构建的学校理念系统，需要经过精心设计，学校所有理念系统都能围绕"绿"展开，让"绿"所代表的"生命""活力""希望"等理念浸渍在学校的每一个细胞中，贯彻在学校的所有工作中。这样就可以很好地体现出理念系统的价值。

二、"绿动学校"理念系统核心内容释义

【核心理念】 尚绿色关怀 为未来奠基

教育是直面生命、遵循生命的本性、促进生命的成长、追寻生命的意义和价值、提高生命的质量的事业。教育的对象是人，关注人是教育永恒的主题，教育应关注师生的生命个体，关注师生的尊严与价值，关注生命的独特性。也正是因为人的生命具有独特性，教育才可以呈现光彩与活力。

学校提出"尚绿色关怀 为未来奠基"的办学理念。其核心就是尊重教育规律，特别是人才成长规律，应站在生命关怀的高度，以校园内每个生命个体的健康、快乐、个性化发展为基础，创生和谐的人文氛围，营造润泽的精神乐园，构建新型的校园文化。

---

① 这是某小学校以"绿"为中心设计的学校理念系统，该案例给我们带来了很多启示。参考百度文库：http://wenku.baidu.com/link? url＝3FPaKaRoB9WXmaUKpL3UaUK3cy0SboAPW0BCSIZO84FG2T3lVoIwM1hYW1Mc94hYcyx8iVgysLwgX73tYe8iwV8FXaSnoPvJQd4V5vAkkl3.

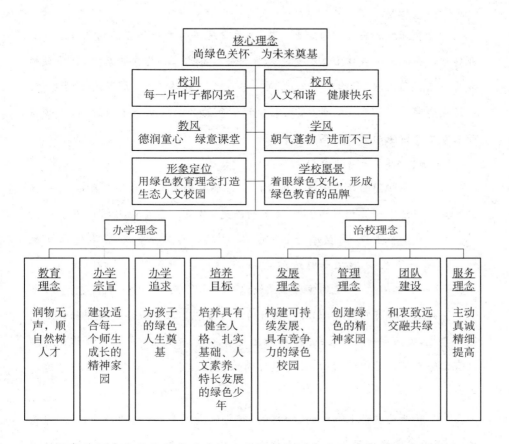

　　绿色关怀实际就是人文的关怀。当绿色关怀成为一种基础性的品质时，关怀即成为一种良性的人际关系，它可以成就和谐的人际氛围。所以，培育关怀可以在一定时空中，在一个学校营造出良好、和谐的文化氛围，学生在这样的文化环境中，就会时刻受到一种"关怀"气息的熏陶，感受其中的幸福，体验其中的人文价值，这种外在的文化逐渐内化为一种内在的精神追求，发展出一种关心周围一切事物并自觉投入良好人文环境建设的精神品质，为师生的生命发展、生活成长带来亮丽的绿色光泽。

对于教师发展而言，"为未来奠基"则更多地意味着教师要面向未来进行职业规划，"我的未来我作主"，机会总是留给有准备的人。为未来奠基，需要教师成为一名教学的研究者，能经常性地反思自己的教学工作，养成读书的习惯。教师也会因为自己肩负的责任、未来教学角色的必然转变而不断发展，也必将为未来主体价值的提升而不断发展。

【校训】 每一片叶子都闪亮

世间没有相同的两片树叶。生命之于每个人都是唯一的。正因其唯一，才更显珍贵。对每一片树叶都怀以欣赏的眼光，对每一个生命都报以尊敬的情怀。关注每一个生命，尊重每一个生命，就是教育的第一要义；点化每一个生命，润泽每一个生命，使之如叶般闪亮，如花般绚烂，就是教育的神圣使命。以"每一片叶子都闪亮"为校训体现了学校以人为本的理念。作为教育者，学校坚信每一片叶子都有它的美，都有其独特的成长过程。教育教学过程应始终面向全体学生，关注每一个学生；始终对学生抱有希望、充满信心，并用工作热情和教育实绩来增强学生的信心，激发学习的积极性和主动性，以最佳的姿态追求成功。

"我"既然是这世上唯一的、独特的，就要做最闪亮的那片叶子。以此为校训，也寄予了学校希望每一个孩子都能成人成才，成为一个健康的、完善的、能够有所长有所能的人的殷切期盼。表明了学校"人人有长处，个个有发展"的育人目标。

当"每一片叶子都闪亮"，每一个学生都能在和谐的校园里尽情绽放自己的才情与聪慧、自己的个性与特长时，也就是教育充盈绿意之时。

【校风】 人文和谐 健康快乐

校风是学校文化的重要组成部分，体现了学校的办学理念、育人方针、学术追求和管理特色，是师生员工行动的座右铭。

人文:这里的人文有两层内涵,一是建设有浓厚人文精神的学校;二是培养有高度人文素养的学生。在下位观念上又有两层涵义,一是教与学的组织"以学生发展为本";二是学校的内部组织管理"以教师发展为本",并以这一学校观念为价值取向来组织教育教学活动。

和谐:人的"生命和谐"既是古今教育学家的理想,又与我国的教育方针一致。这里的"生命和谐"主要指教师与学生及学生与学生。校园的绿意映衬着人文,校园的和谐孕育着文化,教育因生命而充满神圣,教育因绿色而富有生机。

健康:健康是人类永恒的主题,是人类生存发展的要素。健康不仅指身体健康,还指精神上有一个完好的状态:健康是一种在身体上、精神上的完满状态,以及良好的适应力和高尚的道德情操。也就是说,一个人在身体健康、心理健康、社会适应良好和道德健康四方面都健全,才是完全健康的人。

快乐:教育的快乐是让师生"体验学习魅力,共享成长快乐",学校要努力为师生营造和谐快乐的氛围,搭建学习成长的平台,同时要引导师生去体验这份快乐。

【教风】 德润童心 绿意课堂

德润童心:"厚德润教人为本,真诚育人爱为先。""德润童心"是指以教师的师德滋润每一个学生的心田,是指让良好的道德行为习惯伴随着每一个学生成长,用传统的道德引领每一个学生的精神。

绿意课堂:是具有人本主义的教学思想的课堂,是一种以学生为主体、人的个性发展为第一要务的课堂,是一种珍视"独立之精神、自由之思想"的课堂。"绿意课堂"表现为生动的学习情境、活泼的课堂气氛、积极的师生交流(尊重不同的观点,鼓励发表自己的见解)、多样的互动方式(师生互动、生生互动),暖如春风,爽似秋风。

【学风】 朝气蓬勃 进而不已

朝气蓬勃:草木的经纬,自有生命存在价值的浑厚,生生不息的自然也正因精神的存在而多姿多彩。草木皆有精神，何况人乎，何况教育乎？学校的教育要有"生机盎然"的精神，于探索之路上上下求索，坚持不懈；学校所培育的孩子也要有种"生机盎然"的精神，乐观向上，积极进取。

进而不已：传承了先人"天行健，君子当自强不息"之精神，概括了日有所思、日有所悟、日有所得、日新月异的渐进式的成才过程，符合积小流而成江海、积跬步而致千里的健全人格的形成规律。陶行知先生曾提出过每天四问：一问自己的健康有没有进步；二问自己的学问有没有进步；三问自己担任的工作有没有进步；四问自己的道德有没有进步。学校以"进而不已"为学风，正是希望学生能正确认识自己，学有所长，日有所进，终有所成。

【教育理念】 润物无声 顺自然树人才

润物无声：大音无声，大爱无形。孔子有"君子学道则爱人"之语，孟子讲究"仁爱"治天下。杜甫有："好雨知时节，当春乃发生。随风潜入夜，润物细无声"。"润物细无声"式的教育显得尤为重要和必要。

顺自然树人才：所谓顺木之天，就是尊重树木的本性、天性，相信每一粒树种、每一棵树苗都有长成参天大树的潜质。惟其"顺木之天"，才能使这种潜质和天性得以正常发挥。育树之道，不正是以人为本的育人之道吗！也就是说教育要尊重孩子的天性，顺应孩子身心发展的规律，让孩子得到充分的自主的自由的发展。

【办学追求】 为孩子的绿色人生奠基

"绿色"代表生命，代表"未来"。学校所崇尚的绿色教育，是以"科学、人文"为核心，以培养学生的可持续发展意识和能力为最终目标的"全面、人性、发展"的教育。学校所着眼的"绿色未来"是一种健康的、幸福的、乐于为社会服务的培养目标。如果说绿色是一切希望所在，那么，绿色教育则是一切教育的旨归，学校将在不断的改革、创新中不断丰富"绿色教育"的内涵。给孩子一个美丽今天,许孩子一个绿色未来!

【培养目标】 培养具有健全人格、扎实基础、人文素养的绿色健康少年

一个以人为本的时代的到来,呼唤教育回归生命的本真。学校怀着对生命的敬畏和尊崇,以热切而理性的思考努力追寻教育的本真,将教育融于生活,让教育成为生命的诗意而存在,凸显生命的灵动、自由和独特,并以此渐臻生命的完美与幸福。"给镜子一缕阳光,它能映射出一片天空;给心灵一缕阳光,它能反映出一个美丽的天堂。"如果将绿色教育的理念泼洒在菁菁校园,折射出的将是无比绚丽的光芒。

【团队建设】 和衷致远　交融共绿

"人本是散落的珠子,随地乱滚,精神就是那根柔弱又强韧的细丝,将珠子串起来成为社会。"决定学校能够成为把散落的教师个体串成合体的那一根"柔弱又强韧的细丝",是一所学校特有的烙印,也是一个学校发展进程中逐步积淀下来的一种强大的聚合力。"和衷致远　交融共绿",是学校进行团队建设的基本理念,只有和睦同心,胸怀共同愿景,学校才能生生不息,百年常青。

| 第四章 |
学校行为系统设计

　　不同的组织会有不同的行为方式。当某一组织的行为方式能达成高度一致,那么,就可以共同构成特有的组织文化。

　　学校行为系统,是学校重要的育人途径,理念系统如果没有行为系统支撑,那么,这个理念就难于落地,就会浮在空中。

　　"亲爱的,你慢慢飞……"

　　东风日产花都总装二厂车间里机声隆隆,一派繁忙景象,忽而传来一阵悠扬的歌声。大学生记者们循声望去,才发现这川流不息的生产线上原来还活跃着一群哼着曲儿的"小精灵"。

　　它们一边眨着涂了绿色眼影的大眼睛,一边载着车辆配件翩翩走过。几位好奇的大学生记者忍不住走上前去探个究竟,谁知刚走到跟前想要一睹芳容,它竟忽地停下了脚步,谦谦有礼地任大学生们欣赏个痛快。

　　这群美丽优雅的"小精灵"正是东风日产汽车制造厂独家采用的无人搬运车,它们还有一个英文名,叫做 AGV。①

《中国青年报》曾对东风日产企业车间内"辛勤"劳作的机器人有过这样的报道。

看到这些可爱的机器人,强烈的科技感扑面而来,这些机器人始终以"积极""愉快""高效"的方式工作着,而且对人还十

---

① 许方聪. 生产线上的小精英[N]. 中国青年报,2012 - 6 - 8.

分"有礼貌",这就是东风日产企业特有的行为系统。"科技""智能""积极""愉快""高效"等企业精神,不但深深印在人们的脑海中,也把人的这些品质嵌入了机器人身上。

很多企业都在积极推行自己特有的行为系统,通过统一的行为系统的建设,构建企业独特的行为文化,从而形成共同的价值观。行为系统的建设,对推动企业文化建设产生了积极的作用。那么,学校系统同样需要通过行为系统的设计,来推动学校文化的发展。

2016 年秋开始,北京市西二旗小学的孩子们给了人们不一样的感受。每一个孩子手里都拿着两面旗,一面是国旗,另一面是校旗。孩子们拿着鲜艳的旗帜,脸上洋溢着喜悦。旗子给孩子们带来了新的希望。孩子手中飘扬的旗帜,飘扬起了西二旗小学独特的"旗趣文化"。"旗飘飘、趣多多",构成了西二旗小学的学校理念。孩子们问校长:"为什么我们每一个人都有一面旗?"校长回答:"因为你是这个世界上最独一无二的!"①孩子们手中飘扬着的旗帜,成为西二旗小学特有的学校行为系统。激励着孩子们"奋勇争先,扬帆启航"!

2017 年 5 月,一个升旗仪式的视频,在网上受到人们关注。

视频中,一群小学生背着书包走进校园上学,孩子们纷纷朝教学楼快步走去。这时,操场上突然响起了国歌,小学生们全部自发地停下了脚步,所有人的目光齐刷刷地望向操场升旗处。②

随着升旗仪式的开始,小学生们笔直地站立,向缓缓升起的国旗行注目礼,

---

① 开学典礼、文化洗礼:看西二旗小学变变变![EB/OL].(2016 - 9 - 16). http://learning. sohu. com/20160916/n468538276. shtml.
② 点赞 00 后! 国歌响起时,他们一个动作感动全国[EB/OL].(2017 - 05 - 23). http://news. 163. com/17/0523/21/CL5DMU0T00018AOP. html.

河北保定联盟西路小学，清晨国歌响起时，学校所有师生仿佛瞬间凝固了，停下脚步向国旗行礼。（图片来自视频截屏）

直到国歌奏完，整个过程保持了将近 50 秒。

这所学校是河北保定联盟西路小学。校长介绍："这是很庄严和严肃的一件事。""宪法有规定，有能力的企事业单位每天都要升国旗。我们周一有一个很正式的升旗仪式，除了礼拜一，每天基本上是 7 点半左右，时间不固定。我们就把正式的升旗仪式简化，只剩下升旗手和护旗手。孩子都已经养成习惯，一年级的学生一入学就接受这样的教育，基本上一周之内所有的孩子都能进入状态。"

据校长说，不止是学生，外面送孩子上学的家长或是行人，每当听到国歌响起时，都会站立不动，行注目礼。这就是河北保定联盟西路小学不一样的师生行为表现带来的影响。

从美国第 32 任总统富兰克林·罗斯福开始，每一位总统都会给麻省格罗顿高中写一封信，以表彰他们为国家培养了大批精英人才。这所学校有很多地方值得我们关注，其中一个就是寄宿生管理。格罗顿高中要求所有寄宿生（寄宿生占总学生 88％）晚上回到寝室休息前，必须要跟宿舍老师以及协助管理宿舍的 12 年级学长（学姐）"握手"。握手礼是需要经过训练的，握手的姿势、力道轻重等都有一定的讲究。传承了 100 多年的每天晚上的"握手礼"成为格罗顿高中特有的舍务行为管理。

一、 学校行为系统的概念

学校行为系统是一种能影响师生行为的文化系统，是从学校的核心理念出发在学校的管理制度、学校教育教学活动、师生言行及员工服务等方面表现出的规范化、协调化的行为特征。行为系统的建立，主要依靠建立完善的组织制度、师生管理规范、教职员工的激励机制及组织系统的师生活动来实现。学校行为系统，是学校所有师生员工共同遵循的统一的行为规范体系，是要达成行为的统一，从而形成师生共同的价值观，是学校文化的重要表征。同时，优秀的行为系统一定是能得到社会认同的行为系统。

不同的组织会有不同的行为方式。如果某一组织的行为方式能达成高度一致，那么，就可以构成特有的组织文化。海尔公司成立之初，就提出了"顾客至上"的口号，承诺对其生产的产品提供终身上门服务，维修人员上门维修，不抽用户的烟，不喝用户的水，维修完要用白布擦净维修时留下的污迹。麦当劳员工每天要修指甲和洗澡，上岗前必须严格洗手消毒，用温水消毒手指及指甲，两手一起搓至少 20 秒，接着用烘干机烘干。这些行为被高度统一及规范化，做到"小到洗手有程序，大到管理有手册"。标准化的流程是这些企业质量的保证。这一点在学校中也是一样的。

（一）学校的行为系统让学校教育理念落地

优秀的学校各有各的行为系统。比如，有些学校的学生总是很有礼貌，看到老师会打招呼,过楼梯会主动给老师让路;有些学校的学生比别的学校的学生更喜欢看书,更喜欢逛书店;有些学校的学生上课总是积极发言,讨论起来也特别热烈,等等,这就是这些学校特有的行为系统。

再譬如,一些学校老师的上下班时间几乎高度一致,学校的门闸就像一道水闸,早上一开门教师几乎同时进入,傍晚一放学大家又几乎同时涌出;也有一些学校老师几乎没有统一的上下班时间,有课的早来,没课的晚来,上课再回去。我们很难说哪一种上班制度更好,不同的学校有不同的管理规范,不同的管理规范后面有不同的管理哲学。

学校行为系统,是学校重要的育人途径,一个理念系统如果没有行为系统支撑,那么,理念就难以落地,就会浮在空中,再美好的理念都只能是"乌托邦"。杭州育才中学,所有的男生都理平头、留寸发,女生不卷发、不染发。每学期新生进入这所学校前要做的第一件事就是整理自己的头发。在附近街上要是看到理平头的学生,几乎可以断定是这个学校的学生。"小平头、双肩包、语言文明",可以说就是这所中学特有的行为系统。理发是生活中一件不可缺少的平常小事,但杭州育才中学把它作为规范学生行为的一个着力点。这所中学的校训就是"样样落实,天天坚持"[①],通过日常生活小事的落实和坚持,让培养学生良好的行为习惯和品德这样的大事切实落地了。

宁波北仑蔚斗小学的育人理念是"培养具有蔚斗烙印的时代儿童",为了实现这样的育人目标,学校设计了"十大烙印"行为系统。这"十大烙印"分别是:

1.《蔚斗宣言》:让孩子有一个值得回味的童年;

2. 蔚斗之歌:穿越 90 年的声音;

---

① "样样落实,天天坚持"掀起思想风暴[EB/OL]. (2015 - 11 - 3). http://www. 360doc. com/content/15/1103/19/18006257_510510119. shtml.

3. 多彩社团:学生因为自信而喜欢学习;

4. 我上学啦:融入蔚斗,烙印开始;

5. 毕业典礼:感恩母校,共同铭记;

6. 传统节日:中国风情,茁壮成长;

7. 课桌兜三部曲:孩子有序生活的起点;

8. 蔚斗十景:90年校园文化的浓缩体现;

9. 全家总动员:教育是共同的成长;

10. 星光大道:舞台属于每一个自信的孩子。

宁波北仑蔚斗小学"十大烙印"
图谱,用深深的脚印改变着学生
的性格及人生。

宁波北仑蔚斗小学"十大烙印"行为系统

我上学啦
蔚斗宣言
蔚斗之歌
传统节日
多彩社团
课桌兜三部曲
全家总动员
蔚斗十景
毕业典礼
星光大道

　　宁波北仑蔚斗小学这把"熨斗",在孩子的身上烙下了特有的"印痕",他们的人生也会因此而不同。

（二）学校的行为系统是学校的性格

澳大利亚的三一文法学院每天早晨的集会上，所有学生都要诵念这样的祷告词："请赋予我们信念以获得精神上的成长，请赋予我们力量以获得身体上的成长，请赋予我们智慧以获得智力上的成长。"享誉 30 多年的以道德教育为本的台湾忠信高级工商学校的学生，全校集合只需 3 分钟就可以到位，学生见到老师七米外要敬礼等。这些都是有别于其他学校的行为特点和品牌形象。

这些鲜明的学校行为系统，也形成了学校特有的"性格"。它们或沉稳或激进，或低调或张扬，或朴素或雅致。无论哪种学校"性格"，都会浸润学生的心灵，对学生具有长久的影响力，甚至会影响他们终身。

2004 年，深圳市某小学在校园里竖起了一座群狼出征的标志性雕塑。有一只头狼发号施令，其他的狼则昂首向前、傲视苍穹，向未来世界奔跑。雕塑的底座上刻有这样的说明："东方似'羊'的教育，培养的是温文尔雅、逆来顺受、安于现状的人。西方似'狼'的教育，培养的是个性张扬、敢于挑战的人。在物竞天择、适者生存的世界里，我们通过对狼的性格的剖析，教育我们的孩子要成为强者。"当然，由于大众对"狼"的认识各有不同，同时，在中国传统文化中"狼"基本是作为负面形象出现的，所以这件雕塑后来备受争议。但从学校的办学理念来看，要塑造学生"忠于团队、不惜牺牲、甘于奉献"的精神是值得尝试的。特别是当下的孩子，往往存在依赖性强、自立能力差、脆弱怯懦等问题，培养学生勇猛、敢于挑战的性格，这对于孩子的成长无疑具有一定积极的现实意义。在这个学校文化建设同质化比较严重的时代，像这样能够树立自己特有的"性格"的学校，其探索精神及教育追求是值得肯定的。

（三）行为系统要建立良好的学校制度运行体系

企业行为系统，包括内部行为系统及外部行为系统两个部分，因为企业的

深圳市某小学校园里的"群狼出征"雕塑。（图片来自千龙新闻网）

人员及生产产品需要面向社会,在百姓中及社会上建立良好的口碑是企业发展的生存之道。而对学校系统来讲,行为系统主要体现在内部行为系统方面,包括学校发展规划、岗位职责、教师管理、学生管理、教学管理、教工代表大会条例、财务管理制度等。要让学校理念落地,让行为系统顺利推行,必须要制定一定的制度规范,以保证体系的正常运作。

香港科技大学的初创者致力于学校的制度建设甚勤。学校成立的第一个原则就是"择优而任",把纳税人托付的教育工作做好。学校的使命主要有两项:一是向学生们和家长们提供良好的教育,二是向社会和知识界提供良好的研究成果。如果教授不能完成这些任务,他们就没有权利死赖在大学里吃闲饭。

香港科大学校管理遵循的基本原则是"自己管理自己",学校切实实施"教授治校"的制度,堪称自治的典范。为了保证这样的学校制度能有效实施,科大首先构建了各级权力机构,包括"校务委员会""大学行政委员会""院长会议"等。"校务委员会"是科大的最高权力机构,它不是一个咨询机构,而是一个决策机构,凡是与学校有关的制度章程、政策文件,只有通过这个机构审查才是合法的。这个委员会全部由校内人士组成,没有政府官员,或者校外其他人士。学校制度一旦定下来,校务委员会就不再干预,而是由各个部门自己掌控。"大学行政委员会"是学校最高行政决策机构,全部由行政主管和院长级以上的干部组成,以保证学校日常事务能高效运作。"院长会议"由学术副校长组织,重点是厘定学校主要发展方向,制定大格局、大规矩;同时,也负责学校规则的运行,保证其公平、合理、透明,能精准实施。在对退任领导及老教授退休后的安排问题上,创校者们制定了很好的规则并作出了很好的榜样。他们只要退任或者退休时间一到就将自己"扫地出门,绝不死缠烂打",而且大部分创校的教授们,虽然对香港科大有很多眷恋,但还是选择了不留在香港。香港科大的成功告诉我们:是好制度成就了好学校。

要让学生能按照学校制度行事,还需要一本"操作手册"。我们在购买家用电器时,厂商都会在包装箱里放一本"产品使用说明书",人们通过它了解所购产品的特点及使用方法,了解到可能出现的问题及售后服务方面的信息。《新生入学指南》就是学校的"产品使用说明书"。学校应该贯彻服务至上的理念,学生一跨入校门,学校就应让他们知道:这所学校的特点是什么? 学校课程有哪些? 在校期间应该注意的事项有哪些? 在学校容易犯的错误有哪些? 在有争议时学生如何申诉? ……

二、 学校发展规划设计

学校发展规划,是学校在国家教育方针的指引下,为了提高学生学习质量、

图为江苏省锡东高级中学的《新生入学指南》。《指南》包括学校简介、办学理念、报到须知、三风一训、学生守则、学校制度（日常行为、寄宿生守则、考试规则等）、学校平面图、学校的主要活动设施等。《指南》图文并茂，适合学生的阅读习惯及阅读能力，让学生对新学校有所了解。

促进学生发展，结合本校特点提出的学校中长期教育发展目标，及在此基础上提出的学校管理、学生培养、课程规划、教师发展、实施措施等工作计划。根据规划的时间跨度，学校发展规划可以分短、中、长期三类，如，"三年规划""五年规划"及"十年规划"等。学校行为系统特别重视学校中长期发展规划的设计。

学校发展规划是学校发展的蓝图，它明确地提出了学校未来发展的方向、学校的性质和学校的特色建设等方面的要求。学校发展规划是学校管理的一种，我们可以称为"目标管理"。自我确定目标可以增加学校发展的内驱力。事物发展来自两种动力，外部压力及内部需要，而内部需要对于事物发展的意义大于外部压力。一枚鸡蛋从外部打破它就成为食物，而从内部打破它就诞生了一个新的生命。学校发展规划就是一种内部需要。

一旦制定好学校规划，我们就可以更好地安排自己的工作，并按原先设定的各项要求及标准进行有效的质量监控。目标管理,可以大大提高我们日常工作的水平及质量。

学校发展规划不同于一般性的工作计划,它是政策性很强的学校发展纲要,是制定学校其他方案的纲领性文件,一旦确定就应该能有效实施。如果把设计好的学校发展规划束之高阁,就会极大降低学校制度的执行力及信誉度,最终影响学校的发展。

学校发展规划有以下一些特点:

1. 政策性

学校教育目标的制定必须与国家教育方针的培养目标保持一致,学校必须依法治校。学校在制定学校发展规划时要对国家教育方针进行认真解读,在学校规划中贯彻这些精神。

2. 参与性

学校不是一个孤岛,学校是社会的学校,它需要借助社区、家长的力量来办学。所以,学校在制定学校发展规划时需要听取社区及家长的意见,让教师、学生、社区、家长、学校董事会等共同参与规划的制定。学校是社区的一部分,学校发展就是社区发展;在制定社区发展规划时,也一定要把学校发展放在一个重要的部位。强调参与性意味着社区与学校共同承担学校发展的重任。

3. 前瞻性

规划是为了实现目标而制定的工作方案,它构想的是人们的理想图景,这样的图景往往远比现状来得美好。学校发展规划,规划的就是明天的学校教育,所以它具有前瞻性。

4. 连续性

除了新办学校,其他所有学校的发展都离不开学校原有的基础,离不开学校的文化传统。虽然某些传统对学校发展会有一定阻力,但我们只要利用得好就可以加快学校的发展,可以让学校发展站在一个比较高的平台上。学校的物质基础、制度环境、文化习俗等都是学校进行改革的基础,离开了这些基础,学校发展就会问题丛生,甚至可能出现混乱局面。所以,学校规划要体现前后的连续性。

5. 统整性

学校发展规划是学校发展的总体方案,涉及学校发展目标、管理变革、课程设置、教师发展、文化建设、教学科研、资源配置、社区支持等。它需要整合学校所有资源,动员学校所有力量。所以,学校发展规划体现出很强的统整性,而统整也是系统设计的意义所在。

6. 可操作性

学校发展规划是学校发展的计划书,它是学校日后开展工作的指导手册。"学校发展规划"制定的目标计划必须是可实现、可操作的。因而规划的目标要清晰,任务分解要科学,完成时间的分配要明确。

学校发展规划的基本框架主要由以下一些内容组成:(1)学校历史及概况;(2)办学理念及特色;(3)学校近期及中长期目标;(4)学校发展的具体内容及主要措施;(5)实施的工作内容及时间。

学校发展规划在学校系统中是一直存在的,但在"设计学校"的理念视野下制定学校发展规划会有新的视角、新的要求及新的意义。

首先,在"设计学校"的理念视野下,学校的发展规划都要统整在学校的核心理念之下,紧紧围绕学校的核心理念进行校史梳理、特色创建、课程设置等。同时,学校发展规划也是学校其他工作的纲领性文件,是制定其他各项制度政策的重要依据。

其次,在"设计学校"的理念视野下,学校的发展规划是一个由目标(核心理念)引领，以问题为导向的，统整了学校其他所有工作的一套系统化、个性化的问题解决方案。其目标是明确的，问题是清晰的，方法是科学的，实施是有保障的。

再次，在"设计学校"的理念视野下，学校的发展规划最后要形成《学校发展规划书》。其文本结构是规范的，内容是完整的，版式是完美的，以实现良好的表达效果。

三、 学校制度设计

学校制度，是指为了实现教育目标，保证学校有效运作，依法办学，促进教职员工、学生和学校的可持续发展，及协调学校与所在社区关系而制定的一套完整的制度体系。每所学校会根据自身需要制定自己的制度，少到几十条多到几百上千条，并随着学校的发展不断修正并完善。一般来讲，学校制度包含岗位职责、部门规章、教育教学管理、学生管理、党建工作、财务制度、教代会制度、理事会制度等。

制度虽不是学校的办学目的，但制度是学校发展的手段及保障体系，这个手段越科学越完善，学校教学目标的实现就越有保障。所以，学校制度是学校行为系统中的重要内容。在具体的制度设计时要关注以下几个问题。

1. 制度的"设计"与"完善"

制度的设计因校而异，不同的学校会根据各自不同的需要及情况设计出不同的制度。制度设计的过程要规范透明。人们都希望自己一开始设计的制度能尽善尽美，但这几乎是不可能的，设计仅仅是一种经验及理论的假设，是一个理论性的构架，未来怎样只有未来才会告诉我们。很多事情一开始是不能预料的，问题只会在以后的实践中发生，制度只有运作后才知道是否合适。

　　某校为了学校发展提出了加快教师队伍建设、提升学校品质的策略,面向全国招聘特级教师,在一两年中引进了多名特级教师。但几年过后学校突然发现,这些特级教师都到了退休年龄,这给学校发展带来了挑战。学校根据新的情况,提出了教师发展新策略,建立"特级教师工作室"制度,充分发挥特级教师的示范引领作用。新制度规定,每位特级教师重点扶持5—8位青年教师,学校从目标、任务、经费等方面提供制度保障。这样学校就逐步完善了教师发展制度。

　　制度的完善是必须的,我们要为制度设计留有合理的空间。所以,制度制定后,一般会有一个试行期,以适应未来的变化,当然也可以采用补充条例的形式为制度增加"补丁"。

　　2. 制度的"刚"与"柔"

　　制定制度的目的是要让人执行,因此,制度会表现出其"刚"性的一面。制度希望能对每个可能出现的问题及现象都有明确的规定,以便在以后执行时能"按图索骥",照章办事。但在学校这个组织中,很多制度无法具体化,特别是难以量化。如果规则过于细化反而会自寻烦恼,自找麻烦。如,学校为了教师发展,提高教师的科研水平,规定了教师每一年要发表及获奖论文的数量,但结果发现老师们有时能达到这样的目标,而有时则很难完成这样的目标。论文发表对一大部分教师来讲是一件比较困难的事,而论文有没有可能获奖则与教育主管部门是否会组织论文比赛有关。由于这些不确定因素,导致这样的本意要促进"教师发展"的规定,执行起来十分困难。

　　广西某中学为了防止学生早恋,对男女生交往作了规定,因为过于具体化结果反遭质疑。如,男女生之间要保持44厘米以上的距离;男女同学不可结伴在校内或校外散步;不可在阴暗处聊天交谈;不可结伴到食堂就餐等。再如,对于学生作弊问题,我们就很难作一些细节性的规定。所以,制度设计要有一定的弹性,在学校这个环境中有一定自由裁量度的规范有时反而更科学,特别是有利于实施。

3. 制度设计的"民主"与"集中"

好制度藏于民间。合理的制度体现出工具性与人文性的高度统一,体现出学校意志与教师意志的高度统一。制度的好坏主要看其执行情况,有好的执行力的制度才算是真正有价值的制度。要提高制度的执行力,除需要学校的领导力外,还需要制度本身具有很强的群众基础。它不仅是学校发展的需要,更是教师及学生自身发展的需要。为此,要让教师、学生参与到制度的设计中去,让制度设计过程变成教师、学生参与学校管理的过程。制度设计过程也是与教师学生协商的过程。制度设计的途径,可以由管理层提出再经广大教师或学生讨论,或由教师、学生提出再由校方组织大家进行讨论,无论哪种途径最后都要由教代会或学生会进行表决。制度设计要体现出"民主"与"集中"的统一。

4. 制度的"控制"与"激励"

制度具有一定的权威性及严肃性。制度本意是要约束或控制人们的行为,但学校制度不同于一般性的法规制度,有些具有约束性,有些则不是,这是由学校的特殊性决定的。制度虽然需要"制",但还必须要有个"度"。学校制度是学校教育的一部分,具有道德规范意义。而道德就不具有强制性,即如果这些规则不执行,学校也没有处分的权力。同时,学校是先进文化的倡导者,一些进步的文化需要依靠制度来引领。学校制度作用的对象主要是学生与教师,这个群体与其他群体是有些不同的。

教师,是知识的拥有者与创造者,创造者需要的是相对开放的空间及以激励为主的机制,需要创造一种崇尚研究、共同探讨、平等合作、共享经验的氛围,创设一种利于每一位教师专业发展,能激活每一位教师潜在的科研动力的机制。例如,当我们制定《教科研奖励条例》时,倡导的是教师群众性科研;当学校设立了读书奖,追求的是书香校园。

学生更是一个特殊的群体，他们需要规范，更需要引导与激励。这是由学生的性质决定的。对学生行为的规范与控制是一种教育，对学生的引导与激励更具有学校教育的特点。学生的人生观及价值观，学生的精神底色，需要教育工作者不断地去引导与激励。

现代学校制度成为今日学校制度发展的方向。现代学校制度的基本理念是"依法办学、自主管理、民主监督、社会参与"，旨在激发学校的办学活力，促进学校内部及学校与社会和谐发展。当然，不是说现代人建设的制度就是现代学校制度，而只有设计者具有现代教育思想，把握现代学校制度本质，才有可能设计出现代学校制度。

理念的实现需要依托人们的行为，行为系统是理念系统的外化，是在理念基础上开发出来的能够影响人们行为的整个系统。行为系统影响着人们的行为，行为系统实施质量受制于师生的执行力。只有能被接受的东西才能有比较好的执行效果。我们在制定这些规则和设计这些活动时，不能把教师、学生排斥在外，要让师生参与到行为系统的设计过程中来，这样可以提高制度的执行力。因为自己制定的规则，不大可能有太多的理由不去实施。

提高行为系统的实施质量，还需要加强对师生的培训。培训应该从新入学的学生、新上岗的教师开始。在一些国际型的大企业是很重视职前培训的，迪斯尼新员工上岗前首先要到迪斯尼大学接受几周时间的培训，哪怕是清洁工人也不例外。所以，师生进入新学校的第一课就应该是学习新学校的办学理念、校风、校训等。

【补充阅读】

阅读提示：

这是颁布于1934年的淮安新安小学的教育大纲，大纲按照陶行知生活教育思想来设计学校发展计划,提出了学生学习与生活的目标及要求,特别是对学生的习惯养成等方面的教育提出了更为明确的要求,为培养学生做一个文明的具有现代意识的人提供了方向性及可操作的纲领。这份诞生于80多年前的"教育大纲",对现在学校设计及管理而言仍然具有很强的现实意义。

淮安新安小学第六年计划教育大纲①

汪达之

中华民国二十三年(一九三四年)六月六日～二十四年(一九三五年)六月六日本校根据第五年度计划和事实的经验,拟成第六年度计划大纲。

第一项　经费

力图逐渐实现经济独立的原则。以量出为入,建立经济的计划。以量入为出,安定事业的基础。

甲、筹募生产工具,材料费一万元。

乙、筹募建筑设备费两千元。

丙、整理原有经常费租息约二百元(因农村经济崩溃影响收入或将不上此数)。

丁、原有捐助约六百元。自廿二年(一九三三年)八月作起月汇五十元。

戊、本县教育局补助费二百元。

第二项　生活

以"在劳力上劳心"的"教学做合一"的理论与方法,追求达到五项目标的原则,以实验生活即教育的真实性。以共生活共甘苦为原则,养成生活的正确意识和态度。

---

① 汪达之. 淮安新安小学第六年计划教育大纲[EB/OL]. (2018-2-20). https://wenku. baidu. com/view/b9479dcc6bd97f192379e923. html.

生活的目标

一、康健的体魄

二、科学的头脑

三、艺术的兴趣

四、生产的技能

五、自由、平等、互助的精神

生活的方法

甲、个人的生活

一、每天做内体运动一次。

二、每天整洁一次。

三、每天写日记一篇。

四、每天吃开水五大碗和豆浆一大碗。

五、每天大便一次，且有定时。

六、每天看本埠和外埠报各一份。

七、每年种痘一次。

八、每年洗澡约八十次到一百次。

九、每年和国内外小朋友通信十二封

十、会写字体端正的字，并且写得快。

十一、会计算普通用数。

十二、要认识五百个生字，并且会用。

十三、要教两个以上不识字的人认识五百个字作扫除文盲的基本运动。

十四、要认识环境中最易见的动植物各十种以上，并且要观察各一种以上的生长过程及对人类的关系。

十五、要认识每晚容易看见的恒星和行星十二颗以上，并能懂得风云雨露等自然现象的成因和人生的关系。

十六、能欣赏名歌名画和自然风景。

十七、能画简单的构图。

十八、会唱十二首新歌。

十九、会弄一种乐器。

廿、会表演六种话剧。

廿一、会打六套拳术。

廿二、会制科学玩具及动植矿物标本各十种以上。

廿三、会开留声机、电影机和无线电收音机。

廿四、会摄影和冲洗晒印照片。

廿五、会运用十种以上的普通药品。

廿六、要认识社会生活,并择一种构成社会生活之基本的工人生活,如,种蒲田者、瓦匠、木匠、铁匠……的生活,详细观察,并加记载,为研究社会科学的基础。

廿七、要学会游泳和撑船。

乙、团体的生活

一、每日开朝、晚会各一次(星期朝会举行纪念周)。

二、每周开周会一次。

三、每月开月终会议一次。

四、每年开纪念会一次。

五、临时集会,可临时约定;其他纪念会,俱于临时会议中决定。

六、每日轮流做主席和记录。

七、每日轮流烧饭和抬水。

八、每日每人参加一种或两种生产工作。

九、每年长途旅行一次。

十、养鸡五对狗两只。

十一、捕灭蚊蝇，并懂得蚊蝇何以为人类大敌。

十二、编莲花周报五十二期。

十三、编印一年概况。

十四、征集社会的批判。

十五、拟第七年度的计划和生活历。

共同生活的人

甲、导师

一、以有一项或数项生产技能者。

二、以有热心牺牲个人的一切，努力赞助本校的实验办法者。

乙、基本学生

以逐步达到自食其力的原则。现有基本学生十二名，但添加与否须视环境之能否容纳为决定，其标准以：一、信托本校办法者的子弟；二、颠连无告需人帮助之孤儿。

丙、普通学生

即本校附近为社会经济条件所桎梏之儿童，家中无事便来，有事便辍，此辈儿童暂不定名额多少。

第三项　环境

一、社会即学校，生活教育者除适应环境，以图生存外，当更力图创造新的环境，以达到人类正当生活的幸福。本校应以文化集团的力量负担起促进社会文明的使命。

二、生活教育者的最大任务，为发展社会经济的事业，本校除积极谋自身经济独立之外，促进社会生产力量的增加、质地的改进及价值的提高，俾开发地方的富源促进社会的新生活。

根据此两原则而有

甲、生产的建设

一、扩充粉笔制造厂。

二、成立蚊烟制造厂。

三、成立蔬菜园及菊、月季花园。（继续挑填柴地，期于三年内能通运河堤辟成一条新路）

四、成立产品推销所。

五、成立蒲草造纸厂。

（1）救济本地种蒲田者无销路的恐慌。

（2）鼓励增进蒲草的生产量。（潦洼之区统可改种蒲草）

（3）成立种蒲田者合作社。

（4）统筹基金（即一万元生产工具材料费中一部分）。

（5）选派基本学生中年龄较大者往造纸工厂实地学习造纸技能。

六、筹备印刷所

（1）选派基本学生学习印刷技术及美术制版技术。

（2）另筹基金三千元。

乙、工程的建设

一、修理和开辟门窗，并加油漆、玻璃。

二、翻盖前后楼屋顶。

三、装换钱楼上下及第一、二工作室地板和楼板。

四、翻造圆门两座。

五、建筑浴室一所。

六、建筑温室一所。

七、建筑厕所一间。

八、辟天然游泳池一所。

九、建筑户内生活区一座,包括:

(1)自然科学实验室(附医药用品陈列)。

(2)社会科学参考室。

(3)艺术展览及习作室。

(4)金木工制造室。

十、铺平道路五十二丈。

十一、建筑演讲台一座。供演讲、表演戏剧及放电影,以增社会生活的兴趣。现因无正当娱乐机会而常致数百人拥聚于一小戏园中,历数小时而不知倦。非独妨害健康,而低劣的趣味的挑拨,实为诲淫诲盗之劣阶,本校愿与热心改造社会人士,共筹挽救的方法。

十二、翻造永裕亭。此亭年久失修,现已椽朽瓦坍,状极危险。拟重新盖,并扩大其用途:

(1)为附近农家生活闲暇时,办民众夜班的场所。

(2)为蒲草造纸厂接洽收买蒲草的场所。

(3)为种蒲田者合作社办公的场所。

(4)为方便往来行人歇肩息脚的场所。

十三、联合本街及其他热心社会公益之各界人士进行重铺莲花街大路一条。

第四项　口号

一、取得生产的工具和材料以达到经济的独立。

二、努力生活教育的实验成功。

三、打开中国教育的新生路。教育是全人类的事业。在儿童的世纪里,要为儿童创一基础事业,是每一个人,更是每一个教育研究者的责任。

| 第五章 /
学校课程系统设计

离开了课程,学校只是一个空壳。
学校课程规划,要重视关键事件对于学生的长久影响力。

一、 学校课程系统的含义

走进北京市十一学校，一组外方内圆的巨型雕塑赫然映入眼帘。

这组雕塑名为"思方行圆"。"思方行圆"也是十一学校的核心课程。"思方"课程包括：策划创意、提案建议、课堂金思维、外国文化日、研究性学习等；"行圆"课程包括：行为规范、每月百星等。"思方行圆"构成了北京市十一学校独特的学校"课程系统"。

学校课程系统，是指学校根据学校发展总目标而设计的具有校本特色的系统的课程体系。学校课程系统的设计与开发，需要全面贯彻国家课程标准，深入理解课程的本义，特别是要根据学校特色发展的要求来规范及设计学校课程。课程系统，是要达成课程目标的一致性及课程内容的系统性。

课程，是指学校对学生开展的有目的有计划的教育活动，它包含目标、内容、过程及评价等几个部分。课程也指具体的某一门学科。从课程性质看，可以分国家课程、地方课程及校本课程；从课程形式看，可以分显性课程及隐性课程；从课程类型看，可以分学科课程、综合课程和活动课程。

学校教育总目标主要是通过课程来实现的,离开了课程,学校只是一个空壳。日本幼儿园一到放学,可以看到在中国看不见的情景:孩子们自己背着大包小包回家。这就是日本幼儿的"背包课程"。从入学第一天,妈妈们就要为孩子们准备各类包包,这些包大小不一,各有各的用处。有的装书,有的装餐具,有的装替换衣服,有的装轻便的毛毯等。到放学,孩子们会根据包的大小,一一归位,如 E 包最小,会放在 D 包中,再将 D 包装在 B 包中,最后装在 A 包中,不同包装不同的内容,看似十分繁琐,但孩子们是不会弄错的。在幼儿园,孩子们一天要换很多套衣服,如上课穿什么、室外活动穿什么、吃饭穿什么、午睡穿什么,都有规定,孩子也都能不厌其烦地完成。这些事看似重复繁琐,却意义重大,它锻炼了孩子们的耐心与细心,让他们的生活变得有条不紊,以后再困难的事都能沉着应付。孩子的能力及品质,由此得到培育及发展。

一个理想的学校课程系统具有以下一些特点:切合学校实际;满足学生需求;关注活动课程;整体规划课程。

(一) 切合学校实际

一个好的学校课程体系,需要在严格执行国家课程标准的基础上,高度切合学校办学理念,充分考虑学校的历史文化。办学理念,是学校发展的灵魂,是全校师生共同的价值追求,也是学校课程设计的基础。好的课程体系能准确反映学校办学理念、学校价值观和学校的文化特点。

在关注学校文化方面,校本课程起着重要的作用。同样,校本课程建设是学校文化建设的重要内容,担负着传承文化的使命。

著名学者薛涌在《看美国人教育"富二代"》[①]一文中讲到,美国华盛顿的一

---

① 薛涌. 看美国人教育"富二代"[J]. 成才之路,2011(11):62-62.

家精英教会高中要求所有毕业班的学生必须从事至少 40 个小时的社会服务才能毕业。低年级学生虽然没有硬性的要求,但受整个学风的影响,大多数人也会积极投身社会服务,其中主要的一个项目是到收容无家可归者的救助站,面对面为他们提供饮食服务。该校还把无家可归者的救助中心设在学校里。这所学校特别重视这个课程的原因在于其办学理念是"为了别人的人"。这所学校的学生大多出生于富裕家庭,他们生活在富人区,对真实的社会了解得不够全面。这样的课程让这些平日里养尊处优的孩子们也能融入社会、学会关爱,懂得每一个人都需要尊严。只有具有尊重他人的品质,才算是一个真正拥有"财富"的人。

常州市觅渡桥小学是中国共产党早期领导人瞿秋白的母校[①],"觅渡"成为这个学校的核心理念。为此,学校开设了"秋白讲解团""名人数珍"等校本课程,觅渡桥小学用课程阐释学校的核心理念,用课程寻觅学校的文化与历史,也用课程帮助学生寻觅未来。

这些学校独特的课程体系,就是基于这些学校特有的历史渊源、办学理念及价值追求。

(二) 满足学生需求

好的课程系统应该为学生提供丰富的课程,尽可能满足全体学生的学习需求。要让每一个学生都能选到自己合适的课程,学校必须提供足够丰富的课程。芬兰罗素高中的办学理念是"恪守传统、自主选择、放眼未来、国际视野",为了能让学生达成"自主选择"的教育目标,学校开设的课程达到 100 多门;为了让学生达成"放眼未来"、具有"国际视野"的教育目标,学校为学生提供了 14

---

① 尹后庆,张明生,傅禄建. 现代学校发展创意设计[M]. 上海:同济大学出版社,2010:94-96.

种语言课程。① 芬兰的另一所高中科沃拉高中，专任教师只有 50 名，但却给学生提供了 200 多门课程（学程）。

学校要给孩子提供丰富的课程，让他们接触自然、社会。法国前总统萨科奇曾说："儿童不应被封闭在教室里。他们应当更早些去剧院、博物馆、图书馆、实验室、车间，应当更早些去领受大自然的美丽及其神奇。在森林、在田园、在山间、在海滩，物理课、地质课、生物课、地理课、历史课，以及诗歌，经常会有更大的意义。不仅是接触大自然的创作，也需要教我们的儿童阅读艺术家的名著。不仅毫不犹豫地让儿童接触人类精神的伟大作品，还要接触当今健在者的作品。"②

（三）关注活动课程

活动课程对于学校来讲是一个值得关注，也是有很大发展空间的课程。很多学校都在活动课程中找到了学校发展的着力点。活动课程一般指"以儿童的主体性活动经验为中心组织的课程"，如各类兴趣小组，它强调"做中学"，强调学生兴趣与生活。学校可以在结合中华民族传统节日的基础上再开发出富有特色及教育意义的校本化的节日，丰富学生的校园生活。苏霍姆林斯基在当年位于乌克兰的帕夫雷什学校为孩子们开设了几十个具有教育意义的校园节日，如"丰收节""新粮面包节""花节""云雀节"等。

北京市十一学校有一个"法兰西文化日"③，时间定在法国著名作家都德的诞生日，并为这个活动节设计了"阅读都德"及"阅读法国"等读书活动。在每一

---

① 徐星. 在课程改革和实施中发挥校长领导力[J]. 上海教育,2010(11B):34－35.
② 萨科奇. 致教育者的一封信. [EB/OL]. (2011－5－20). http://blog. sina. com. cn/s/blog_493283270100r1s5. html
③ 李希贵. 李希贵学校管理沉思录⑪[J]. 人民教育[J],2012(2):11.

个活动中，学校都会推出一个与活动相关的读书故事。这些活动构成一个系统的阅读课程。读书为孩子打开了通向社会、通向世界、通向心灵深处的一扇窗。

（四）整体规划课程

建立学校课程系统首要的工作是对学校课程作整体规划。课程的整体规划是在教育部门推出的国家课程的基础上，根据学校办学理念、学校特色、学校文化、师资特点及学生需要而进行的校本化规划。整体规划需要考虑三个方面的内容：

1. 规划学校整体的课程体系，设计好每一年级需要开设的科目，特别要设计好以"根据当地社会、经济、科技、文化发展的需要和学生的兴趣"及学校特色、学生需要为主开设的校本课程。

2. 制定具体详细的课程管理体系及标准，如学生选课管理、学分管理等管理制度。

3. 建立课程实施的支持系统。这个体系包括学校课程设计及开发团队的建设、学校资源的保障、教育主管部门及社区的支持等。

学校构建完课程体系后需要撰写《学校课程方案书》。《学校课程方案书》是学校课程开发及实施的重要指导性文件，体现出学校对于国家课程与校本课程、学科课程与活动课程等全面及深入的理解。《学校课程方案书》也明确了学校进行课程实施的策略、方法及途径。同时，在《学校课程方案书》基础上，学校每一学年都要制定课程年度实施计划，明确每一学年课程实施的目标、内容及实施方法等。

课程造就学生，有什么样的课程就能造就什么样的学生。设计课程就是设计学生未来。课程是一种经验，更是一种理想。学校的教育理想需要通过科学、丰富的课程来实现。所以，学校在每一个发展时期都要认真规划学校整体

北京市十一学校的"思方行圆"雕塑，很好地阐释了学校的核心课程。

的课程体系，特别是学校的核心课程。

二、 学校核心课程设计

好课程需要精心设计，好课程一定是最适切学校特点、最能激发学生学习热情的课程。

拉加草原女子学校（以下简称"拉加学校"）是位于青海省果洛州玛沁县的一所民办学校，却让西部的牧民也"疯狂"择校，纷纷要求送孩子到拉加学校就读。[1] 这所学校之所以在当地有如此高的声誉，是因为它有比较高的教学质量及独特的课程。这所学校最独特之处就是他们的"辩论"课程。

——————

① 李新玲. 青海果洛:牧民择校也"疯狂"[N]. 中国青年报,2011－5－24.

在雄浑的大山之间，海拔高达 3 050 米的拉加学校的操场上，每天上午及下午都有这样壮观的景象：几百个学生，一对一、一对多、多对多地进行辩论。大家就某一个论题进行你来我往的争论。"击掌声、此起彼伏的高声论述声，让整个操场沸腾。"学生们每天在操场上进行的"辩论"课，成为拉加学校特有的风景。

这样的辩论后来被广泛用于其他一些学科的学习，成为拉加学生特有的学习方法，既用在知识的巩固、语言的学习上，也用在数学甚至计算机的学习之中。"辩论"让拉加学校有别于其他学校，"辩论"让拉加声名鹊起。"辩论"课程就是拉加的品牌，就是"拉加"的核心课程。

一个学校发展到一定时期，一定会建立起具有本校特点且较为系统的核心课程。

拉加学校六年级的学生在学校操场上英语课（图片来源:每日甘肃网-甘肃日报）

（一）"核心课程"是具有校本特色、体现一定地域文化的课程

关于拉加的"辩论"课，人们很容易找到它的出处——藏传佛教中僧侣们特有的"辩经"，这让课程有了独特的地域色彩。但人们似乎也可以找得更远，如孔子与弟子们的"问答"、苏格拉底与各色人群的"争辩"等。这样看来，拉加的"辩论"课程有深厚的历史渊源。这看似"另类"的课程，其实最接近学习的本质。

上海徐汇区徐浦小学刚好坐落在著名的徐浦大桥下，学校瞄准这一特有的地域特点创设了自己的核心课程。[①] 课程并不局限于让学生观赏大桥的雄姿，而是站在文化的高度系统开发了"桥文化教育"课程。这一课程，让学生阅读桥的故事、吟诵与桥有关的诗文，了解桥的不同构造和材质，开展"特殊之桥"和"心灵之桥"等主题教育活动。课程使"桥文化教育活动成为实体物质与抽象意念结合"，"借助实实在在桥的客观构建，挖掘其蕴含的丰富内涵"。徐浦小学借助自己的地域特点，充分利用资源优势开发课程，拓展了学生的知识面，也丰富了学生的生活世界。

"桥文化教育"课程由限定拓展课程和自主拓展课程两部分组成：

1. 限定拓展课程

类别	学习领域	科 目 名 称
班团队	主题班队会	如"架……之桥，牵……之手"（结合主题教育系列内容展开）
	"桥文化教育"主题活动	"桥文化教育"月、吟桥诗、讲桥故事等

---

① 尹后庆，张明生，傅禄建. 现代学校发展创意设计[M]. 上海：同济大学出版社，2010：50 - 53.

续　表

类别	学习领域	科目名称
	"桥文化教育"主题系列 ——读书月： 阅读"桥"的故事； 讲"桥"的故事比赛	舍身灭浪——浪　桥；龙腾月山——如龙桥 理宗戏水——会龙桥；拾金不昧——古月桥 右军题扇——题扇桥；北伐大捷——汀泗桥 玉成善事——玉成桥；天险飞夺——泸定桥 天姥仙踪——迎仙桥；七七抗战——卢沟桥
	"桥文化教育"主题系列 ——吟诗周(月)： 璀璨的"桥"； "桥"诗吟诵	《夜宿画桥》《兰亭桥》《云门桥》《柳桥秋夕》《会龙桥歌》《柯桥客亭》《春波桥》《五云桥》《秋夕虹桥舟中偶赋》《锁翠桥》《柳桥》《石桥》《柳桥秋夜》《鉴湖春波桥》《画桥》《广宁桥》《秋夜独过小桥观月》《西跨湖桥》《红桥》《过杜浦桥》
	"桥文化教育"主题系列 ——吟诗周(月)： 有趣的"桥"儿歌	《大竖琴》《小石桥》《天桥》《独木桥》《卧龙》《彩虹桥》
	"桥文化教育"主题系列 ——科技节： 不同年代的桥	古代的桥、近代的桥、现代的桥
校园 文化 活动	"桥文化教育"主题系列 ——科技节： 不同构造的桥	廊桥、折边桥、拱桥、梁桥
	"桥文化教育"主题系列 ——科技节： 不同材质的桥	木桥、石桥、竹桥、藤桥、绳桥、铜桥、铁桥、钢筋水泥桥
	"桥文化教育"主题系列 ——科技节： 不同设计的桥	城镇古桥、水乡舟桥、山区悬桥、园林九曲桥、江上斜拉桥
	"桥文化教育"主题系列 ——科技节： 桥之最	最高的桥、最长的桥、工程最大的桥
	"桥文化教育"主题系列 ——"桥文化"月： 特殊的"桥"； "心灵之桥"	路非路,桥非桥——万丈盐桥(青海柴达木盆地) 特殊的桥 彩虹桥的形成

2. 自主拓展课程

类别	学习领域	适用年级	科目内容
科目	不同年代的桥	3—5 年级	我国古代名桥 黄浦江上的"桥"
	不同构造的桥	3—5 年级	廊桥、折边桥、拱桥等
	不同设计的桥 （身边的徐浦大桥）	3—5 年级	徐浦大桥的设计 从监控室里看大桥 造桥叔叔话造桥；上大桥；赏浦江风光
	桥之最	3—5 年级	世界上最高的桥、最长的桥、工程最大的桥等
兴趣	特殊的"桥"	3—5 年级	万丈盐桥；特殊的桥
	阅读"桥"的故事	低年级	我知道的×桥；桥名的由来
		高年级	有趣的××桥；桥的传说；铁索桥的故事；造桥人的故事；长江上的桥
	"桥"诗吟诵	各年级	如：桥诗集（整理）
	有趣的"桥"儿歌	1—3 年级	各年级组收集与学校提供相结合
	"心灵之桥"	3—5 年级	美丽的彩虹桥；"心灵之桥"

　　上海东昌中学地处中国的主要金融中心——上海浦东陆家嘴金融商贸区，周边证券、银行、期货等金融机构林立，金融业发达，区域地位特殊。国内外金融人才聚集浦东，人才资源丰富，学校处在这样一个环境中，被无形的中国经济、金融浪潮包围着、影响着。这样，东昌中学的"金融课程"自然而然建立了起来。学校把课程的目标定位在培养学生的金融素养、普及金融知识、解读金融现象、树立信用观念、风险意识及社会责任感等。东昌中学围绕上述目标研发了 11 门核心课程，包括"学做投资""采访金融人士""60 天个人财务分析""金融与社会"等。东昌中学的核心课程体系，是建立在学校的资源优势基础上的，也是着眼于学生未来发展需要的。课程紧随时代，课程着眼未来，课程基于学校特点，是东昌中学课程设计成功的要素。

　　南京中央路小学提出的课程理念则与学校名称大有关联。"中央"两字，各加上一个"禾",就成了"种""秧",于是该校提出了"种子课程"。种子发芽需要温度、阳光、空气、水分等,学校就是一个生态园,为孩子们提供各种条件,帮助他们"适性生长"。

(二)"核心课程"是指向学生人格发展的课程

设计课程,就是设计学生未来。英国威斯敏斯特学校(Westminster School)被称为"顶尖高等学府的宠儿"①。萨顿信托基金会在对牛津大学和剑桥大学历年录取数据进行研究分析后发现,威斯敏斯特学校拥有世界上最高的牛津大学录取率。以 2002—2006 年为例,这五年间,威斯敏斯特学生进入牛津大学的平均比例达到了惊人的 49.9%。

人们经过研究发现,这所学校有鲜明的办学目标及与之对应的扎实的课程体系。威斯敏斯特把"博雅""研讨"作为学校推崇的两种培养方式。所谓"博雅",就是博学而高雅,是超越单纯的学科知识的广博学识,是融合审美教育与道德教育为一体的人文精神教育。"研讨"即研究讨论,就是进行对话、合作的学习,学生之间进行思维碰撞。学校建立了多元化的课程体系和小班化的研讨式授课形式。为了实现"博雅"教育,学校在 9—11 年级的低年级阶段,实施种类多、范围广的基础性课程体系,学生至少要完成 10 门课的学习与考核。到了高年级,学生依然保持自由、多样的选课管理。高年级学生必须选择至少四门涵盖四个模块的课程进行学习。学校坚持"关注学生完整人格的塑造",促进学生学术性、社会性和个性化成长。学校有着轻松平等的学习环境,这让学生敢于向教师提出各种问题,在校园里处处可以看见,老师与学生进行讨论的情景。在学习中,教师往往以组织学生调研或学习辩论的形式来代替直接的讲解,让

---

① 李璨,屠莉娅.顶尖高等学府的宠儿[J].上海教育,2016(7):10.

学生体验获得知识的成就感和满足感，以此激发学生学习积极性。学校还进行"学长（学姐）照看制"，让高年级学生作为"临时监护人"，来为低年级学生的学习生活、人际交往提供帮助及指导。

为锻炼学生独立思考能力，学校设立了为期八周的"思维技能"课程，为学生提供有利于提高思辨能力的指导和训练，包括逻辑假设的论证方法、演绎推理的思维方法、逻辑证据的验证与应用等。

（三）"核心课程"是一门持之以恒的课程

学校与学校的差异，主要体现在课程的差异上，不同的学校会有不同的"核心课程"。这样的课程绝不是一天建成的，需要一年又一年的实践、完善、提升。好课程需要长时间的历史积淀。

艾斯奎斯曾获美国年度教师称号，在他的课堂上有一门令人难忘的课程——戏剧表演。这是几十年来孩子们必修的课程。在学校的这些日子里，孩子们需要排练一部完整的莎士比亚戏剧，并在全国各地甚至国外剧场演出。戏剧，让孩子们懂得文学艺术的魅力及专注做一件事的意义。很多孩子的性格也因此而改变，变得高雅和极具涵养。

日本岛根县出云农林高中有一门"生命教育课程"，课程内容很奇特，要求学生从挑选鸡蛋开始，再细心孵化出小鸡，慢慢把小鸡养大。学生们看着小鸡一天天长大，感觉很幸福。半年后，鸡终于长大了，学生们也很有成就感。但让学生没有想到的是，老师要求学生把亲手养大的鸡杀死，并烹饪食用。很多学生在实施这样的课程时都忍不住哭了。"生命教育课程"在出云农林高中一实施就是60多年，所有动物科学科的一年级新生都要学习这门课程。这种教育方式，在社会上引起了不小的争议。出云高中的老师解释，这门课程想让学生在半年的学习时间里，感受生命成长的珍贵。在亲手将它们变成食物后，再以感恩的心态吃掉,从而更加珍惜眼前的一切。

学校课程规划,要重视关键事件对于学生的长久的影响力。

三、 学校仪式设计

仪式,是指举行典礼的程序或形式。仪式一般具有两个要素,一是事件,二是形式。在学校中,这样的"事件"及"形式"就是一门课程。

(一) 仪式,是学生成长的节点,是学校重要的课程

仪式是学校重要的课程,也是学生成长必不可少的部分。

中华民族历来崇尚礼仪。在五千年的历史长河中,创造了灿烂的文化,形成了优秀的传统美德、高尚的道德准则,建立了完整的礼仪规范。《礼记》曰:"凡人之所以为人者,礼义也。"礼仪,是成为人的重要课程及标志。

王红梅在《珍藏民国教育仪式的美丽》一文中写道:"民国学校已经将仪式作为校园文化的重要组成部分,成为学校文化的'节气',关乎美好、感恩、崇高、意义和珍重。"[①]比如,南京东南大学附中经常组织学生为贫寒儿童开设义塾,推行新生活教育、植树造林、筹款赈灾等多种仪式活动。再比如,蔡元培在毕业典礼上送给每一位毕业生一把铜尺,上面刻着他亲自写的赠言:"各勉日新志,共证岁寒心。"一位民国老校长把学校的毕业典礼定在离学校不远的拜师亭前,他一一读完毕业生名字,所有学生都穿过长长的红地毯,接过他手中的毕业证书,学生一一向恩师、父母行礼,接着再朝母校所在的方向鞠躬行礼。最后,所有的学生都会在一幅印有"努力前程,为国栋梁"的绸布上,印上自己的手印。此外

① 王红梅.珍藏民国教育仪式的美丽[J].江苏教育,2014(8):77.

还有阅读节、音乐节、女孩节、花节、鸟节、冬节，等等。

美国是一个特别重视仪式的国家，有人说没有仪式就没有美国。据《环球时报》报道，美国是一个重仪式、多仪式的国家，一年有十几个联邦法定节日。每到节日，从民间到官方都要举行仪式和庆典。中小学生有效忠宣誓，大多数学校每天学习开始前要向国旗致敬，并宣读《效忠誓词》。这样的仪式不断唤起美国人的历史记忆，也凝聚了他们的爱国精神。

但在中国当前的学校教育实践中，我们很多学校不太重视学校仪式，即使有仪式，也只是走个流程，没有多少创新的成分，形式大于内容。诸如开学典礼、毕业典礼、成人仪式等重要活动，往往开成"领导讲讲话，学生鼓鼓掌"的大会。像这样不重视学校的仪式，或者不重视学校仪式的设计，在学生成长过程中，是一种教育的缺憾，一种资源的浪费。

好学校，一定有好仪式。好的仪式，可以深深地印在学生成长的心路历程中；到位的仪式，是一次不可或缺的教育，是学生成长的节点，具有里程碑意义。

学校的仪式活动，一般都设计在对学生成长及老师发展具有特殊意义的关键阶段，如学生的新生入学典礼、成人仪式、毕业典礼等；教师的入职宣誓、拜师结对仪式、教师节、老教师退休等。仪式是一种形式，它有必要的程序及流程；仪式是一种典礼，因此它是庄重和神圣的；仪式一般会安排在成长过程的关键阶段，因而它对师生的成长具有很大的影响力。

（二）开学典礼的设计

开学仪式，特别是新生开学典礼，是学校活动中比较难设计的一个。因为学生对于学校还没有建立什么感情，如何让开学典礼成为学生喜欢的一种仪式，很多学校在不断地努力。

李希贵校长介绍过北京市十一中学如何在开学典礼中求"新"。2009 年的开学典礼上,全体学生的名字和照片在学校的大屏幕上滚动,通过嘉宾抽签寻找幸运学生到主席台与杰出校友结对,每一位学生在现场都有被抽到的可能。这样的设计让所有人都能真正参与。2010 年的开学典礼则以《开学护照》为载体,师生在这开学护照上互相签字,互赠祝词。① 开学护照承载了学生的希冀、梦想与期待。伴随着《开学护照》,很多活动的创意诞生了,学校的文化基因也被融入护照之中:学校的校徽标志中有六种颜色,代表着学校六大育人目标,把它赋予六个年级。一个年级一个颜色,每一个颜色都有专属名称:春华绿、银鹰灰、秋实黄、太空蓝、大地黑、国旗红。在校读书六年就会集齐所有的《开学护照》,上面记载着学生每一年的开学足迹。②

一些学校也会赠送给学生一些有特殊意义的"开学礼",如 2014 年,中国美术学院的新生们汇聚在象山校区,接受学校为每一位新生准备的"开学礼":一支狼毫毛笔、一支兼豪毛笔、100 张原素纸、一瓶"曹素功"墨汁、一册《智永真草千字文》字帖。学校希望中国美院的学生一开始就能脚踏实地,让自己的艺术深深地根植于中国博大精深的传统文化中。

开学典礼不是一个孤立的活动,而是一系列活动或课程的节点。开学典礼活动前,师生需要有相应的准备活动,开学典礼结束后,也应该有后续的活动跟进,这样可以放大活动的意义与价值。河南省封丘县实新学校借鉴了北京奥运会开幕式的创意,设计了 2011 年暑假开学典礼课程——队旗飘飘主题活动。学校在暑假期间就发动学生各自设计班级的名片:个性化的班名、班风、班训、班歌、班徽、班旗、班级卡通形象等。新学期开学第一天就进行班级名片评选。同时,各班精心制作了颇有特色的班旗。开学典礼安排在学校田径场举行。整

① 李希贵. 李希贵学校管理沉思录⑩[J]. 人民教育,2011(22):20.
② 王红顺. 开学典礼到开学课程的创意与策划[EB/OL]. (2017 - 8 - 24). http://www. jianshu. com/p/c3cf443c13ce.

个开学典礼的现场犹如一个金光闪闪的太阳。校长举着校旗站在太阳（圆）的中心，领导班子、被表扬的优秀教师、学生围绕校旗围成了三个同心圆；28个班组成了28条太阳光射线，每班各自举着自己的班牌、班旗；所有师生手里都拿着不同颜色的色卡纸。借鉴北京奥运会形式，将师生宣誓、表彰先进、学校文化解读、工作安排等，通过班旗的舞动、色卡纸的变换，淋漓尽致、美轮美奂地呈现了出来，与会的学生受到了心灵的震撼，获得了情感的陶冶，实现了灵魂的净化。[①]

开学典礼也是学生了解学校文化、历史的一个起点。江苏省锡山高级中学开学典礼上，全体师生一起诵读校训释义，感受百年老校深厚的文化底蕴。广西扶绥县实验学校一年级新生有一个"开笔礼"。仪式分几个部分，第一项为"正衣冠"，通过整理仪表体会中国传统文化中"正道直行""正心诚意""堂堂正正"的内涵；第二项为"朱砂启智"；第三项为"击鼓鸣志"；第四项为"赠书送礼"。"整个仪式将中国文化最核心的精神与伦理价值观浓缩于其中，并以简洁、美好、庄严的形式予以呈现。它在孩子心中播下的是中华文化的种子，为孩子开

镇江桃花坞小学学生开笔礼（图片来源：《江苏教育报》2014年第11期）

---

① 王红顺. 开学典礼到开学课程的创意与策划[EB/OL]. (2017-8-24). http://www.jianshu.com/p/c3cf443c13ce.

启了中华传统文化的大门。"①仪式被认为是"人生的节点""人生的加油站",让孩子走得更远、更有意义,从这里孩子走向新的天地。

开学典礼也可以是系列活动的组合。有些学校开学组织了一场"寻宝游戏",这里的"宝"就是书籍。学校在校园的不同地方放置了一些卡片,学生找到这些卡片后,可以到学校图书馆兑换不同的书籍。这个游戏是受到一个读书分享活动的影响。2016 年,电影《哈利·波特》中赫敏的扮演者艾玛·沃特森发起了一个有趣的读书分享活动。为了激起大家的读书欲望,她就把书籍藏在地铁里,还在书中附上亲手书写的纸条,让大家像玩游戏般自己去寻找。这个"丢书"活动引发了巨大反响,在全球范围内出现了多种多样的"丢书"活动,一些有心的学校也在开学典礼中借鉴了这种模式。

南京晓庄学院附属小学开学时,特别为孩子们制作了迷你校报并准备了开学礼包,开学当天只要学生完成五件事,就可以参加学校开学礼包的抽奖活动,奖品有铅笔、笔记本、橡皮、课外书等。这五件事包括:1. 认真完成寒假作业,并及时交给老师;2. 在家长的帮助下,尝试包一本书;3. 准备好学习用品,并独立整理书包;4. 入学第一天,给自己的老师或同学一个拥抱;5. 收集老师、家长或者同学的新年心愿。

(三)毕业典礼的设计

毕业典礼,是学生在母校进行的最后一次活动,是学生感情最为复杂的一次学校仪式。

台湾大理高中的毕业典礼引起了我们的关注。6 月的一天,大理高中校园里飘荡着优美的乐声,林本川校长和高三班主任领着全体毕业班的学生在校园

---

① 刘时银. 给学校仪式加点料[N]. 中国教育报,2011 - 4 - 7.

作最后一次巡礼,同学们看着自己熟悉的一花一树、一草一木,看着平日上课、活动的地方感慨万千。这是大理高中毕业典礼的一个仪式。在这个典礼上,有校长发言,有参加毕业典礼的贵宾发言,也有学生家长、学生代表的发言。典礼上,同学们还要举行"薪火相传"的活动,毕业班的学生将代表大理中学之光的薪火传递给学弟学妹们,希望其继续发光发亮。同学们以此活动感谢老师们的辛勤教育,也希望把这样一种愿望传递给大理的学弟学妹们。

开学仪式或入学典礼的组织者主要是学校,是为了让学生了解新学校,了解新的学段,确认新的身份,因而更多地体现出学校的意志。但毕业典礼不同,它是学生成长的见证,是学生完成一个学段学习后的"庆典",因此它更强调学生的参与。学生参与面越广,积极性越高,活动越有创意,从某种程度上来说学生在学校中进步越大,成长越快,获得的能力越强。很多毕业典礼的设计体现出了与时俱进,新媒体的介入丰富了毕业典礼的内容。如,有的学校会在毕业典礼上播放学生自己制作的 MV 等视频短片,反映其三年来的成长历程,感谢三年来老师的谆谆教导及母校的培育及关爱等。

毕业典礼要重视设计,主题要鲜明,活动要有仪式感,要有创意。但现实的情况是,很多毕业典礼的仪式感越来越淡,沦为高度流程化模式化的会议式活动。网络调查统计显示,74.3%的人感觉我们的仪式感越来越淡漠,但与此同时,2017 年针对大学生的一项调查显示,90.18%的受访者表示毕业典礼不可缺少。①

每年的 6 月,位于杭州西子湖畔的中国美术学院的校园总是热闹非凡、青春涌动。6 月,正好是中国美院学生的毕业季。空气中弥散着离别的不舍之情,更洋溢着创造者的喜悦之感。毕业季对于中国美院的每一位学生来讲就是他

---

① 衣永刚. 什么样的毕业典礼最有仪式感[J]. 上海教育,2017(19):67.

们的"创造季",是他们艺术的嘉年华。他们的毕业典礼,每一年都有一个能深深印在脑海的主题,如 2013 年为"青春不毕业",2014 年为"星出发",2015 年为"铸浪为山",2016 年为"感恩时代",2017 年为"拓路踏歌行"。

毕业典礼是学生告别母校的一种特殊形式,是学生告别母校前的最后一次活动,毕业典礼也是一门课程,它应该是诸多活动的组合,共同构成一个完整的课程。如,上海建平中学将每年的 5 月打造成"毕业季"。"毕业季"有五大系列活动:"说出我们的心愿";最后一次班会;最后一次升旗仪式;最后一次广播操;毕业典礼暨成人仪式等。①

毕业季的活动应该是丰富而有意义的。日本毕业生是如何告别母校的呢?

每年 3 月,日本学生陆续毕业,日本电视台介绍了毕业生在母校所做的最后一些事。爱知县犬山中学是一所初中学校。每年毕业生走出校门时,要把自己的课桌扛到学校附近的河边,清洗干净,留给下一届新生使用。另一个学校传统则是将老师抬上"神舆",巡游一圈。兵库县六甲高中是一所升学率奇高的私立学校,毕业时学生最后做的一件事是——手洗厕所。学生用自己的手把曾

日本兵库县六甲高中毕业学生最后一课:手洗厕所。每一位同学都做得极其认真,直至把厕所擦得干干净净。(图片来源:搜狐网)

上村凌小朋友一个人的"毕业典礼",学校领导给凌颁发了毕业证书,全体小朋友见证了这一时刻。(图片来源:视频截屏)

---

① 建平中学:树感恩之心,筑远翔之路[J].上海教育,2014(22):48 – 50.

经使用过的厕所清洗得一干二净，不留一点污痕，给学弟学妹们留下一份清洁与文明的传承。

在日本，另一个有关毕业典礼的故事也十分感人。

鹿儿岛雾岛市的6岁小朋友上村凌，因为妈妈生病住院，而不得不搬到长崎去上学。在离开学校前的一天，学校为他一个人举办了"毕业典礼"。毕业典礼上，学校为他颁发了毕业证书，虽然这个时候还不到毕业季。凌给他爸爸送上了自己画的肖像画《爸爸妈妈》，并为不能来毕业典礼现场的妈妈大声朗读了自己写的信。他用自己老师及同伴常对他讲的一句话"请坚强点"来勉励妈妈一起战胜病魔。因为凌是一个爱哭的孩子，他特别不擅长跳箱，每次练跳箱的时候就要哭，而他的同学则不断为他加油鼓劲。让人没有想到的是，就在这个毕业典礼上，学校老师为他搬来了10层跳箱，让他再次挑战自我。无奈10层跳箱，对弱小的凌来讲太有难度了，几次尝试都未成功，凌像往常一样哭了起来。老师建议同学们一起为凌加油，同学们纷纷跑到凌的身边，把凌围成了一圈，并齐声呼喊："你能行！""你能行！"终于，凌像被施了魔法一样，轻松地越过了10层跳箱……在场的人们不禁热泪盈眶。这是为一个孩子设计的"一个人的毕业典礼"，它深深地印在在场每一个人的脑海中，必将极大地激励着每一个孩子的成长。

毕业照，是学生毕业仪式中不可缺少的一部分，无论拍摄的照片还是拍摄的过程都能给学生们带来美好回忆。进入21世纪，人们越来越重视毕业照的拍摄，并且不断推出新的拍摄形式及手法，短视频也成为学生追捧的记录他们毕业活动的一种形式。毕业照的拍摄，成为毕业班师生的一次艺术创作盛宴，激发了学生无穷的创作欲望。

仪式有多种多样，但不是所有的仪式都值得肯定，有一些"仪式"是值得商榷的。比如，每到高考前夕或高考结束，很多学校都会出现"撕书吼楼""六月飞

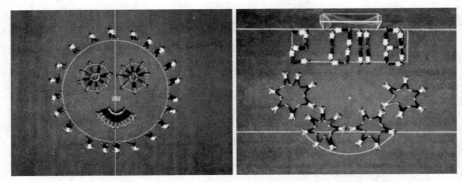

2018年，无锡市东亭实验小学六年级小朋友，在学校操场上用无人机拍摄毕业照——"笑脸"，用这样的仪式告别小学六年的美好生活，放飞自己的梦想。（图片由王云老师提供）

雪"的场景，几百、上千的学生在同一时刻，用这样特殊的方式来告别高中三年的学习生涯，这也算是一个独特的"毕业仪式"了。但满天飞舞的纸片，满地撕得粉碎的书籍，让人痛心。应试教育是值得痛恨，但用"撕书吼楼"的方式表达，则显得简单粗鲁，就连对书籍最起码的尊重也没有，这绝不是一个读书人该有的行为。难道十二年的教学没有给孩子们带来一点儿环保意识、公德意识吗？这样的"行为"是反文化的。也不是所有的教育都可以用仪式来完成的。比如，一些学校出现几百名孩子一起给父母洗脚的场景，以此来表达对父母的感恩，这样的"仪式"总觉得形式的成分大于实质性的内容，很难真正达到预期的教育目的，类似的感恩教育应该体现在日常的生活中。

四、 课程是专家的，也是大家的

课程，不仅仅是指课程专家设计的课程方案或编成的一本本教科书，也包括学校开展的丰富的教育教学活动、教师进行的各类教学实验等。课程方案及课程活动，需要学校领导、教师甚至学生共同来参与；教科书也需要教师根据学校及学生的实际情况进行二度开发。在课程的实施中,学校要给教师更多的自主开发及实施的空间。当教师成为课程开发及实施的一个主体时,教师的课程实施水平就会显著提高,教师的价值也会得到充分体现。

芬兰罗素高中的课程开发有两个特点。一是全员参与课程设计。芬兰学校的改革和制定校本课程过程,一般由校长负责组织所有的课程设计工作,同时,所有的教师要对他们所教授的课程设计负责。每一个教师都要参与课程设计工作。学校拥有一个课程设计团队,主要负责设计不同的课程。二是有明确的课程设计规划。校长每一学年都要制定课程年度计划,使整个课程更加具体,让课程实施具体化,而年度计划则由教师大会和学校董事会决定。学校每三年或五年要作一个整体的学校课程规划,作为国家课程的补充,用以拓展学生能力,提高学习兴趣。

"温馨邮局"是上海市卢湾区第一中心小学的特色校本课程。[①] 这门课程的诞生,源于大队辅导员耿愈老师看到的一个报告和对小时候的一个回忆。2005年,上海市教委发布了《上海市小学生发展报告》。报告指出,有两成的小学生感到班内没有可以讲知心话的朋友;有超过一成的小学生心里话不愿对别人讲,也不写进自己的日记;有三成小学生不善于关注并感受家人的心情,不适应当今社会生活节奏及日益激烈的竞争。看到这个报告后,耿老师想到自己读小学的情景,当时同学之间的关系都非常好。于是,耿老师就想,为什么不可以让学生通过传统的写信方式来表达学生相互之间的感情呢? 正是在这样的设想下,卢湾区第一中心小学在校内设立了内部邮局,孩子们可以把自己的信件、卡片寄给学校内的小朋友、老师、校长等。家长如果有什么悄悄话想对孩子说,也可以通过这个信箱寄到孩子手中。"温馨邮局"成了"卢小"特有的校本课程。

① 尹后庆,张明生,傅禄建. 现代学校发展创意设计[M]. 上海:同济大学出版社,2010:42.

可见,开发校本课程的精英在民间,在教师中间!

设计好的学校课程,除需要重视教师因素以外,还需要关注以下三种力量:

1. 以校长为中心的学校领导的课程领导力;

2. 教育主管部门、社区的课程指导力和支持力;

3. 学生参与课程、评价课程的能力,以及学生选择课程的空间和权利。

学校要给新入学的学生设计编印《学校课程学习指南》,让学生了解不同科目的特点,便于其根据自己的特长及爱好选择课程。

学校规划课程,其实就是规划人生。课程规划着学生的未来,也规划着教师自己。教师通过课程的开发与设计,加速了自身的发展。

【补充阅读1】

阅读提示:

下面是一篇对学校举行的成人仪式活动所作的调查及思考。成人仪式,是高中阶段重要的仪式,几乎每个高中都会开展这样的活动,有的在高二阶段举行,也有的在高三高考前举行,形成了高考励志活动。

学校的仪式不在于多,而在于有针对性,在于能切实影响学生的思想及行为。要让活动能切实影响学生,就应该多了解当下学生的想法及需求,做到正确把脉学生的问题。本文通过对学生的调查,就如何举行成人仪式提出了一些看法,以供大家思考。

让人生的"蝶变"更精彩
——对一所学校举行的"成人仪式"的调查及思考

成人仪式,是学生在高中阶段的一次重要活动,是学生成长过程中的一个必要仪式,也是学校教育的关键事件。这样的活动如有成效,如能受到学生欢迎,将对学生的成长起着重要的作用,好的成人仪式可以影响学生一生,甚至可以改变学生的命运。

为了了解学生对学校举行的"成人仪式"的看法,我特意对江苏省无锡羊尖镇羊尖高级中学316位参加过"2010年成人仪式"的高二学生作了一个调查。2010年,羊尖高中成人仪式的基本过程是这样的:一、校长致辞;二、家长代表、教师代表、学生代表讲话;三、佩戴成人纪念章;四、"成人宣誓"。

调查问卷就学生对此次成人仪式的印象、感受,及学生理想中的成人仪式设计了四个方面的问题。

一

1. "成人仪式"给你最大的感受是什么?

在问卷中,学生提到最多的是"这么多年风风雨雨,我终于成人了。""一瞬间变大了。"通过成人仪式这样的活动,学生如梦初醒,从意识上确认了自己成人的角色。

有很多学生开始把自己与"责任"联系在一起。如,"我是一位公民了。""从今天起对自己的人生负责。""开始要对自己的语言及所做的一些事负责。""成人了,多了一份责任。""长大了,我们应该更加懂事,不应把小孩的想法带到现在。""18岁青春张扬,理想最重要。""18岁了,人生应该自主独立。"

有个别学生的想法另类但很真实,如,"感觉还没有成人。""没有任何意义,参加完后根本没有觉得自己长大。"也有学生想到的是成人所具有的权利,如"终于成人了,许多事可以做了。""可以进网吧了。""终于男人了。"

2. "成人仪式"上让你印象最深的一句话是什么?

印象最深的一句话,往往是最能触及学生心灵,可能影响学生一生的那句话。

这一句话,有教师代表讲的:"18岁就像父亲一样,挑起家庭的重担。""18

岁是人生的转折点。""18岁,公民享受的权利和义务你都拥有了。"

有家长讲的:"钱要问爸爸要,因为爸爸是男人。""烂葡萄总是被人留在盆里。""对父母要心怀感恩之情。"

有学生自己讲的:"我们长大了!""妈妈,我爱你。""人如陶土一样,要么粉身碎骨,要么经过烈火烘烤成为艺术品。""我想要激荡的生活。"

有学生的宣誓:"我宣誓,我成人了。""做一个有责任的中国公民。"

3. 由你来设计18岁"成人仪式",你将如何设计?

这个问题学生参与热情很高,有些设计也很有创意。

从活动的内容看,有学生提议:"参观烈士陵园,从内心体会'成人'是一个自我探索成长的过程。""办一个畅想会,将自己对未来的想法画出来、唱出来、做出来。""设计体验性的活动,让我们体验成人的意义。""每个人都做一个泥娃娃,标志自己的个性。""做一件自己觉得有意义的事。""让我们回忆童年。""把我们当作成人,讨论一件有关成人的事。""设计一套成人礼服。"

从活动的形式看,有学生提议:"学生家长校方各自庆祝——开香槟酒庆祝——全校师生大聚餐——篝火晚会。""让学生自己主持,同学参与,表达自己的观点。"

从活动的时间看,有学生提议:"在露天进行,最好上午,代表着朝气。""成人仪式一周,让我们体验生活。"

4. "成人仪式"中谁的讲话对你启发最大,为什么?

通过调查,获得票数最多的是家长代表的发言,共获得167票,得票第二的是教师代表,获得85票。

认为家长的发言启发最大的理由有:"家长的话讲的是生活体验,从中可以感受到父母对我们的期待。""让我明白了在我们成长的过程中父母付出了许多许多,我们要感谢父母。""家长是在与学生交流心里的感受,而不是演讲。""家长的发言道出了我们曾经忽视掉的爱！""讲述了学生成长的点滴，从家长的角度见证孩子的成长，讲话更深刻。"

认为教师代表发言启发最大的理由有："他的话很有时效性。""讲话对我们很有启发性。深刻幽默，意味深长，富有哲理。""他对现代学生心理、人生观、价值观说得很透彻，很符合现在学生生活现状，找到了学生的弱点，对人有启发。""讲到了一些真实的事，而不是简单地用大道理来敷衍。""让我们懂得成人与未成年人的不同。"

二

通过调查，我们进一步认识到成人仪式的意义和价值，了解到此次成人仪式存在的一些问题，也了解到学生理想中的成人仪式。

1. 成人仪式给了学生什么

我们通过"'成人仪式'给你最大的感受是什么？""'成人仪式'上你印象最深的一句话是什么？"这两个问题的调查了解到，成人仪式对学生的教育意义是不可忽视的，也是十分必要的，是学生成长中的关键事件。

这一关键事件，确认了学生"18岁"这一特定年龄特定时刻的意义。在学生成长的历程中刻上历史性的印痕，立下人生的坐标。就像学生所说："原来我已经18岁了，像做梦一样！""我正式18岁了，以后做什么都要思考。"人对事物的认识，靠自己去感知、学习、悟道是一个方面，而适当的提醒也是很重要的另一个方面，它可以缩短学生对事物的认识过程，让学生在人生道路上少走弯路。成人仪式，在某种程度上就起着这样的作用。

成人仪式，让学生具有"成人意识"，逐步树立成人所应有的责任感与使命感。因此，学生讲："成人就是要承担更多的责任。""开始要对自己的语言及所做的一些事负责。"

"成人仪式给了学生什么？"这是这一关键事件的关键问题，是我们设计这一方案的核心思想。从学生的调查可见,成人仪式虽只是一个"形式",但如果我们设计得好,在学生成长的历程中便可以起到巨大作用,在学生"心灵深处镌刻上18岁深深的年轮"。"成人意识"虽可以让学生自己去感悟,但会缺少神圣感,通过学校这样一个庄严而又神圣的仪式,通过长辈们的谆谆教诲和深情嘱托,学生感受到步入"成人"是人生的一件大事,是人生的一次转型与"蝶变",并开始以"成人"的标准来审视与要求自己,把"责任""义务"与"18岁"联结起来。

成人仪式同时也是一次很好的感恩教育。"成人"与"感恩"有很大的关联度,感恩教育是需要机遇的,而"成人仪式"就是一个很好的机遇,孩子的成长是离不开亲人、老师、周围朋友的哺育、关爱与帮助的。当孩子即将走上独立的人生之路时,就不能忘记亲人、朋友、老师与社会的关爱与帮助。在以后的生命历程中,不仅仅要反哺前人,更要把这种爱传递给后人,去延续人性的这种美德。

2. 学生喜欢怎样的成人仪式

成人仪式是学校教育的一个重要内容,是学校德育课程体系中的一个部分。同时,成人仪式严肃、庄重、神圣,又不同于一般性的学校活动。成人仪式也需要听取学生的意见,在回答"要你设计18岁'成人仪式',你将如何设计"这一问题时,学生提了三个方面的建议。

(1)活动内容。有学生提出在统一的纸上签名作为留念、许下愿望;有学生提出可以在这样的仪式上制作一件作品,通过它记录此时此刻自己的心理;有学生提出可以播放自己从出生到长大的视频资料;也有学生提出邀请所有家长共度18岁成人仪式,让家长为孩子佩戴成人章;另有学生提出让他们参观家长的劳动场景,感受劳动的艰辛。

(2)活动形式。学生提出活动形式要丰富多样,特别是要增加活动性与学生的参与度,如有学生提出设置一两个台阶,象征步入成人世界。仪式可以在学校里进行,也可以走出去,如有学生提出组织南京雨花台一日游。也有学生提出组织联欢会、开派对,由学生自己庆祝节日。

(3) 活动时间。学生希望增加活动长度,让他们充分体验生活。

成人仪式是学校组织的,但参与的主体与对象是学生。有学生反映:"这个成人仪式并不贴合我们的心情,像'你们'的成人仪式,而不是'我们'的。"因而,我们在设计方案时要充分考虑学生需要与时代特点,方案要在活动性与创新性方面多作考虑。

成人仪式是一次重要的活动,为了增加活动的内涵及分量,成人仪式可以设计成一个系列活动。活动可以分时段、多形式进行,如把某一周设计成"成人周",把与此有关的活动集中在这一周进行。可以由学校组织的"成人礼"与学生会、班级组织的"今天我18岁"等庆祝活动结合起来。在形式上可以有征文、歌咏会、论坛、演讲等,以增加学生的参与度,体现出学生的主体地位。

成人仪式需要创新思维。如可以建一面"成人墙",让学生在上面签名、许愿、留影,留住这一历史时刻,让历史来见证自己的成长。或,让学生自己设计"成人纪念章"或者"戴成人帽",让学生走"成人门""成人路"等。也可创立"18岁的年华"网页,让学生相互交流思想;选取几个学生从婴儿开始的活动照片、视频等,让学生重温自己的成长历程,感受家庭的关爱及温暖。

有学生希望能"做一件18岁前不能,18岁后可以做的事",我们不妨考虑一下这位学生的愿望,以此拓展我们的思路,如18岁拥有选举权和被选举权,18岁具有独立进行民事活动的权利等。可以根据这些特点设计相应的活动,让学生体验作为成人所拥有的这些权利。

3. 成人仪式应该讲些什么

成人仪式少不了校长与长辈的讲话。"讲什么"是值得我们好好思考的。我们讲的话能否被学生接受,是成人仪式是否成功的重要因素。

通过对"谁的讲话对你启发最大"这个问题的调查,我们可以看到学生喜欢的讲话有以下一些特点。

（1）说情。这里的"情"，一是情感，二是情景。所讲的话要情真意切，一定是自己真实的感受；所描述的事要真实可信，基本是自己亲眼所见或亲耳所闻。"情"需要真实的事例来支撑，真实的事例也需要情感来深化与升华。

（2）讲理。学生反对说教但绝不排斥讲理。讲理需要对现象作可信的解释，需要对事物作深度分析。"理"是事物的本质与价值核心，一定程度上体现了人类与社会基本的价值观，是能反映事物最本质的规律的，而"讲"是方法。这样，"讲理"就通过循循善诱的方法让学生明白学习、生活和人生的真谛。"人是最难被说服的动物"，但一旦被说服，其追随力则是巨大的。

（3）口语。学生喜欢的语言是平实生动的生活语言，类似日常的交谈。学生喜欢老师讲话的原因是其更"口语化，更贴近生活，而不是照本宣科读写好的用词藻堆砌的讲稿"。口语化也有利于我们"讲自己的话"，有利于讲未经包装的"自然话""心里话"。

（4）时效。演讲稿的生命在于时效性与针对性。一个时期有一个时期的特点，不同时期的学生有不同的语言体系，网络时代的语言体系变化就更快，需要我们及时了解学生的生活环境与语言特点。如果我们进入不了学生的语言体系，那么，我们的对话就会失败，教育就会失效。讲时效，就要关心当下学生的生活环境、交往特点，关心他们的兴趣点，关注他们的情感变化。

所以，我们在讲话前要做些功课，多与学生面对面交流，留意网络论坛、QQ空间、博客等平台上学生讨论的问题，在讲话时能关注这些话题。

学校领导与长辈的讲话是成人仪式不可缺少的部分。与学生讲话需要说情、讲理，话语要平实、真诚，同时内容要有时效性与针对性。虽然从学生的反映中可看出，他们排斥有明显教育性的活动，但只要在学校进行的活动都会具有一定的教育性，这是由学校课程性质决定的，所以，"排斥"不能让我们选择

"摒弃"。当然,要让这样的"教育性"不被学生感知或让学生能接受,就需要在说理及针对性上下功夫。如学生提出质疑:"仪式是办了,有把我们当成人看吗?"这样的学生叛逆心理很强,我们可以针锋相对地提出这样的话题:"18岁,我们该拿什么来献给成人?"让学生反思与审视自己:"18岁了,我们应该为社会、为自己做些什么?"

成人仪式,是学校教育中的一个例行活动,学校每年要举行一次。年年岁岁"仪式"相似,岁岁年年学生不同。成人仪式需要根据学生特点、时代发展,及新时期对学生提出的新要求进行改革与创新,只有这样才能让成人仪式发挥最大的价值,才能让成人仪式成为能影响学生一生的活动,才能让18岁人生的"蝶变"更精彩!

(作者:江苏省锡东高级中学　陈　平)

| 第六章 /
学校视觉系统设计

视觉系统也是一种管理,它让管理看得见。

学校视觉系统塑造出的独特的组织形象,让学校理念及学校精神形象化、立体化,能更好地提高学校管理水平及学校品位,提升学校形象。

当孩子饥肠辘辘地走在繁华的街市上，忽然看到前面高楼出现了黄色的"M"标志，一定会很兴奋，因为他知道麦当劳快餐店就在前面了。这个黄色的"M"就是麦当劳快餐店独特统一的视觉系统的高度浓缩，它牢牢地"复刻"在无数孩子脑海中。这就是视觉形象系统的魅力。同样，学校也需要建立自己的视觉系统。

一、 学校视觉系统的含义

学校视觉系统设计，是将学校的办学理念、文化精神、制度规范、行为规范及其他体系等抽象的或概念的语言转换为具体统一的可视符号或其他形象化的语言的缜密、精粹的思索活动。

学校视觉系统塑造出的独特的组织形象，让学校理念及学校精神形象化、立体化，让学校管理可视化，从而更好地提高学校管理水平及学校品位，提升学校形象。学校视觉系统是学校的整体视觉形象，是学校形象系统的外显部分，在整个学校形象系统中最形象、最直观、最具有冲击力，也是学生及广大家长最先关注的部分。

学校视觉系统设计包括基础设计及应用设计两个部分。基础设计，主要指校名、学校 LOGO、标准色等。应用设计，指广泛应用在各个领域中的设计，其类别繁多，如校旗、校歌、师生形象、办公用品、指示标识、学校网页、学校形象代表（吉祥物）等。通过视觉系统设计，学校可以达成视觉形象的统一。

统言之，学校视觉系统设计主要包括学校 LOGO（标志）设计；师生形象设计；学校文化用品设计；学校形象代表（吉祥物）设计；学校音乐设计；学校宣传栏设计。

位于美国东部宾夕法尼亚州的伯利恒中心高中校门口巨大的墙面，镶嵌着学校的校名及以鹰的形象创造的 LOGO，清晰地向人们传递了学校的精神及价值观。

二、 学校 LOGO、标准色的设计

学校 LOGO，也称校徽、标志，它能简洁明快地传达出学校理念及形象，是基础设计中最为重要的部分。

学校 LOGO 一旦确定就具有一定的"权威性",其他设计都要围绕它展开,吻合其确定的风格及理念,因而它是所有设计中的基础。

(一) LOGO 的特点

学校 LOGO 最主要的特点是简洁明了、易于识别,能准确反映办学理念等学校内涵。由鲁迅先生于 1917 年 8 月设计的北京大学 LOGO 就是比较成功的设计。LOGO 主体形象是"北大"两个篆体字,上下排列,其中"北"字构成背对背的两个侧立的人像,而"大"字构成了一个正面站立的人像。上面可以看作为学生,下面的是老师,教师甘为人梯,学生则站在巨人的肩膀上,青出于蓝胜于蓝。这一设计充分突出了北大"以人为本"的办学理念。

鲁迅设计的北京大学 LOGO　　　　陕西省汉中中学校徽 LOGO

学校 LOGO 设计还需要新颖美观,在一定程度上能体现出学校的历史文化。陕西省汉中中学 LOGO 就是一个优秀案例。LOGO 整体形象参照了汉代瓦当设计,制以叠图,白底赤字,外框分别书写中英文校名,处在上方的校名采用隶书,古朴端庄。内部主体图形由"汉南"的繁体变形而成,"1739"揭示了学校的创始年代。

根据学校发布的校徽设计方案,繁体字"汉""南"两字组成的主体图形,给人带来了丰富的视觉联想，如"钟"、如"鼎"、如"铎"，形象地展现了汉中中学深厚的历史渊源、文化内涵和教育信念。繁体"汉南"之"汉"字，表明汉中中学拥有独特的地域文化和历史渊源。"汉南"则表明汉中中学与其前身汉南书院的文化传统一脉相承，积淀深厚。"汉南"组合形状如"钟"，寓意汉中中学办学如黄钟大吕，传播知识与智慧，醒世育人；如"铎"，寓意汉中中学教学如群吏振铎，布教醒众；如"鼎"，寓意鼎力鼎盛、革故鼎新，表明汉中中学师生沉博刚毅、众志成城、锐意进取。从 LOGO 图案整体布局来讲，学校也有自己独到的想法：图案采用圆环方芯，有外圆内方、天圆地方、圆规方矩之意。[①] "方"就是规矩，就是法规，这是学校教育之追求，"圆"表示包容及灵动。学校管理只有坚持原则性又能体现一定的灵活性，才能让学校和谐发展。

学校 LOGO，就是学校的一扇窗，透射出学校的精、气、神。

（二）LOGO 表现形式

从构成方法来讲，LOGO 主要有文字、图形、图像及综合四种表现形式。

1. 文字。指使用中文、英文、阿拉伯数字等文字进行艺术化处理后构成的 LOGO 形象，上面的北京大学校徽就属于这一类。

"羊中育美"是江苏省无锡锡山区羊尖高级中学毕业生为母校设计的一个 LOGO，其灵感由中国国家画院雕塑院院长、著名雕塑家钱绍武为学校书写的校名"羊尖"两个字生发而来。"羊尖"这两字上下交叠，共同构成一个"美"字，体现出羊尖高级中学在办学理念上追求培养学生完美人格，在校园环境建设上追求整洁幽静、四季花香的理想境界。

---

① 陕西省汉中中学校徽发布公告[EB/OL]. (2015－6－1). http://www. hanzhong. gov. cn/xxgk/qtzdxxgkml/ggqsydw/hzzx/ywdt_8986/201506/t20150601_197710. html.

羊尖高级中学 LOGO，由文字"羊""尖"组合成了一个"美"字，"羊中育美"成为学校的一种追求。

上海协和双语学校 LOGO，由狮子与龙两种形象组成，告诉人们，这是一所以融合中西教育为特色的国际学校。

2. 图形。是由点、线、面设计而成的抽象的图形组成的 LOGO 形象。这类设计主要追求形式美感，并要求切合学校核心理念。

北京市十一学校的 LOGO，是由方与圆共同构成的一个数学符号"∞"。"∞"符号象征着学无止境，学海无涯，也象征着无尽的发展空间，寓意"学习无限，发展无限"。它还预示着学校与学生，学校与社会的无限沟通与交流。"∞"符号分割为竹节的造型，寓意"十一中人"竹子般的人格品位。

3. 图像。指使用动物、人物、植物、建筑物等具体的形象组成的 LOGO 形象。这些形象都会与学校的某些元素相关。

美国俄亥俄州的林肯高中用"狮子"作为 LOGO，以此培养学生狮子般的品质，学校把"艺术创造、学术思维和体育精神"作为自己的价值追求，狮子形象体现出的敏锐判断力及生活强者的形象，符合学校的精神。意在培养学生狮子般的品质，体现出学校办学理念中的三方面的价值取向：艺术创造、学术思维和体育精神。

4. 综合。指同时使用文字、图像等多个要素组成 LOGO 形象，共同阐述学校的理念。大部分的 LOGO 是由多种要素组成的，如，江苏省锡东高级中学标志是由主体形象"钟楼""书本""智慧树""2013"等要素组成。

这些要素有着丰富的内涵：

"钟楼"，代表英伦风格的钟楼是学校标志性建筑，彰显了学校文化的包容性与开放性。钟代表时间、时光，时刻提醒学生珍惜每一寸光阴。时钟，是时间的标准，提醒学生时刻规划好自己的人生，找准人生刻度，让自己在每一个阶段过得都有意义。

"书本"，体现出学校"通过经典文化传承，塑造时代英才"的办学理念。书的造型象征着展翅飞翔的大雁。

"大成"，为学校的核心理念。

"2013"，代表新学校于2013年9月正式启用。

"智慧树"，象征知识、生命及活力；两棵智慧树代表学校由两所学校整合而来，寓意学校具有悠久的办学历史及深厚的文化底蕴。

江苏省锡东高级中学的LOGO，由学校的标志物"钟楼"、"智慧树"及"大成"核心理念等多个要素共同组成。

（三）学校的标准色

有了学校LOGO，还需要确定标准色。

当照相机还处在使用胶片的时代，每一个人都知道"柯达"这一品牌。柯达包装特有的黄色，给人一种温暖的感觉，让人想到了阳光，想到了自然，想到了节日般的场面。这是一种让人喜欢的色彩、让人振奋的色彩，也是让人渴望的色彩。人们渴望拿起相机，马上去捕捉每一个精彩的场面。"黄色"就是柯达彩色胶卷的标准色。而与柯达同一时代的另一个胶片公司富士，则把"绿"作为自己产品的标准色，因为这一产品在绿色方面表现得很充分很饱满。无论柯达的"黄色"还是富士的"绿色"，都在传达品牌理念或代表了品牌形象。这些颜色就是品牌的"标准色"。

标准色，是学校为了塑造学校形象、提高人们对学校的认知度而设计确定的某一特定的色彩或者一种系列色彩。标准色是学校基础设计中的一个部分，被广泛用于其他的视觉系统，如校服、学校宣传册、办公用品、包装袋、网页等。学校通过统一的色彩设计，可以给人们带来统一的视觉刺激，让人们在心理上产生反应，从而提高人们对学校的认知度，增强学校的品牌知名度。

秘鲁伊诺学校的 LOGO 由橙、绿、蓝三种颜色组成。学校的育人目标是：成功的人生（success in life）、卓越的学术能力（academic excellence）、领导人价值观（leaders with values）、终身学习（life-long learning）、探索（explore）、设计（design）、分享（share）。学校分别把这些育人目标印在橙、绿、蓝三色旗上，并把它悬挂在楼层之间。学校的桌椅、楼道墙面、教室墙面、学生校服、电脑界面、学校主页，学生的课本、宣传册、公交站台、校车等都采用 LOGO 主体色，统一规范的色调构成了和谐整体的学校环境，大大提高了学校组织在社区中的辨识度。橙、绿、蓝三色组成的"伊诺色彩"，成为每一个伊诺人挥之不去的"魅影"。这就是品牌的魅力。①

走进清华大学附属小学，我们有一种强烈的视觉感受：校园里到处洋溢着紫色。这种紫鲜明但不刺眼，同校园内茂密的植被融为一体；沉稳又让人挥之不去，难于忘怀。这就是这所学校的标准色——清华紫。"清华紫"来自每年春季，在清华

① 克里斯. 韦勒. Innova Schools 一所让人震撼的乡村学校[J]. 当代教育家，2016：57 - 61.

大学附属小学校园里盛开的紫丁香花。清华紫，被广泛地用在学校的视觉系统上，如学校 LOGO、标语标识、校园栏杆、报告厅的座位、窗帘、校服、学校网页等。

清华大学附属小学学生紫色的校服

三、 学校师生形象设计

师生形象设计，主要指师生的仪表、仪态及着装等形象的设计。仪表、仪态，可以体现出人一定的精神面貌。很多学校会对师生的仪表作一定的规定，一些学校还会在教室里张贴中小学生形象招贴画，作为学生仪表及穿着的标准。

师生的服饰，是学校形象设计中的一个重要内容。教师的工作服、学生的校服，可以看作学校文化建设的一部分，也是学校流动的风景线。国外很多中小学，特别是私立学校，尤其重视学生的着装与仪表，在不同的季节、不同的场合会有不同的要求，给人留下不同的感受。夏日的奔放，冬日的沉着，运动场上的活泼，学校仪式上的庄重，这些都可以通过学生的服饰体现出来。校服成为学校文化的一部分。

校服荟萃。 好的校服能体现出不同国家、不同民族、不同地区的特点。
（图片来自网络）

　　在日本的学校,穿衣是一门课程,叫"服育"课程,而且是"必修课"①。这一课程要让孩子们了解衣服的制作流程、环保问题、制服的文化和由来,而不仅仅是穿着它。"服育"课程从家庭和学校出发,教会孩子认真对待每日穿着,体验衣物背后的文化意蕴和更多功能。这样的课程,可以培养孩子对民族传统文化的尊重,也让孩子懂得对一衣一物的珍视。在这样的教育中,孩子们更容易成长成一个有尊严、有态度的人。日本的教师经常会引导小朋友们一起讨论穿什么样的衣服才适合不同的场景,孩子们可以了解不同服饰的不同功效及不同穿法。

　　日本的"服育"课程,也教育孩子穿衣的健康与安全问题,穿不同的衣服会传递不同的信息,当你穿具有环保性质的衣服时,说明你已经在关注生态环境问题。你穿什么衣服,你就是在亮明怎样的人生态度。日本"服育"课程的意义,就在于让孩子的学习从每天的穿衣打扮开始,让孩子们能健康得体地生活及学习,传递出自己的精神力量,这是学生对待学校生活乃至整个人生的一种

① 日本学生把穿衣打扮视为必修课? "服育"原来如此重要. [EB/OL]. (2017-2-15). http://mt.sohu. com/20170215/n480734091. shtml.

态度。

据《中国教育报》报道,北京四中用校服承载名校的精神和历史①。穿校服就是为了达成服饰的统一,但学校在统一的基础上给予学生多样化选择的空间。学校请专业设计公司设计了十六款服饰,大到呢子大衣、羽绒服,小到领结、袜子,可谓囊括内外、应有尽有。在设计时考虑了多方面的因素,如"在颜色体系上,以稳重典雅的藏蓝外套、白衬衫、灰西裤为主,辅以经典的红色校徽及同色系领结配饰;在款式上,则更加贴身修型,青春时尚,展现青少年的活力与精神;在品质上,选用环保健康的材质、细致的生产工艺;在功能上,不仅能满足学生校内的学习生活,更充分考量四中学生参与不同场合与对外交流的着装需求"。学生在学校提供的十六款服饰中自由选择、搭配购买。

校服在中国学校推行的过程十分艰难,也是一个争论十分激烈的话题。背后原因比较复杂,有历史原因,有经济水平原因,有管理原因,也有校服质量等原因。

其实,校服在中国也曾有美好的时光。

20 世纪 20 年代,女生一般穿着中式上衣,斜襟立领七分袖,西式下裙(高腰百褶与膝平)梳着低马尾,穿着小皮鞋,简约大方,塑造了一个个楚楚动人的淑女形象。既体现出东方女子的温文尔雅,又有西方女子的青春与活力。男生的搭配相对随意,制服式校服首次出现,多为改良版的中山装,直直的立领依偎在脖颈四周,让男生显得利落、刚毅。男生的校服在色彩上主要有黑白两色,黑色深沉挺拔,颇具男子气概,白色温润如玉,塑造谦谦君子之形象,翻盖口袋分列两侧,成为民国学生的标配。

30 年代,兼具满汉风格的改良式旗袍开始进入校园。这样一股浓浓的中

---

① 衣以载道:让校服传承名校的精神[N].中国教育报,2015 - 1 - 1.

国风，一直经久不衰，香港英华女学校及澳门培道中学女生至今仍沿用旗袍校服。

1916年学生时代的林徽因（右一）与北京培华女子中学的同学们合影，让我们真切感受到民国女学生的风采。（图片来自人民网）

与此相对，当代一些学校的校服反而变得单一，千篇一律的运动装，没有多少品位可言，受到社会各界的质疑。上海体育学院体育新闻传播与外语学院副教授杨剑锋就中国校服为何"美"不起来的问题，在《光明日报》发表自己的看法。文章称，最近，一部BBC拍摄的纪录片《中国学校》，在国内社交媒体引来热议，其中的中国式校服也引发讨论。中国运动式校服的主要特点，一是去性别化，青年男女的性别差异被同样宽松肥大的服装抹平了；二是审美上的粗鄙化。① 中国式校服，值得我们关注及深思。

---

① 杨剑锋. 我们的校服为何"美"不起来[N]. 光明日报，2015 - 9 - 8.

2001 年春，北京天安门广场，几位身穿印有奥运五环图案校服的小学生举目远望，期盼北京奥运早日申办成功。随着人民生活水平的不断提高，人们的审美修养也迫切需要提高。（图片来自"中国青年网"）

师生形象设计是学校系统设计的一个部分，如果学校能关注到这个部分，说明学校发展已经深入到文化建设的层面，进入了学校发展较为高级的阶段。

四、 学校形象代表（吉祥物）设计

走进江苏海门东洲中学的校门，有一片并不算大的水面，但学生却难以忘怀。因为在这片水面上游荡着几只悠闲的鸭子。连东洲中学的学生都在学校贴吧里说，东洲中学最大的特点，就是人工湖上的鸭子！据时任校长张柄华讲，这几只鸭子成就了东洲中学独有的"鸭子文化"。从广东前来学习的老师曾动情地说："在东洲中学校园的池塘里，生活着一群快乐的白鸭，鸭龄最大的超过10 年。每当小白鸭迷路时，总有好心的同学帮他们找到妈妈，当鸭妈妈慌乱四处下蛋时，同学们总会把鸭蛋集中起来，在校园隐蔽的地方为鸭妈妈安好窝，让鸭妈妈安心孵蛋。同学们遇到不开心的事或感到学习的压力时，他们总会去找他们的鸭子朋友，向他们述说自己的烦恼，鸭子成了东洲中学一届届学子共同的好朋友，而鸭群们也见证了学校从落后走向辉煌的全过程。"

鸭子是学生们校园生活的一部分。要是有一天河里少了鸭子，学生们就会牵挂，而校长张柄华就会到市场上买回来补上。鸭子，成为东洲学子最牵挂的事物，它给学生们带来的是温暖，带来的是人与动物之间动人的故事。鸭子，成为学校的文化象征，是东洲中学学子们共同的记忆，也是一届届师生相互联结的纽带。因此，鸭子成为东洲中学的形象寄托物，或者说东洲中学的"形象代表"。

所谓"形象代表"，就是能代表某一单位、团体、企业等组织的形象。"形象代表"可以增强组织的识别度，"形象代表"确立后，能方便组织宣传，可以更好地提高组织的知名度。如果在日常生活中，当人们看到某一形象就能想到某一组织，那么，说明这个组织的"形象代表"就比较鲜明。如，人们看到"红十字"图标就会想到医院，看到"美人鱼"雕像就会想到丹麦等，"红十字""美人鱼"就是人们耳熟能详的事物。

上海市建平中学的"金苹果"、北京大学的"未名湖"及全国各地行知学校的"陶行知像"等，都是这些学校鲜明的形象代表。形象代表可以是具体的人、植物、动物、主体雕塑、建筑物，或其他具有特殊含义的事物等。很多组织或单位会把自己的"形象代表"称为"吉祥物"，这样就更有亲和力。

（一）形象代表（吉祥物）的确定

当某一形象被视为"吉祥物"时，这个形象就有了特殊含义。所以，设计者往往会把这一形象——吉祥物设计得生动可爱，寓意美好。吉祥物是学校文化的一个重要组成部分，很多学校十分重视吉祥物的设计，把吉祥物的设计开发成一个校本课程,在教学中实施。吉祥物也成为一些学校教育学生、开发学生能力、培养学生热爱母校之情感的重要课程资源。

吉祥物的设计一般会采用比较具象的形态来设计,如动物、植物、生活中的物品等,熟悉的形象更容易被孩子们接受;当然也可以借助神话、科幻等艺术作品中的形象来设计。形象上会做一些夸张及变形,经过艺术处理后的形象孩子们会更喜欢。

苏州平江实验学校通过全校师生征集评选后把"银杏娃"定为学校的吉祥物。最终确定的"银银""杏杏"两个卡通形象,也是由学生们自己设计的。银杏娃蕴含着百年银杏的精神:坚韧不拔的自强精神、质朴无华的务实精神、友邦善邻的和合精神、多予少取的奉献精神。

学校在此基础上塑造了各类不同姿态的卡通银杏娃造型:"文明礼仪娃""良好行为娃""认真学习娃""积极锻炼娃""艺术表演娃"等。这些"银杏娃"们形态各异,寓教于乐,虽然不会言说,但都以它们生动的形象默默地影响着孩子,规范着他们的行为,成为孩子们的好榜样。在学校门口欢迎牌上,银杏娃们手拉着手,向每一个到校的孩子及来宾致意;当你洗手时,水池边的银杏娃微笑着提示你别忘关了水龙头;当你走到学校楼梯口,墙面上银杏娃伸出右手提醒着你上下楼梯靠右走……

学校还专门创作了童谣:"银杏娃娃,卡通宝宝,校内校外,讲究礼貌,看见老师,鞠躬问早,同学之间,多么要好,你早我早,处处欢笑……"这一首银杏娃童谣深受学生喜欢。学校吉祥物的选择、设计、宣传及运用,成为学校教育的一门重要的课程,学校希望"在银杏树下学习生活的孩子们做至真、至善、至美之人,记住这片银杏树下的点点滴滴"。

吉祥物的确定,要尽可能地考虑学校的要素。如苏州善耕中心小学的吉祥物就借用了校名"善耕",确定为"善耕牛牛"。"善耕",即勤奋与爱劳动,在学校中也指"师生同耕,善问善学、善教善导"。因此,学校在选定形象代表物时,自然聚焦在"牛"上面,做起"牛文化"来。围绕着"牛"的品质,梳理出礼仪牛、劳动牛、勤学牛、艺术牛、科技牛、运动牛和爱心牛等。学校每个月要开一个特定"牛"的评选活动,每班推出一名当月之"牛",优胜者可得一枚牛贴纸;集满 5 枚贴纸可以换取一个牛挂件;5 个牛挂件可以换一个卡通绒毛牛;每学期底评选学期"善耕好牛牛"。可爱的"善耕牛牛"使以往模式化的、"板着脸"的评价机制一下子活泼起来。

据报道,苏州平江区的 15 所小学和两所幼儿园,大多拥有自己的卡通形象。除了平江实验学校的"银杏娃"、苏州善耕中心小学的"善耕牛牛"外,还有东中实小的"小蜜蜂"、敬文小学的"皮娃娃"、大儒中心小学的"儒葭娃"、桃坞中心小学的"桃娃",等等。① 这些卡通形象成了学校的形象大使,也成了孩子们心中喜爱的小伙伴。

"安安""真真"是无锡市安镇实验小学的吉祥物,借用了校名"安镇"的谐音。"安安"是一个可爱的男孩,他"圆美"的形象散发着"健康、活泼、智慧"的气息。"安安"的外表,既有大阿福的传统美,又有当代少年的现代美。桃子发型,蕴含了吴地特有的文化内涵,具有强烈的江南民间情调,也像同学们天天要用的逗号;明亮的眼睛,闪动的是对知识的渴求、对世界的好奇、对校园的依恋;憨厚饱满的脸庞,笑意盈盈,充溢着快乐,挥洒着朝气。

"真真"是一个活泼开朗的小女孩,她扎着羊角辫,洋溢着小女孩独有的天真烂漫。她满腔热情、真诚开朗:课堂上,欢乐合作的小组有她声情并茂的朗诵;运动会上,活力十足的拉拉队里有她的激情欢呼;队活动时,热情洋溢的表演队里

---

① 中国小学动漫教育:苏州小学注册卡通商标[EB/OL]. (2007 - 3 - 13). http://comic. book. sina. com. cn/w/2007-03-13/1057113818. shtml.

有她的灵秀才气;武术馆里,英姿勃发的运动团队中有她的腾挪跳跃……

充满朝气、活泼向上的"安安""真真",自然出现在"安小"校园的楼梯走道、庭园教室、墙面板报等生活空间,默默陪伴着安小的孩子一天一天地成长。

无锡市安镇实验小学的吉祥物"安安""真真",每当学校有重要的活动或者节日,他们就会来到孩子们的身边,让孩子们欣喜若狂。

江苏省锡东高中学生根据学校标志性建筑物钟楼设计的吉祥物"茜茜""东东"(周乐阳同学设计)

(二)吉祥物的"使命"

大型的活动都有自己的吉祥物,特别是奥运会、国际足联世界杯、世博会等大型活动都会花大力气设计吉祥物。如,2008 年北京奥运会吉祥物就是一个比较成功的设计案例。吉祥物由 5 个"福娃"组成:贝贝、晶晶、欢欢、迎迎、妮妮。每一个"福娃"都有自己的来历及使命,如,"福娃欢欢"以奥运圣火为原型,代表激情;"福娃晶晶"的原型是熊猫,来自森林,代表欢乐等。

大型活动的吉祥物,不仅仅是这些活动的一个标识,更是一位精神使者,传递着活动的宗旨及使命。吉祥物给这些活动带来了巨大的价值。同样,学校设计的吉祥物,也需要承载学校的使命,能体现一所学校独特的文化魅力和精神风貌。吉祥物作为体现学校特色的标志物,需要在一定程度上反映学校的历史、文化及价值观,它是学校品牌形象的重要组成部分。

有些学校还确定了自己的校花、校树等。这些花、树一旦被定义为学校的形象代表,就要进行释义,赋予这些"形象代表"一定的教育意义。如河北廊坊一中把石榴选为自己学校的校树。在传统文化里,石榴代表吉利、口彩、寄情,蕴含着拾、留、圆、多、满等美好寓意。在此基础上,还可以延伸出一些"现代"涵义,探究其精神内涵。石榴也能承载学校的教育思想和理念。一所学校、一个班级就是一颗石榴,里边一粒粒晶莹欲滴的籽,就是一个个可爱纯真的学生,他们共同组成一个班级、一所学校的大集体。他们有生机,学校才能有生机;他们美好,学校才能美好。石榴树,挺立在校园,也挺立在每位学生的人生路口。

有些学校把师生们灿烂的笑容作为学校的形象,展现出师生的活力,洋溢着无限幸福。时任四川成都市武侯实验中学校长的李镇西,给自己学校的老师及学生分别拍了两张照片:一张是老师们的笑脸,一张是孩子们在奔跑。他将这两照片放大,各写上了一段话,分别张贴在相对而立的校园墙面上。这很好地体现出学校的办学理念及精神。老师的微笑体现出对孩子们的关爱,孩子们的奔跑体现出他们在这里能健康成长。

成都市武侯实验中学奔跑的孩子们(图片由李镇西提供)

（三）形象代表(吉祥物)的设计

学校的形象代表(吉祥物)设计，要注意以下几个方面：

1. 要有鲜明的形象定位。形象代表要能准确、鲜明地反映出学校的理念和文化特征，反映出学生的精神追求及价值取向。设计者在深入挖掘学校文化的基础上，要抽取典型要素进行形象化创造。

2. 要有亲切感。形象代表重要的是能被孩子们接受，只有他们接受了才能起到作用。因此，亲和力是形象的第一要素，同时，进行艺术性处理也是必要的，这样可以给孩子留下难以忘怀的印象。

3. 要有广泛的适用性。形象代表的生命力在于其广泛的适用性，能在多种场合、多种物品上使用，也能采用多种材料制作。只有传播，形象才有"生命"。

学校形象代表(吉祥物)的设计，应充分利用校内资源，发动全体师生共同参与。学校通过创意提炼、造型设计、理念阐述、性格设定、动作演绎等手段，设计出符合学校特点及时代要求的形象代表。形象代表(吉祥物)的名称大多具有吉祥之意，设计时常采用事物的谐音，如南京大学的吉祥物"小蓝鲸"就来自"南京"的谐音；深圳市上合小学的吉祥物"荷花"也是取自"合"的谐音。

一些学校也会把校园里标志性的事物作为学校的形象，如，标志性的建筑、具有历史意义的文物等。举例：建于 1923 年的南京师范大学随园校区的 100 号楼，为南京师范大学校徽重要组成部分，象征着学校的百年芳华。

五、 学校宣传栏设计

学校宣传栏或宣传廊是学校文化建设的一个重要内容，是学校管理的一个阵地，依托它可实现学校管理的可视化。

（一）管理需要可视化

管理即通过"制定、执行、检查和改进"管理条例来提高效率、达成目标。管理不是目的，而是实现目标的手段。真正的管理依靠的不是管理者的"权威"，而是管理者制定的"规范"及按"规范"去"执行"。制定规范、计划、标准是管理的第一步，而后还需要让管理对象了解与学习，并能很好地执行。这些管理条例、规范等需要编印成文本资料，必要时进行公示张贴。在管理过程中检查是必需的，检查以后需要反馈，让被管理者知道问题在哪里，以便在以后的工作中进行改进。管理中的"检查—反馈—改进"流程，不但能有效解决问题，也能提高管理者的管理水平。

管理的可视化，可以让"检查—反馈—改进"这一流程变得清晰可见。管理的可视化，也称"视觉管理"。典型的案例就是丰田公司的"改善看板"。看板（カンバン）方法源自丰田的"即时生产"（just-in-time，JIT）系统。1953 年，大野从超市货架获得启发，开创了"以看板拉动"（传递需求信息及物料搬运指令）的机制。

"改善看板"包括两个部分，分列"改善前"与"改善后"的情况，并有改善的课题，改善的着眼点、措施，改善后的效果，得到奖励的金额等信息。视觉管理，就是要让问题无法逃脱。看不出的问题往往是最严重的问题，我们需设法在别人都认为不可能有问题的地方发现问题，不断追问，寻求问题的实质，让问题水落石出。

丰田公司有一个事例，一次，一个管理人员发现工厂地板上有油渍，他就不断追问：

"为什么有油渍？"

"因为机器漏油。"

"为什么机器漏油？"

"因为机器的衬垫磨损。"

"为什么衬垫磨损？"

"因为购买的衬垫不佳。"

"为什么不佳？"

"因为买的衬垫便宜。"

"为什么要买衬垫便宜？"

"因为企业以节约成本作为对采购部门的绩效考核标准。"

……

最后了解到问题实质上是管理考核制度的不完善造成的。人们因而发现了绩效管理带来的弊病。而发生在 2010 年的丰田公司危机[①]，正是因为没有彻底重视绩效管理带来的弊病，一味追求绩效、降低成本，结果忽略了最本质的东西——安全。

视觉管理也可以广泛运用到学校系统中，如管理前置、设置管理展板、设置榜样栏等。管理前置，即学校管理提前介入，管理走在事物发展或者问题发生的前面。学校的行为规范、管理条例等要提前让师生知道，规范的学习要从进校门的第一天开始。学校可以编印《新生入学指南》或《新生成长手册》等系统介绍学校行为规范及学习方法的指导手册，在新生报到时发给学生。

管理展板与榜样栏是常见的学校宣传栏设计，同样是为了让管理看得见。

哈佛大学教授罗伯特·卡普兰与诺朗顿研究院的执行长戴维·诺顿，在 20 世纪 90 年代提出了一种新的组织绩效评价体系"平衡计分卡"。平衡计分卡主要是通过图、卡、表来表现战略的规划。在直观的图表及职能卡片的展示下，抽

① 2010 年，由于油门踏板和脚底的安全故障，丰田公司大规模召回车辆，总裁进行全球"巡回道歉"。

象而概括的部门职责、工作任务与承接关系等，显得层次分明、量化清晰、简单明了。

这两位学者在研究过程中发现："如果你不能衡量，那么，你就不能管理；如果你不能描述，那么，你就不能衡量。"于是他们提出了"战略地图"的概念：突破性成果＝描述战略＋衡量战略＋管理战略。战略地图的构成文件主要是"图、卡、表"。所谓"图、卡、表"是指《战略地图》《平衡计分卡》《单项战略行动计划表》，它们是运用战略地图来描述战略的三个必备构成文件。由"图、卡、表"为主构成的"战略地图"，做到了"让管理看得见"。

（二）如何让管理可见

在学校系统中，如何做到"让管理看得见"呢？

1. 让师生能清晰描述目标。按照"战略地图"的理论，评价要先于管理，而描述又要先于评价。可见要让管理看得见，需得让师生清晰地描述学校目标，进行"目标管理"。学校的目标是多方面的：宏观层面有国家教育方针、学校发展愿景；中观层面有学期培养目标、学期学习计划等；微观层面有课堂教学目标、班会活动目标等。在每次学校活动之前，组织者要能清晰表达出活动目标，做到目标先于评价，评价与行动同步进行。

2. 学校的管理规范及行为要求能清晰明了。学校的管理规范、行为规范在行文上要简洁、明了，同时需要张贴公示，让师生像照镜子一样经常性地梳理自己的行为。所以，很多学校会把校训做在校门的入口处，把办学理念嵌在办公楼的墙面上，把中学生行为规范挂在教学楼的大厅里等，这是师生了解学习这些规范的第一步。

3. 设置学校管理展板。设置学校管理展板，就是清晰告知师生学校管理的要求，把日常问题暴露出来。

很多学校都设置了管理展板或称公告栏,它可以起到很好的管理作用。如,无锡协和国际学校的楼梯口,在醒目的位置贴着不同颜色的纸张。其实纸张的不同颜色,显示了不同的空气质量,教师们可以根据这些纸张颜色来判断是否可以组织孩子们开展户外活动。

精细管理一定会有很多检查、评价,如,学生一日常规检查情况汇报、教师出勤情况公示等。有检查就会有数据,有检查就会发现问题,这些数据及问题,只有把它呈现出来才有意义。数据的呈现及问题的提出必须要清晰及时。当然,检查结果要根据不同的对象及性质采用不同的形式进行呈现。如,学生的一般性问题,在年级组的公示栏公示即可;学生出现的严重违纪问题(考试作弊、打架等)则须在学校的公告栏中展示。

教师的情况或问题可以在学校的内网上公示,如,学校一般都会对教师的教育教学情况进行调研,对调研结果进行统计后要反馈给各任课老师,这些反馈就可以采用学校网络或者邮件的形式告知教师。这样既保护了教师的隐私,也让教师了解了自己的问题。

在班级管理中,这样的可视化管理也是必不可少的。

一般来说班级展示展板分四类:目标类展板、活动类展板、表现类展板和知识类展板。

目标类展板,主要用于展示班级确定的一些管理目标、学习目标等,如,班级公约、班级励志标语等。这些目标主要是建立共同愿景,激励学生共同努力奋斗,提高学生整体的学习情绪,实现班级及个人目标。

活动类展板,主要用于规划班级将要实施的一些活动计划或者方案,便于活动的实施,也可以用于展示已经开展的班级活动或小组活动的过程情况、实施成果、个人体会等。可以是文字也可以是图片,学生更喜欢图文并茂的活动展示。

表现类展板，主要用于展示学生活动及学习成果，一般以学生学习成果为主，也可以展示学生多方面学习成就或者个人才艺，如学生的绘画、摄影作品、优秀作业等。

知识类展板，主要用于展示一些学科类的知识，以拓展学生的知识面，作为学科学习的延伸，也有的是前沿知识或者课外补充学习材料等。知识类展板可以结合学校或社会提出的主题日展开设计。如"抗战纪念日"，可以张贴有关世界人民、中国人民抗战的一些知识；"爱眼日"，可以张贴保护学生眼睛的有关知识等。

目标类展板、活动类展板、表现类展板和知识类展板，在布置方位上应该有所不同。目标类展板一般布置在教室前方，便于学生每天看到，达到规范或激励学生行为的目的；活动类展板可以放置在教室的侧面；表现类展板可以放置在教室的后面，学生可以利用课余时间进行专门欣赏；知识类展板可以放置在教室外墙，方便学生利用零碎时间来学习知识。随着信息技术的推广，很多学校在班级门口设置了 LED 显示屏，为学生学习提供了更便捷的通道，同时，也丰富了学校管理展板的方式。

幼儿园及小学低年级学生的文字阅读能力有限，应尽量用可视化的语言，用具体的形象来提示孩子，该做什么，不该做什么。 图为上海东余杭路幼儿园的孩子们自己绘制的班级公约。

无锡连元街小学教室门口的 LED 屏。随着电子时代的到来，LED 屏逐渐代替了传统的展示栏，其发布的信息更丰富、更生动、更及时，成为班级文化的重要组成部分。LED 屏既可以向学生发布当日课务调整情况、班级通知，也可以每日向学生推荐佳作，更新学校动态等。

（三）榜样栏的设置

"点亮一盏灯，照亮一大片"，榜样的力量是无穷的，倡导一种积极向上的行为及价值观，引导人们朝着理想的方向发展。榜样栏可以帮助我们进行组织管理。

播撒一种思想你将收获一种行为，播撒一种行为你将收获一种习惯，播撒一种习惯你将收获一种性格，播撒一种性格你将收获一种命运。播撒一个好的榜样，我们将收获美好的未来。所以，学校可以通过橱窗、墙报、校报、学校电视台等宣传优秀学生及功勋教师的事迹，充分发挥榜样的力量，从精神上感召全体师生。

学校榜样栏或宣传栏设置不要贪多、贪大，并不是越多越好，也不应以"高大上"作为标准。宣传栏设置在美观的基础上要讲究实用，考虑到以后内容更新的成本及时间，应该少而精。有些学校花了很大的成本，结合灯箱在校园路道上设置了很多招贴画，一开始很光鲜、很亮眼，但半年后这些招贴画褪色了，甚至残破了，学校又没有足够的精力及内容去更新一遍。也有的学校在教学楼设计了很多展板，这些展板往往一年都不去更换内容，显得有些陈旧。

宣传栏要及时更新，才能产生宣传的效果。如果学校里宣传栏、公示栏面积过大，就会增加工作成本，一般的学校没有太多的专门人员；同时，受到成本、内容的影响，很难应付过多的宣传栏，若无法及时更新，结果反而影响了学校的形象。所以，学校在设计宣传栏、公示栏或者榜样栏前，先要花时间科学规划，并做到合理选点，不要贪多贪大，应充分考虑到后续更新的成本及可能性。

六、 学校文化用品设计

学校文化用品，包括信笺、信纸、笔记本、礼品、茶具、学生证、教师工作证等。学校学习用品及学校办公用品是学校形象系统中的重要部分，小小的一张纸片，可以窥见学校品位。这些用品的设计不应简单地写上一个校名，而应该从标准色、学校 LOGO、设计风格等方面进行一体化设计，好的设计一定会个性鲜明，令人难忘。

徐州沛县民间手艺封侯虎传人张振华老师带领孩子们做的布老虎，成为学校富有特色的礼品，深受国内外友人的喜爱。（图片由张振华提供）

学校礼品是值得充分关注的一件事。中国是一个特别讲究礼尚往来的国度，所谓"往而不来，非礼也"。随着社会发展，教育的国际化成为一种趋势，学校的各种交往也开始日益频繁起来。交往多了，礼仪也需要跟上，特别是与国际友人交流时，相互赠送礼品几乎成为一个必有的环节。但学校是非营利机构,公用经费捉襟见肘,馈赠什么样的礼品,往往会让学校管理者大伤脑筋。其实,我们有很好的解决方法,就是依靠学生的智慧,让学生参与到礼品的设计及开发中来。有一个很成功的事例——无锡市厚桥中心小学在美术老师的带领下,开发了"纸版画"课程,带领学生进行版画创作,学生的作品多次在国内国际比赛中获得大奖。学校把学生的优秀作品装裱出来作为馈赠来访宾客的礼品,甚至作为当地政府赠送给国际友人的官方礼品,客人们均爱不释手。学生创作的"礼品"深受客人们的欢迎,因为这些艺术品是独一无二的,远比商店里买的礼品来得有价值。

学校视觉系统设计,是将学校的办学目标、办学理念、学校制度及学校文化通过学校 LOGO、师生形象、学校文化用品、学校形象代表(吉祥物)、学校宣传廊等进行形象化、具体化的表达,便于师生认识、理解、学习并有效实施。经过系统设计的学校视觉系统内容多,价值大,是实现学校教育目标的重要材料,也是学校发展史上的宝贵资料。最后,应该把这些系统的设计编印成册,从而更利于师生学习,也便于学校宣传、保存。

编印好的"学校视觉系统设计",我们一般称为"学校 VI 手册"。

【补充阅读】

阅读提示:

学校 VI(Visual Identity)手册,是形象系统中最具有传播力及感染力的部分。它系统介绍了学校理念设计、行为设计、视觉设计等内容,具有实际的指导意义。学校 VI 手册一般包含基础设计、应用设计两个部分。编制好一本高质量的学校 VI 手册,是学校设计中的一个重大工程,有利于学校深入推进文化建设,也是学校发展的一项重大成果。

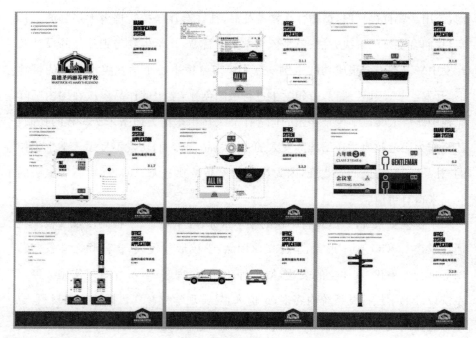

嘉德圣玛丽苏州学校 VI 设计（图片由上海智良文化传播公司提供）

学校 VI 手册主要内容

学校名称

VI 导入前言

VI 总目录

一、基础设计要素

（一）学校 LOGO（标志）

1. 标志释义

2. 标志方格坐标制图

3. 标准色

（二）学校校名标准字体

1. 中文标准字制图

2. 中英文标准组合规范

3. 标志校名组合规范

（三）学校标准色（色彩计划）

（四）学校吉祥物造型

1. 吉祥物造型释义

2. 吉祥物各种动态造型

3. 吉祥物造型应用规范

二、视觉应用要素系统

（一）办公事务用品设计

1. 教师工作证

2. 信封、信纸

3. 便笺纸

4. 文件夹

5. 席位牌（席卡，席标）

6. 名片

7. 各型公文袋、资料袋、薪金袋、卷宗袋、合同书、圆珠笔、铅笔

8. 纸杯

9. 学校徽章

10. 邀请卡、奖状、奖牌、奖励旗、纪念旗、庆典用旗

11. 校车外观标识、商务车外观标识

（二）学校物质环境设计

1. 学校旗帜

2. 学校大门设计、门卫室设计

3. 导向符号：学校办公区标识牌、大门入口道路指示标牌、学校平面图规范、室内挂式导向牌

4. 标识符号系统：禁止吸烟符号、男女洗手间符号、停车场符号、安全出入口符号

5. 公告系统：学校画廊、学校宣传栏、年级组管理展板、LED屏

6. 学校各部门形象标识牌：校长室、校长办、学生处、教学处、总务室、医务室、会议室等标识牌

（三）学校宣传系统

1. 学校宣传册

2. 学校视频光盘

3. 手提袋（纸基、塑基）

4. 请柬、邀请函

（四）学校服装系统

1. 教师工作服（男女装）、后勤人员服装

2. 学生校服

3. 学生夏令营、运动会等 T 恤衫、工作帽

（五）学校网站

（六）学校礼品：学校标志物模型、学生作品、文化用品等

/ 第七章 /
学校环境系统设计

　　校园环境虽不说话，但它有自己的语言，有自己的想法，是学生的"第三任老师"。

　　好的校园空间，能让孩子们不断续写新的校园故事。

　　某地区有两所高中，L 学校与 X 学校，从办学质量来讲处在相近的水平。中考刚结束，家长与孩子开始填志愿。一位家长正苦恼该指导孩子填哪所学校，于是，带孩子实地考察了两所学校。通过半天考察，孩子果断提出要填 X 学校，虽然他们家离 X 学校比较远，离 L 学校比较近。类似这个孩子的情况不在少数，他们都舍近求远，来到 X 学校。在一次交流活动时，L 学校的校长来到了 X 学校，一看就完全理解了孩子们的选择。因为 L 学校的校舍大多建于 20 年前，当时建筑等级不是很高，时间一长就显得有些破落。而 X 学校是政府近两年投资好几个亿建成的全新的现代化学校，风格独特的校舍、宽敞的教室、齐全的运动设施、园林式的校园环境及新颖的导示系统……无不吸引着孩子们。可见，校园环境确实是一种强大的竞争力。

一、 学校环境系统的含义

　　学校环境系统设计，是根据学校办学理念，综合基础设计要素和学校功能需求，对学校建筑物、空间环境、学习与生活设施等进行系统设计，方便学生的学习与生活，为校园安全提供保障。同时，起到美化校园、陶冶师生情操的作用。学校环境系统是学校隐性的课程资源，是学校文化的重要组成部分，也是学校育人的重要载体。

　　校园环境虽不说话,但它有自己的语言、自己的方式,无时无刻不在教育学生、感化学生。一个环境脏乱差、昏暗污浊、设施破败的校园,是难以培养出文明守纪、举止文雅、积极阳光的孩子的。反之,一个井然有序、设施完备、窗明几净、标识清晰的校园会不断提醒、规范学生的行为,陶冶学生的情操。

　　环境即课程。环境系统是学校文化的外显形态,也是学校文化的有机组成部分,它对于学生的影响是潜移默化的,对学生的教育是润物细无声的。

　　学校环境设计系统,按形态分可以分为室外设计系统与室内设计系统;按功能分可以分为学习系统、活动系统、休闲系统、生活系统等。

　　好的学校环境系统设计应能较好地回答以下一些问题:

　　学生到底需要什么样的校园景观?

　　如何让学生与校园景观之间产生情感共鸣?

　　如何使学生成为校园景观的参与者、创造者,而不是旁观者、被动接受者?

二、 学校导示系统设计

　　学校导示系统,即学校标识,指能告知他人学校建筑物、各类设施的名称功能,提示或规范师生行为,为师生学习与生活提供方便的提示性文字、图形。

　　学校导示系统一般是由文字及图形共同组成的,但也可以根据具体情况由文字或图形单独构成。在具体设计时,应优先考虑图形,因为图形没有国籍和语言障碍,形象化的图形任何人都可以看懂。

(一)导示系统的分类及设计

　　学校导示系统,从外到内、从大致的方位到具体的馆室可以分为三个层级。

一级导示系统，包括校外的主要路牌指示牌，进门的校园平面图，校内的主要道路、学校各功能场所的室外导向指示系统及各建筑物名称等。

二级导示系统，包括建筑物内楼层平面图总指引、各楼层平面指示牌、各楼层导向指示牌等。

三级导示系统，包括办公室、教室、活动室、会议室、设备房及公共标识标牌等。

学校的导示系统设计需要根据学生的不同年龄特点采用不同的设计风格。校园各类导示设计既要体现美观，又要保持风格统一。不同学段的导示系统，要符合不同学段学生的审美口味。如，小学的导示系统要尽可能体现活泼及多样性，在设计上可以采用"以变化为主，统一为辅"的风格。学校的导示系统传达的是空间信息，其本质是要解决人们的找路问题。所以，设计者要把自己设想为从未来过此学校的一位客人，并且在没有其他提示的情况下，看着这些导示系统能迅速找到自己想去的地方。

南京市长江路小学室外导向指示牌。 立方体搭建成的校园导示标识，类似孩子喜欢玩的积木，容易引起他们的注意；S型组合，规正中有变化；丰富明快的色彩，符合儿童心理，起到了很好的导示作用。

华东师范大学出版社室外导向指示牌。采用方块堆积成的立体导示柱，让人联想到书店内展示的书，把与读书有关的理念书写在方块上，让人一目了然，内容与形式达成统一。

　　学校在进行导示系统设计时需要保持 LOGO、色彩及外形等基本要素的统一。在此基础上，不同的场合可以设计不同的形象符号。如体育馆的标识，可以体现出运动感，以激发学生的活力；阅览室标识要相对严肃，以提示学生保持安静，静心阅读。

　　在具体形象设计上，幼儿园、小学可以采用可爱的动物形象或者拟人化的

北京市十一中学的足球垃圾箱，人们从很远的地方就能辨别前方是什么场馆。

写有社会主义核心价值观的江苏省泰州中学草坪宣传牌，强烈的中国红在绿色的草坪上特别显眼。

植物花卉等，而高中学校的导示系统宜采用规正、稳重的设计风格，以其能符合高中学生稳重及富有思辨的性格特征；其标识则以文字、抽象的图形为主，在设计上更强调创意、内涵及艺术表现性。

学校导示系统的设计及布置，根据不同性质不同内容，会有不同要求，但总体来讲要符合以下这些特点：准确、醒目、简洁、统一、美观。

南京航空航天大学附属高级中学，是一所以航空科技教育为主要办学特点的江苏省四星级示范高中。 校园的醒目位置放置了一架中国空军歼 10 飞机，呈起飞状，它傲视蓝天，叱咤风云，准确传达出这所学校独特的办学特色。

1. 准确

学校导示系统，无论其形象还是名称，都要准确体现出其本质意义。形象不够鲜明，或者不符合对象的性质，都有可能让人摸不着头脑。准确传达信息是导示系统的第一要素。

2. 醒目

醒目是为了方便孩子们识别，为其学习、生活提供方便。以芬兰基督山(Kirkkojärvi)综合学校为例，设计师为每一个班级的学生都设计了独立的活动空间、休息室和大门入口，而且每一个班级的活动空间都有独一无二的色彩，这样便于孩子们在校园里游玩后不会走错地方，迅速找到自己的班级。

学校导示系统布置要体现"以人为本"的理念，位置要醒目，便于人们寻找。我们到一些地方找厕所，往往到了门前却不知道往哪一间走。这倒不是这些厕所没有标识，而是标识的位置有问题——这些标识被放在厕所的门上，当厕所门往里打开时,人们就看不到男女厕所的标识了。

位于苏格兰布兰太尔的圣约瑟夫小学[①]由保罗·斯塔伦设计工作室设计。学校包括小学和幼儿园,为双层建筑。学校的公共区域如图书馆、通讯室、公共活动区、更衣室等,都集中在学校的中心区。为了方便孩子们识别,学校设计了色彩鲜明的标识,在所有的公共空间及通道的主要节点都能十分迅速地找到这些标识。校园内还设计了一些独特的动物标识,为孩子通行及指引提供便利,也给学校增加了无穷的趣味。这些图形和谐一致,如用多彩线条勾勒出来的小动物等,很受幼儿园及低年级孩子们的喜欢。而高年级部分使用的图案则相对粗犷,条形主题图的视觉冲击效果就更加强烈,预示着孩子们处在不断成长、不断发展的阶段。不同的图案、不同的形状,孩子们可以方便地区别不同区域及不同的功能地带,设计师在选用地毯及墙面漆颜色时也十分审慎,最后,采用了相对中性的白色墙面与深灰色的地毯。窗框的内侧也涂上了比较明显的颜色,窗外的人们从不同的角度都能看到,与灰色、黑色、白色的涂层面板形成强烈的色彩反差。

3. 简洁

标识一定要简明,切忌繁琐、复杂。过小过多的文字与繁复的图形不利于信息传递。简洁,就是设计的标识要让人一目了然,方便识别,让人们在短时间内迅速获得想了解的信息。

4. 统一

同一所学校的标识应该保持基本统一,在形象及色彩上形成统一格调,体现设计的连贯性及反复性。统一,需要设计的学校导示系统要与建筑物风格保持一致。统一,是形象系统设计的基本要求,为了达成统一,有些要素需要反复出现,体现出设计的一致性,如学校 LOGO、标准字体、标准色等。

---

① 高迪国际出版有限公司编. 中小学建筑[M]. 大连:大连理工大学出版社,2012:61.

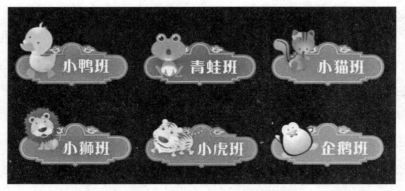

这组班级标识采用了一组形态各异的动物，既达成了风格的统一，又不失形象的丰富，鲜明的色彩也符合儿童心理特征。

5. 美观

学校导示系统之所以需要专业设计，其中一个重要的因素就是美观。美观需要协调各方面的因素，在形象、色彩上要考虑美观；在标识的布局上需要考虑美观；在形式与内容上需要达成一致；在学校的整体风格上达成各要素之间和谐统一。同时，美观还要符合不同年龄孩子不同的审美趣味及特点与认知心理。

Ma:d srl 设计公司为意大利罗大里学前学校进行了室内外建筑图形和导示系统设计。① 设计人员以动物及植物为设计基础，采用几何形图案设计了整套的花朵、狮子、熊、猫、狗、鱼等形象。Ma:d 公司对这些形象进行网格化处理，让形象变得简单，方便孩子识别并在网格图案上进行简单绘画。这些图案被放置在学校的各个楼面。年龄最小的儿童（3 岁）的公共活动区全是"小猫"和"小鸡"的形象。4 岁儿童则主要是与"小熊"玩耍，5 岁儿童与"狮子"共同奔跑。楼

---

① 伊丽娜·歌利亚齐娃.文化导视Ⅱ[M].沈阳:辽宁科学技术出版社,2015:12–14.

面变成了画报的插页或动画片的画面。教室的设计略微抽象，以方形为主；公共区以圆形为主。体育活动区的地面描绘了在水中游动的鱼儿，整个校园充满了童趣。

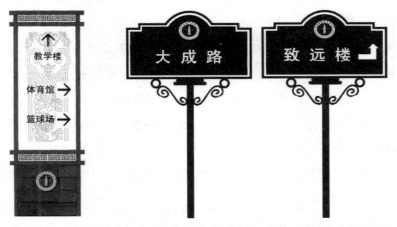

中式道路导视标识（左）与欧式道路导视标识（右）。 不同的建筑风格设计要有与之相对应的学校导示系统。

（二）学校导示系统的教育性及审美性

导示系统，又称导视系统。俄罗斯学者伊丽娜·歌利亚齐娃将之分为公共空间导视与文化空间导视两种，并对其加以详细说明。[①]

导示系统在美学上要符合其所在地的特色。很明显，无论是公共空间，还是文化空间，都应该以人为本。所有从事导示设计的设计师都需要进行客流研究，需要了解可识别标准、视距、环境心理等一系列基本知识及准则。这些因素

———————————————

① 伊丽娜·歌利亚齐娃.文化导视Ⅱ[M].沈阳:辽宁科学技术出版社,2015:前言.

对于视觉系统设计成功是至关重要的。通常来讲，导示系统汇聚了某地的空间信息，人们可利用这些导示信息来确定自己的位置，并迅速找到下一个要去的位置。这个过程被描述为"分步式行为"，它让我们先确定自己当前的位置，然后，在最短的时间内设计出一条适合的移动路径。导示系统可以为我们节省时间，迅速找到目的地。

公共空间的导示系统主要考虑线路的建设，而不是线路所穿越的那些环境。文化空间的导示系统设计则更注重空间本身与环境特色，与空间的良好互动成为外来者体验的一部分。人们根据个人的参观体验建立起环境心理模型，从而与空间实现交流互动。所以，文化设施中的导示系统设计，应更多考虑人们理解和感知空间的功能。

文化导示系统具有其他空间导示所没有的功能，它不再是一个过渡点，而是一个交流空间，更重视其"体验性"。

文化导示系统的一个重要目标就是促进社会文化的发展。所以，到达、离开以及中途的"惊喜时刻"等重要事件的体验在交流过程中起着重要的作用。"到达体验"是一次成功访问的关键。这就是我们所讲的"第一印象"。这种"第一印象"可能会长期影响一个人对该环境的认识。

学校是一个重要的文化传播及创生的场所，校园导示系统就是一种文化空间导示系统，具有上述文化导示系统的所有功能。但学校导示系统还有一些更高的要求。

学校是一个特殊文化场所，一方面学校面对的孩子有多样化的审美需求；另一个方面，在成长过程中，他们需要不断接受善与美的教育。他们眼中所见到的东西，对他们的审美观、价值观影响很大。所以，学校文化导示系统不单单是一个标识设施，也不仅仅是一个普通的文化导示系统，而是具有一定教育意义和审美特性的价值导向系统。这样的导向系统需要采用清晰的、易于接受的、美观的、有一定创意的视觉标识来实现,并且要依靠空间整体来发挥作用。

　　TAMK 设计公司与澳大利亚梅特·克里斯蒂学院的领导团队共同开发设计了梅特·克里斯蒂学院的学校导示系统。学校位于墨尔本风景如画的丹顿农山脉,设计团队希望学校导示系统在视觉上能与周围郁郁葱葱的环境和谐统一,并且能体现出学校的价值观和办学理念。在具体设计时,导示设计系统嵌入了学校的理念系统,把学校推崇的"全球化思考者"价值观及富有启发性的学校语录,设计在标识的侧面和学校的墙体上。

江苏常州清英外国语学校道路指示牌,明亮的色彩,似乎飘着糖果味。

　　为了更好体现导示系统的教育性,梅特·克里斯蒂学院还在整个导示系统中,特意设计了用于纪念校友及社区人士的纪念装置,一幅壁画及纪念 50 周年纪念图腾。澳大利亚奥格尔维高中的导示系统也有自己的特点,把学校理念"尊重"(respect)、"乐观"(resilience)、"责任"(responsibility)几个巨大的字设计在校园台阶上,时时提醒学生自主自信。我们在一些以蒙台梭利为教育思想设计的幼儿园中,到处可见具有教育意义的标识标志,比如,洗手间门口设计了红绿灯,以让孩子熟悉"红绿灯规则"。这是蒙氏教育法所倡导的让孩子在与环境的互动中进行学习的一个范例,目的是在一个日常场景中训练孩子各方面能力和素养。比如,耐心、秩序感、自制力、尊重他人的能力、遵守规则的能力、与人协作的能力等。

(三)学校建筑物、道路、园林等的命名

学校的建筑物、道路、园林等的命名,是学校导示系统中的一个核心内容,也是系统设计中的一个亮点。学校建筑物、道路、园林等的名称都是学校的文化名片,体现出学校的文化品位;在一定程度上也反映出学校的品位及管理者的智慧。学校的楼名、路名、园名等要成体系,可以围绕学校特色、学校历史及学校的核心理念展开。如绍兴鲁迅中学,围绕鲁迅及鲁迅的思想、作品做文章,把学校的大楼分别命名"朝华楼""迅行楼""行诚楼""越吟楼""树人堂"等;把学校图书馆命名为"三味书屋"等,这些名称符合学校立志建成"最鲁迅"的中学的办学思路。

江苏省锡山高中位于名人辈出的惠山古镇,为了让学生了解这一历史,学校在给新建的学生宿舍命名时颇动了一番脑子。据唐校长介绍,学校按照惠山区的文化古村或著名书院名命名宿舍,"村前"为国际交流中心,男生宿舍叫做"长安""安阳""蓉溪",女生宿舍则命名为"礼舍""杨墅"等。这样做的目的是想让今天的孩子仰望惠山大地杰出的乡贤,厚植乡土情思,立志报效桑梓。以乡贤为榜样,造就学生的文化人格,让学生拥有植根于内心的修养、不需提醒的自觉、基于约束的自由、为他人着想的善良。比如,女生宿舍以礼舍古村命名,就是希望从礼舍社区走出来的女生,能够以礼为先,知礼有仪;以杨墅古村命名,希望从中走出的女生能温文尔雅、知性大方。更重要的是,宿舍实施社区化管理,尝试把校园变成学生生活的"实境",让学生真实面对生活实际,自主建构生活秩序!

南京市高淳区湖滨高级中学,学校的建筑物围绕核心理念"上善若水"展

江苏省锡山高中改造后的宿舍楼，按照当地的古村或古书院名称进行重新命名，使校园洋溢着浓浓的乡土情。

开，营造"若水文化"视觉氛围。① 学校建筑物的命名，从中国历代典籍中寻找灵感，赋予建筑以灵魂：

　　办公楼——怀源楼、浚源楼、清源楼、智源楼。

　　怀源楼，典出南北朝庾信的《徵调曲》："落其实者思其树，饮其流者怀其源。"

　　浚源楼，典出唐代魏征的《谏太宗十思疏》："欲流之远者，必浚其泉源；思国之安者，必积其德义。"

　　清源楼，典出《墨子·修身》："源浊者流不清。"

　　智源楼，典出汉代韩婴的《韩诗外传》卷五："智如泉源，行可以为表仪者，人师也。"

---

① 沈曙虹. 学校文化战略策划 PPT［EB/OL］.（2015 - 5 - 18）. http://www. doc88. com/p-3932166425251. html.

教学楼——乐水楼、厚水楼、激水楼。

乐水楼,典出《论语·雍也》:"智者乐水。"

厚水楼,典出清代张伯行的《困学录集萃》卷一:"水之积也厚,则负大舟为有力;德之积也厚,则建大业为有本。"

激水楼,典出明代冯梦龙的《古今小说》:"水不激不跃,人不激不奋。"

图书馆——积渊楼,典出《荀子》:"积水成渊,蛟龙生焉。"

宿舍——水仙子居、水晶帘居(女生宿舍);水调歌居、水龙吟居(男生宿舍),皆取自词牌名。

三、 学生学习空间设计

学生学习空间,指教室、阅览室、实验室、心理辅导室、运动场及其他各类专用学习、活动室等。这些空间在学生学习中的地位和作用是其他场所无法替代的,学生在其中度过的时间占据了他们在校的绝大部分学习时间。这些地方的设计,会在很大程度上影响学生的学习效率,在学生的成长中将发挥重要的作用。随着网络时代的到来,学习空间的概念也得到拓展,虚拟的网络空间同样也给学生学习提供了帮助,并且随着社会发展,还会发挥越来越大的作用。一个好的学习空间,无论是物化的空间,还是数字空间(或虚拟空间),都能把学生吸引过来,聚集起来,让他们相互讨论、共同探索,协作完成学习任务。学习空间会对学生学习产生重要而且深远的影响。

2011 年,美国设计厂商赫曼·米勒(Herman Miller)公司开展了一项主题为"关于空间的适应性和对学习的影响"的研究,确定了影响学生学习的四个关键因素:人类的基本需要、教学、学习和参与,认为,弹性和舒适的学习空间能在很大程度上增强学生的学习体验。另一项在 2011—2012 学年进行的研究也得出了相似的结论。索尔福德大学建筑环境系教授彼得·巴雷特（Peter Barrett）的研究团队，调查了英格兰 7 所小学 34 间教室、751 名学生，发现"教学空间设计对于学生的进步有 25％的影响"。[①] 学生学习空间设计成了提高学生学习力的一个重要因素。

意大利的瑞吉欧·艾米里亚教育体系的创始人，意大利心理学家洛利斯·马拉古兹，在其著作《第三任教师：让你通过设计变革学与教的 79 种方法》（*The Third Teacher*：*79 Ways You Can Use Design to Transform Teaching ＆ Learning*）中指出："儿童经由交互和互动得以发展。起初，与他们身边的成年人（父母和教师）互动；接着，与他们的同伴互动；而最终，他们与周遭的环境互动。环境是孩子们的第三任教师。"可以说，教育环境是孩子成长中一个不可缺失的要素，扮演着"第三任老师"的角色。

学习空间设计，需要关注以下一些问题。

（一）学习空间设计应该与学校的教学理念、建筑风格等统一

美国华盛顿磁石小学，以培养学生批判思维、深度反思和学以致用为办学理念。[②] 所谓"磁石学校"，是指以自身独特的设施和专门化课程如同磁石般吸引本学区或本学区外学生的学校。该校就把"科学、技术、工程和数学"教育（STEM）特色课程来作为吸引广大学生的"磁石"。2011 年学校异地重建。新校紧紧围绕 STEM 课程理念进行建设，强调建筑形式与学校课程、学校功能的紧密结合，实现"形式追随功能"。校舍各功能室的布局以 STEM 为核心，实验室位于整个建筑的中轴线上，临近周边分布着三大教学组团和教师办公室，这

---

① 张渝江. 未来的学习空间[J]. 新校长，2015（7）：88-89.
② 邵兴江. 美国华盛顿磁石小学：建筑凸显特色与绿色[J]. 上海教育，2014（11）：72.

里是全校师生汇聚的中心。在中轴线两侧,引入开放、互动和基于项目学习的设计理念,分别规划设计了"三个教室一个交流区"的学习组团。共享交流区被设计成半开放式,抛弃了传统的实体墙,引入了活动的屏风,可以灵活组合。建筑师还在很多地方强调了数学元素,如将斐波纳奇数列规律与窗户的开间大小结合起来,依1、1、2、3、5的数列排列,以激发孩子们进行深度思考。数学图形、原理与数学测量等知识也被融合进体育馆的室内设计中。

华盛顿磁石小学的校舍设计获得了2013年美国国际教育设施规划者学会"杰姆斯·D·麦康纳尔奖",以及美国伊利诺伊州学校委员会"卓越设计奖"。

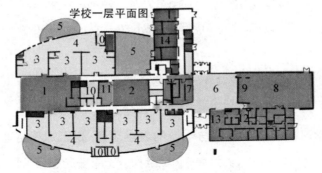

学校一层平面图

(图示:1. 学习资料区;2. STEM 实验室;3. 学习室;4. 合作交流区;5. 户外学习区;6. 公共休闲区;7. 点心区;8. 体育馆;9. 储藏区;10. 教师讨论区;11. 个别辅导区;12. 行政办公室;13. 接待室;14. 设备用房)

华盛顿磁石小学一层平面图。 1、2、6为学习资料区、STEM 实验室及公共休息区;3、4、5分别是学习室、合作交流区及户外学习区。 这些空间是全校师生的主要活动场所。

学习环境设计要与学校建筑风格相统一。有这样一所百年老校,校园内有一座古典建筑,里面摆放着条形木质课桌,色调古朴稳重,书院气息扑面而来。但教室前方白晃晃的白板,上方悬挂着的多媒体投影等现代化设备,在这样的环境中显得十分突兀,极不协调。既然要追求古朴,在设计外加设备时,就应尽量考虑整体的协调性,不能破坏"书院"朴素及庄重的氛围。考虑到学生要在书院上课,可尽量选用黑板、粉笔等教学用具。如果确实需要多媒体设备,在设计时应考虑其隐蔽性,平时不用时可以隐藏起来,或者对其进行仿古装饰,保持室内风格的一致,以兼顾实用性与美观性。

相比其他学校,北京四中的教室风格独特,呈"六角形",为孩子们创造了很多可能性。这一造型模仿了剧场"钟"形的设计,依据物理实验的结果,这样可以取得最好的声光效果。人们还进行了一些测算:学生端坐着读书写字时两肘之间的距离一般在 66 厘米以上,为了让孩子更好地成长,不影响他们的发育,应该采用单桌排列的形式排布,这样教室的面积就需要更大。学生比较理想的视距为离黑板 2—8.5 米,适当的视角为与黑板两端的夹角不小于 30 度。所以,设计者认为最佳的课桌设置形式应为"钟"形。

教室的六角形造型,为教室创造了很多空间角落,而这些角落刚好可以满足一些学生安静读书的欲望。蜂巢般的造型也可以勉励学生勤奋读书,"六角形"教室在孩子们心中留下不可磨灭的印象。

学习环境设计还应该同当地的地域环境或人文环境相结合。美国纽约州的东汉普顿图书馆儿童阅览室是长岛最古老的图书馆之一。设计师在阅览室及环境标识设计上参照了长岛东部的传统风格,把东海岸的航海历史元素引入了馆内的设计中。灯塔、风车、小船等海边的标志性元素都是设计师采用的要素。主阅览室一端是风车书架和休息区,另一端是咨询台。阅览室设计成一个水族箱,中间放了由回收渔网织成的深蓝色的地毯,咨询台则设计成一艘小船,作为办公区。地板上画着一幅当地的地图,画着一条大海蛇,还有美洲原住民划着独木舟横穿大培科尼克湾的场景。航海主题在木地板、嵌入式窗台座以及中央休息区的定制地图中得以延伸。顶上,悬挂着的是一排排特制的"图书鸟",其实是塑造成海鸥形状的吊灯,增加了空间的动感。整个儿童阅览室营造了温馨、自然、和谐、优雅的气氛,到处弥漫着地域风情,是一个能让孩子着魔的地方。①

(二) 学习空间设计需要考虑不同年龄段孩子的特点与需求

现在,为了防止孩子在墙面上乱涂乱画,很多学校包括幼儿园都将教室、走廊的墙面贴上了瓷砖。到处是瓷砖确实给教室清理、保洁带来很多方便,但容易给人一种冷漠、不可亲近的感觉,这与孩子活泼热情、喜欢丰富色彩的天性不符。特别是幼儿园及低年级孩子的教室,在设计时更应该考虑孩子的特点与需求。

幼儿园是孩子接受学习的第一个活动场所,他们对于这样的活动场所充满了期待。所以,幼儿园教室设计应该是活泼、丰富、多彩,充满各种诱惑的;应该是符合孩子好奇多动的天性,能激发孩子无穷的求知欲望的。国内很多幼儿园在外形及色彩的设计上已经考虑到幼儿的特性,但在室内设计方面考虑不够。这一方面,我们可以借鉴国外幼儿园设计的先进经验。

维利达(Vereda)幼儿学校,由建筑师玛利亚·何塞·皮萨罗(María José Pizarro)和奥斯卡·鲁达(Óscar Rueda)设计。人们一进入这所学校,就会立即联想到路易斯·拉罗尔的小说《爱丽丝梦游仙境》。建筑师营造的丰富多彩、亦真亦幻的世界不仅满足了孩子们学习和娱乐的功能需求,同时也加深了他们对空间、尺度、色彩的理解。为帮助孩子们学习与成年人共处,设计师将必要的地方做成两种尺寸,以适应孩子和大人的使用习惯。中心区域作为公共空间应满足人们在使用时方便到达所有教室,流动空间所使用的材质兼顾视觉及触觉的感受。圆形的天井,将室外空间引进室内。两米多高的巨型天窗让孩子们在室内也可以看到外面色彩斑斓的世界。教室通过可开合的玻璃窗划分出独立空间,方便孩子们自由进入。这些都使得室内空间不再单调呆板。建筑师选择了

---

① 伊丽娜·歌利亚齐娃. 文化导视Ⅱ[M]. 沈阳:辽宁科学技术出版社,2015(6):104 – 105.

圆形的外轮廓,为建筑的发展留出空间。但是这样的设计与建筑所在的三角形的地块整合起来很有难度。为解决学生活动空间问题,同时增加活动情趣,设计师把操场设在屋顶。好的学校应兼具合理的尺度与创造性空间,可以激活老师和孩子无限的认知能力。[①]

常州清英外国语学校半月形课桌,充满想象力的造型,营造出了梦幻般的效果,内凹的弧形更适合孩子们学习,活动时也可以把课桌组合成不同的花朵。

波比偌泊利幼儿园,位于希腊名城伊拉克利翁。从街边走过,人们会被这所幼儿园五彩斑斓的色彩所吸引:湖蓝色的地板,粉色、绿色的橡胶软垫,红白蓝绿的小凳……似乎画家打翻了颜料罐,将所有的色彩都倾倒在这里。幼儿园

---

① Vereda 幼儿学校[EB/OL]. (2013 - 4 - 19). http://photo. zhulong. com/detail64886. htm.

有两层空间,楼上是学习室,墙面被处理成镂空的浮雕,上面是云朵、树木、房屋等抽象形状,从镂空处透出温暖的光。一层是活动室和餐厅。无一例外,所有的玩具、攀爬设施、桌椅板凳,甚至连储物柜和灶台都是彩色的,用以充分满足幼儿活跃、好奇、爱幻想的天性。①

低学段学生的空间设计更要重视活动性及创造能力的培养。在设计活动空间时,更应重视开放性及活动性。开放的学习环境有利于激发人们的创新意识及能力。以创新为发展动力的谷歌公司,把工作室与人们交流、休闲环境合为一体。有人这样描述谷歌的办公区:整个办公室区域充满了设计感与科技化的装饰、躺椅、按摩床、洗浴区、健身房、游戏区,办公区内有免费的吃不完的餐点与零食,甚至还有麦当劳、电影院等。这里就像是一座迷你城市,你完全可以在这里找到另一半,不出办公室就已经能够满足你生活的全部需求。② 因为一个很好的创意很有可能就诞生在饭桌上,在朋友之间的谈话中,甚至在睡眠中。学校虽不可能像谷歌公司一样,把工作、学习、休闲环境完全一体化,但在改造学生的学习空间时,可以同时考虑学生的活动、展示的空间,让学生学习场地的功能更加多样化,便于学生"做中学""创中学"。

设计要满足儿童的发展性。学生处在不断的发展中,不同的发展时期需要有不同的设计方向。1951年,设计师汉斯·夏隆将德国达姆斯塔特一所公立中学变成了典型的社区学校。③ 社区学校的意义是,把学校设计成一个微缩的社区,学校面向社区开放,同时,学校也是社区的一部分。这所学校的学生是6—14岁的孩子,根据不同年龄段的孩子,所有的教室群落都有不同的设计。学校分为

① 李斌. 卓越学校发展[J]. 校长,2013(4):130.
② 刘雪雯. 前卫舒适独具创意—围观谷歌特色办公室[EB/OL]. (2015 - 10 - 13). http://pad. zol. com. cn/545/5452339. html.
③ [美]R. Thomas Hillle. 现代学校设计:百年教育建筑设计大观[M]. 胡舒,译. 北京:电子工业出版社,2014:313 - 314.

三个区域,不同年龄段的学生分别享有一个区域,一年级到三年级的学生占据底层,四年级到六年级在中层,七、八年级的学生则享有高层。对于低年龄段的孩子,底层区的设计方便学生玩耍、游戏,通过这样的活动增加学生的社交机会。低年龄段孩子的教室采用暖色调,光线进入教室显得更加温馨,营造出家的感觉。

在中层区,设计师把重点放在集体活动空间的设计上,鼓励学生的社会交往,因而在整体设计上显得硬朗及内敛,教室统一呈规整的矩形分布。教室内的色彩采用冷调处理,营造了舒缓的学习与活动氛围。

上层区是高年级学生的学习活动场所,空间设计体现出高年级学生逐步建立的社会意识和个人责任感,及逐渐成熟的自我表达和自我规范的意识。同时,光线的设计也有其独到之处,采用漫射光,营造了适合学生沉思及深度学习的环境。

学校礼堂及行政办公室是最公共化的建筑之一,建筑师把这两个部分设计在学校的门口,方便社区的使用,同时,减少了社区对学校正常教学秩序的影响。

低年级的教室靠近学校的行政区域,这样更安全,也方便学校监管。中年级的教室在学校的中部,一定程度上锻炼了孩子的独立性。高年级的孩子离行政机构最远,可以给孩子更多的自主权,提高他们的自我管理能力。

(三) 不同功能的学习空间需要进行不同的设计

学习空间的设计需据其功能有所区分,如,活动室与阅览室就应该有所不同。活动室的设计要灵活可变,摆放的物品、座位等可以根据不同要求进行临时性的移动及组装,但大型阅览室的设计则要体现舒适及稳定性,努力给学生营造一个安静高雅的读书环境。

环境的舒适度能影响学生的生理及心理状态,提高学生的幸福感。幸福感是一种生产力,对于学生来讲就是一种学习力。教室的光线、颜色、温度、空气及家具等是影响舒适度的要素。可通过多方要素整合,促成学生沉浸式学习的发生。

　　在灯光方面，教室、阅览室的灯光要明亮，最好采用偏冷调的混合光，即可控的人工光源及自然光结合；而宿舍、心理辅导室等灯光要柔和，以暖光源为主，营造温馨的氛围。1999年，赫曼·米勒集团对2 000间教室进行调查后发现，对比学生在自然环境与非自然环境下学习，前者数学成绩提高要快20％，阅读成绩提高快26％。

　　色彩也会对学生产生强烈的心理暗示。不同的功能区需要有不同的色彩设计。运动场地及食堂，色彩可以强烈一点，以暖色为主，明快的色彩和偏暖的灯光可以提高学生的兴奋度，增加学生的运动激情，提高学生的食欲。在宿舍及实验室等地方，色彩以简单淡雅为主——宿舍可采用淡雅色调，便于学生静心，有利于学生休息；实验室可采用简单略显冷调的色彩，能令学生冷静、严谨，增加学习探究的气氛，提高学生的学习效率。

无锡协和国际学校把原来的进门大厅改造成一个多功能活动中心，学生可以在这里阅读、座谈，也可以进行演讲。 原来狭小的楼梯改造成宽敞的阶梯式座位，便于学生观摩及聆听。

一些以活动为主的学生学习空间，其布置要体现开放性、活动性、可拓展性，要尽可能多地发挥学生的主观能动性，让学生参与到环境设计中来。比如，可把学生优秀的活动成果或者优秀作业，布置展示在活动室里。这种做法，不仅更贴近学生，而且可以激发学生学习的积极性，增加他们的成就感，做到让学生教育学生，让学生激励学生。

《2016新媒体联盟中国基础教育技术展望：地平线项目区域报告》指出，未来教育会"重设学习空间"[①]：一些思想领袖认为，新的教学与学习形式需要新的教学与学习空间。中国基础教育逐渐从以讲授式为主的传统模式转向更多学生动手参与的新模式，教室开始模拟真实的世界和社会环境，以促进学生间有机互动并解决跨学科问题。学校也需要根据学生不同的学习需要进行专门设计，如，讨论室最好采用圆桌型；自修室设置独立课桌，营造互不干扰的学习环境；探究式采用小组合作方式，宜把课桌对应出不同的小组；阅览室尽可能多变化，学生可以根据自己的学习习惯选择不同的阅读方式。

学习环境的安全性，是学校在进行环境布置时须首先考虑的因素。

孩子天生好动，只要一下课，整个校园就是他们的世界。所以，学校设计要把安全性放在第一位。在进行学习环境布置时先要看看校园内是否有可能给孩子带来伤害的尖角、柱子、突然隆起的地面等，要留意排查平时教师不太注意的安全死角。如存在上述情况，就要对这些环境进行再设计，于保持美观的同时有效化解这些安全隐患。

---

① L·约翰逊,刘德建,黄荣怀,等.2016新媒体联盟中国基础教育技术展望:地平线项目报告[J].浙江教育技术,2016(1):14.

课间的校园是孩子的世界，廊道成为孩子的乐园。 如果对孩子的安全教育不及时，或者校园设计不合理，保护不到位，孩子们就极易受到伤害。

（四）学习空间的变化也来自不同学习模式及不同学科要求

　　课堂是最重要的学习空间，也是最需要精心设计的地方。位于山东聊城市茌平县的杜郎口中学的课堂与众不同，在这里你几乎看不到秧田式课桌排布方式，取而代之的是小组合作式的课堂结构，并且教室的三面及走廊都是黑板。黑板也是学生学习、演示的主要场所。老师从不站在讲台中间授课，少言寡语是常态，整堂课加起来不会超过 10 分钟。而学生生龙活虎，遇到发言则争先恐后，个个充满自信。45 分钟的一节课，学生坐在自己位置上的时间不会超过 20 分钟。刚才全班学生还集中在教室前半部分读黑板上的句子，一不留神又都涌到后面一起读教室后墙黑板上学生写的知识要点。再一会儿，课桌前不剩一个学生，所有人都扑到分布在教室三面及教室外面略显破旧的黑板上了。有的班级学生太多，四块黑板已经挤不下人，个别学生只能在教室角落的墙上书写起来。一只只捏着粉笔头的小手，犹如一只只麻雀不停地在黑板上啄食。这样的奇景吸引了大量的关注，参观学习的人络绎不绝，最多的一天会有上千人。

这样的课堂环境设置与杜郎口中学独特的课程特色与课堂要求有关。杜郎口中学的课堂结构主要分三个环节：预习、展示、反馈；同时确立了"10＋35"的课堂模式，即教师的讲占10分钟，学生的自主学习占35分钟。在这样的课堂上，教师很少讲课，学习的主体是学生，合作学习被认为是最有效的学习方式。因为需要及时展示与反馈，黑板就成了学生学习的主要阵地。

杜郎口中学的教室，三面都是黑板，连教室外面的走廊都装上了黑板，学生随时可在自己的黑板区域学习及演示。

课堂形态也会根据不同的学科特征及不同的学习需求而改变。

语文学科是人文学科，需要在语言对话、观点讨论中学习与思辨。语文的课堂环境可以布置成"圆桌会议""剧场""茶馆"等形式。《麦克白》是莎士比亚著名的戏剧作品。一位老师在教这一课时，将学生分成不同的小组，每一个小组围成一个小圆圈，学生以小组为单位进行讨论，各自发表意见。因为采用了"圆桌会议"学习形式，小组成员可以听到每一个学生的建议。接着老师让每一个小组学生分角色表演《麦克白》选段。圆形的座位排列可以让学生充分讨论，同时方便观看学生的表演，有一种茶馆观戏的感觉。语文课离不开艺术作品的欣赏。美国一所学校的语文课上,老师让学生把课桌椅子搬到教室的角落,然后在地上铺上地毯,大家席地而坐,欣赏影片。看完影片后,老师开始教学,让学生描述看到的内容,并开展角色扮演、重温经典台词等活动,从而学习新掌握的词汇与句子。

数学学科,以概念及推理学习为主,如果学习中能够还原生活场景,学生学习的兴趣就会增强。所以,数学课堂环境可以采用"模拟集市""手工制作"等形式。在小学四年级的一节数学课上,老师让学生对教室进行调整,布置成了集市样子。课桌被挪到了教室的两侧,空出的条状地带就是街道。学生进行分组角色扮演,一部分扮演商贩,其他扮演顾客。老师给学生们准备了一些材料,如上面写上 10 分、20 分、30 分、40 分、50 分等数字的纸条,作为相应面值的"钱币"。"商贩"的面前放着文具盒、笔、橡皮等文具用品,以及一些其他纸条,上面写着牛奶、白菜等农牧产品的名称与价格。接着,"顾客"们用手中的"钱币"到"商贩"那里去交换,购买物品,通过"购买"及"找零"来学习加减乘除等知识。"模拟集市"模拟生活场景,让学生的学习情境化、生活化,既使学生学习了学科知识,也锻炼了学生的生活技能及社交能力。

空间概念是一种重要的数学能力,但在教学中仅仅靠教师讲解与黑板作图,学生很难理解,故学习效果不佳。如何解决这一问题呢?美国的教师有自己的好办法。小学五年级的一节数学课,学习的内容是立体几何的知识。老师给学生提供了一些带有网格的白纸,在纸上画上图案,让学生沿着图中的实线剪下来,按照虚线折叠,将边线粘起来构成一个立方体,再让学生测量自己做的立方体,以此来了解立方体与平面之间的关系。这样在课堂中适当让学生动手,制作一些模型,可以帮助学生在头脑中建立起空间关系。[①]

科学学科的知识体系十分严谨,学习方式强调实践及探究。在建设学习环

---

① 张渝江. 未来的学习空间[J]. 新校长,2015(7):58 - 64.

境时,可以把教室与实验室结合起来。

美国宾州伯利恒中心高中多功能教室,学生在教室中间上课,边上是学生进行实验、探究的活动场所,此种排布十分便于学生边学习边实验。 在美国,很多学校都把教室建成相应学科的活动室或者探究室。

四、 公共空间艺术设计

公共空间艺术设计,指对校园的公共空间进行的艺术创造及相应的环境设计,包括楼梯及过道设计、学校橱窗设计、校园各种警示语设计,及校园雕塑等文化景点设计。公共艺术设计需要关注校园的每个角落,把有限的校园空间转变成丰富的教育资源。

学校景观设计,包括自然景观设计与人文景观设计,而公共空间艺术设计是学校人文景观设计中的一个重要组成部分,是学校文化的一种表达方式,是学校环境设计系统中的一个重要组成部分。公共空间艺术设计应达成审美性、独特性、教育性的高度统一。

公共艺术设计要让学校内每一个角落都有情趣,富有文化韵味。我们在台湾参观了一些中小学,发现学校规模不是很大,但校园布置精致典雅,甚至连厕所的墙上也布置着许多笑话、格言警句及漫画等,再配上鲜花植物,构成了特有的"厕所文化"。在台湾的秀朗小学,我们看到楼与楼的连接处有一条"空中走廊",走廊的两旁种满了绿色植物,既美化了环境,也可起到隔音及夏天降低走廊温度的功能,成了一个多功能的"空中花园"。

(一)公共空间是学校重要的课程资源

新加坡国立大学附属数理中学被誉为"3D 教科书",学校很好地将概念性学术思想转变为有形的建筑元素。学校入口大厅的"纳米管楼梯"的设计灵感来自 DNA 那动感的双螺旋结构,面向体育场的墙面则设计成"圆周率"墙等,可以说"校园的每一个空间都在诉说着一种对学习的热情"。

好的校园环境设计,也有可能是一部波澜壮阔的学校发展史。在具有百年

江苏省锡山高级中学校训石,镌刻在由石片组成的"竹简"上,竹简代表了历史,石头意味着永恒。 古老的校训在今天依然能发出时代的光芒。 学校把百年校史设计在了教学楼的过道两侧,让历史走出了阴暗的陈列室,走进了师生日常的生活中。 历史是活的,历史是师生用每一天的脚步走出来的。 今天,每一位学生都在创造自己的历史。

历史的江苏锡山高级中学校园内，处处可以看到学校百年发展的印痕，学校创始人匡启塘先生持卷凝思的铜像、校训"书简"、"私立匡村学校"大门复原纪念建筑等，让百年风雨在校园内穿梭，构建起了特有的"书香园林"，让学校的历史"环境化"。

重庆市江北中学也是一所百年老校，创建于公元 1909 年（清朝宣统元年）。重庆多山，因此学校依山而建，建筑高低不一、错落有致，从而形成了江北中学校园文化的特色。百年校庆之时，学校便根据特有的地形特点进行校园文化建设，其中最有特色的是"百年阶"。"百年阶"自下而上设计了一百级台阶，一年一级台阶，每一级台阶上都写着这一年与学校有关的重大事件。如"1909 年，江北厅始建中学堂，理民府初聘教务长""1910 年，兴新学李尊拟章典，设预科学堂行大典"等，一百级阶梯讲述了学校一百年的历史。

可见，好的公共空间设计就是一部优秀的教科书，是学生学习的重要课程资源。

重庆市江北中学的"百年阶"，一百级阶梯讲述了学校一百年的发展历史。

台湾地区很重视对传统文化的保护及教育，在他们的中小学校园里到处可以看到中华传统文化的印迹。 左图为淡水中学校园，耕牛及酒缸成为校园文化建设的一个内容。 右图为康桥双语学校，其走廊布置成农舍的木门，一种浓烈的乡土情扑面而来。

（二）公共空间要有贯穿整个校园的主线

校园文化设计的要素很多，内容也很多，诸多东西汇集在一个校园里，需要有一个主题来把它们统整起来，如果相互之间没有任何联系，整个校园就显得散乱、无序，反而会削弱校园文化的价值，降低学校的品位。

重庆市江北中学的科室建设就围绕着儒家思想展开，每一个科室都用一个字来概括，如校长室"仁"、副校长室"和"、德育处"德"、教务处"道"及总务处"义"。

浙江绍兴的鲁迅中学，在进行校园文化建设时，就很好地把握了学校"立人"办学理念这根主线，做好做足"鲁迅"这篇文章。[①] 漫步校园，不仅有琅琅书声相伴，更有似曾相识的"百草园"、大气磅礴的"立人"墙、神态逼真的"孺子牛"、宁静优雅的"树人堂"、静能生慧的"三味书院"、古色古香的"豫亭"，再有

---

① 胡尧兴. 传承鲁迅"立人"思想构建师生精神家园［EB/OL］.（2015－5－25）. http://news. 163. com/15/0525/01/AQE2JFG500014AED. html.

"抱诚守真"的校训石、"求实树人"的校风石、"独树一帜"的校标石、"开拓新流海人不倦"的教风石、"独立思索　锲而不舍"的学风石、特色鲜明的纪念室、承载校史的陈列室等。巍峨屹立的鲁迅像,别致优雅的社戏台,古朴厚重的"中国脊梁"文化景观墙以及高悬在灯杆上的"鲁迅语录",相得益彰;而"传承鲁迅立人思想,构建师生精神家园"几个大字则浓缩了学校全部教学思想与办学追求。这些,共同构成了"最鲁迅"学校的基本要素。

浙江临海市大洋小学北校区的文化设计也很有创意——在设计上以"自然图画"为主格调。他们在不受关注的洗手间设计上花了一番功夫精心设计,每一层楼都有不同的文化主题:一楼洗手间可以看到生态地球的主题展示,结合走廊文化,营造了一种从海洋到陆地的生态氛围,置身其中,仿佛走进了神奇的海底世界!二楼洗手间以"世界环境日"为展示主题,侧墙以块面造型墙作为载体,点缀仿真绿植,结合木材质感的砖墙,烘托生态环境的氛围并与走廊的"山"文化相互呼应。三楼洗手间以水资源为展示主题,与走廊文化、校园文化相互结合,用简洁的画风描绘了水循环的生态概念。四楼洗手间以水培生态植物为展示主题,与科技生活相互结合。吊顶和内侧墙采用灯光与展示框交替,体现出科技感。铁艺架更作为展示窗口,可以展示水培植物标本以及学生环保作品等。①

可见,好的公共空间设计需要确定一个与学校理念相关的主题,以此贯穿整个校园的空间建设。

---

① 小小空间——创意无限[EB/OL].(2017-9-22). https://mp. weixin. qq. com/s? _biz = MzI5OTE1MjA4Mw == &mid = 2698603363&idx = 4&sn = 5680d5befd7722df2d06f8b2b f22c285&chksm = c9b72cdffec0a5c980bfd5ff83db421088e8569075de1cef3efa4c79c82e58f22 605416856c2&mpshare = 1&scene = 23&srcid = 0924LI87pidnbYiOwJyEwPs7#rd.

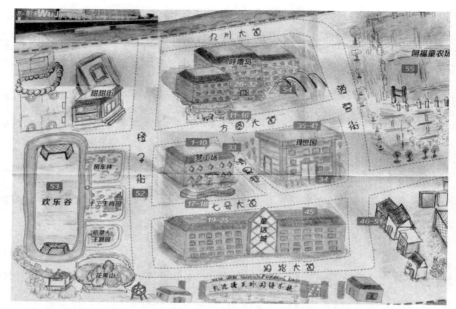

江苏常州清英外国语学校以"儿童地球村"为校园设计的主线，营造出童话般的校园。整个校区由理想国、童话城、梦工厂、甜甜街、葫芦岛五大欧式建筑群组成；另有童话馆、方言馆、汉字博物馆、稻草人、阿福农场、和声广场、比特实验室等主题园。

（三）公共空间设计讲究创意及美感

校园公共空间，不仅要给学生提供活动与生活的空间，而且必须是美的，是生动有趣的。这些公共空间是学生每天都能接触的，容易因"熟视"而"无睹"，而设计的意义就是要把这些人们无视的、容易忽略的东西变得有意义、有价值。越是好的创意设计，就越会得到人们的关注，也越能留下深刻的印象。

打碎花盆后你会怎样？微信圈曾经传过一组图片，打破的花盆被设计成盆景，里面种植了各色鲜花，错落有致，格外有品位。但让人拍案叫绝的是这组照片的标题："你不完美，但你好美！"完美的事物是不存在的，但追求美却是人人拥有的权利！

校园里值得我们去创造的空间有很多，需要我们用心去设计。在南京十三中行政楼楼梯转角有一扇窗户,窗户内侧有一个很大的平台,如果不能好好利用,容易变成一个卫生死角。学校就在这个平台上放置了高低不一的太湖石,构成了一个微型的江南盆景。

图为南京十三中行政楼楼梯窗台上的园林小景。

楼梯,是学校重要的公共空间,其设计也颇有难度。但一些学校就是在这里做出了很多创意,比如,通往音乐教室的楼梯可以绘制成黑白键,当步入这个楼梯,学生仿佛用脚在敲打钢琴键盘。

有人归纳出"激活学校楼梯空间的四个法则":①

法则一:楼梯是进入正式学习生活场景的前置空间,给学生的情绪提供了

① 2016 趋势学校设计大事件[EB/OL]. (2017 - 1 - 29). http://mp. weixin. qq. com/s? _biz = MzI5OTE1MjA4Mw= =&mid = 2698602921&idx = 1&sn = 3448a3b976dc97cbc349cc4 043b6bdf0&chksm = c9b72e15fec0a70324900ea5af9a179a72d99c1324c91177f8beb1913055 ac71ab31e3724892&mpshare = 1&scene = 23&srcid = 01293c73hgTVeSaxiPdKK3iH♯rd.

一段准备过渡的上行通道,色彩上可以创造积极影响。

法则二:楼梯是艺术空间。充满艺术韵味的楼梯更能无形中带给学生别样的感官体验和别样的教化。

法则三:楼梯是体现一所学校气质的重要方面,其气质应和学校的精气神完美融合。

法则四:扩展楼梯的功能。一是将楼梯和藏书结合,让楼梯成为一个完美的阅读空间;二是将楼梯拓展成为学生交流学习的有趣空间。

好的空间设计,也是最能利用空间的设计。厦门湖里区教师进修学校附属小学,也在学校的楼梯口做起了文章,把本来不被人关注的空间打造成孩子们喜欢的"观鸟园"。① "观鸟园",既是校园一道亮丽景观,又能春风化雨般地把鹭岛的地域特色、生物知识等以立体的方式传达给学生。学生还可以把自己的作品放置在围栏上,让同学相互评点。

好的设计,好的创意,总会让人拍案叫绝,给人惊喜,给人美感。

(四) 公共空间是一条流动的文化风景线

当下的孩子学习压力大,学校生活有时还是比较单调的,特别是寄宿制学校的孩子们,其活动的轨迹就是教室—食堂—宿舍,"三点一线"。"一线"成为大部分孩子唯一变化的、唯一充满乐趣的地方。如何让孩子们的这"一线"变得真正精彩、有价值起来,创造一个丰富的流动空间就很重要,这也是校园设计空间需要着重考虑的地方。

比如走廊,就是其中重要的"一线"。走廊在学校建筑中是具有多重意义的

---

① 厦门附属小学观鸟园设计 [EB/OL]. (2012 - 7 - 31) http://blog. sina. com. cn/s/blog_9c9250c701014pe4. html.

江苏扬中实验小学教学楼休闲区，用中国式的鼓代替桌椅，洋溢着浓浓的民族情调，学生在这里可以看书、聊天、畅谈理想……

空间，是学生的交通空间，是师生交流互动的社区，也是学校进行文化布置的重要场所，是学校的一道亮丽的风景线。可以利用走廊的连续性，展示学生的优秀作业、优秀艺术作品、生活照或优秀学生荣誉榜等。走廊还可以作为开放式陈列室、博物馆等，展示学校或教师的个人藏品。

　　流动的风景线也可成为时刻激发学生创造性思维的可持续教材。上海同济黄浦设计创意中学在空间处理上别具一格，在四层复合楼内部有一条从顶楼盘旋至一楼的"绿线"，它收集屋顶雨水浇灌植物，在室内外形成生态循环系统，汇聚了垂直绿化、雨林生态、都市农业、室内种植、鱼菜共生等绿色技术，也兼顾了学生的作品展示功能。[1] 这样的空间设计，把真实的问题植入了学生日常的

---

① 潘晨聪. 创新人才的空间育成之探[J]. 上海教育, 2017(7):27.

学习生活中。这条流动的一体化的"风景线"，也是汇聚了节能技术、绿色项目、可持续发展的教材。

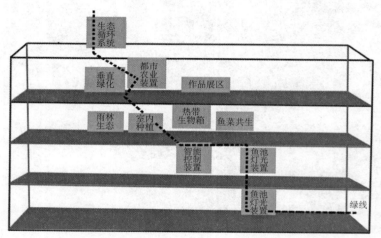

上海同济黄浦设计创意中学"绿线"设计结构图，集数学、实践、创造为一体，贯穿四个楼层，包含多个创意空间景观与项目课题。

（五）公共空间要给学生及校友留一块记忆空间

在台湾地区康桥双语学校参观时，我们看到其中一面墙上挂满了塑有孩子头像的陶瓷挂件，原来，这些都是孩子们在艺术课上完成的"自画像"。若干年后，当这些孩子再回到母校，看到当初的"自画像"时，该会是怎样的心情呢？他们看到的应该不仅仅是自己的作品，更有童年生活与学习的印痕，也似乎能听到当年的欢声与笑语……

好的校园空间设计，要给学生及校友留一块记忆的空间，这块空间可以是一棵树、一块地、校史馆的一个角、一面墙，甚至是一块石、一块砖、一枚指印。

美国格罗顿高中有一个超大自习室，自习室的木墙上刻着从 1886 年至今所有毕业生的名字，其中 1900 年的那块木板上还刻着罗斯福总统的名字。

北京市十一学校校园里有很多大树，其根部放置了铸铁的树盖，一些树盖上印制了与学校发展有关的大事记，也有一些印上了校友的名字，记录着他们的成就。树盖，还有叶落归根之意。同学们的成长及成功离不开母校的抚育及培养，将来同学们回到母校，可以在这里寻找到自己成长的足迹，母校是同学们不能割舍的根。

北京市十一中学校园的这一块树盖，上面写着："2005 年，黄辰亮同学获得中国第一枚国际天文奥赛金牌。"

大同中学的校友砖艺术墙上留下了众多学子的座右铭。

2012 年，上海教育系统启动了"上海普教系统十大校园文化新景观评选"活动，入选景观中有不少都是记录历史印痕的艺术墙、文化长廊、校史馆等，其中以大同中学的"校友砖艺术墙"最引人注目。这面"校友砖艺术墙"是学校为迎接百年校庆而建造的，墙面由 1 200 块砖组成，每一块砖都由校友捐赠，上面刻了姓名、入学年份，以及对母校的祝福。它与我们以往看到的"博士墙""院士墙"不同，视线已经关注到普通的校友。"校友墙层层垒起，蜿蜒曲折形成 45 米长的'艺术波'，象征着校友们的心与母校共律动；砖墙首尾各有中文及英文的

‘大同’字样，体现‘天下大同’的理念。为了回馈每一位校友，学校还精心制作了缩小版的迷你校友砖，以供校友珍藏。"[①]

大同中学"校友砖艺术墙"的创意是由 2004 届校友杨矗提出的："作为一名普通校友，是否能为母校贡献一块砖？每一位校友都是平等的，校友砖的意义，不在于金钱价值，而在于捐赠者的心意，以及大家作为大同人的荣誉感。"

大同中学校长盛雅萍表示，从某种程度上看，校友砖是学校精神的传承，其内涵会一直延续，成为一道校园文化风景。历经数十年风雨的洗礼，校友砖会慢慢显现出历史的印记，成为一笔宝贵的财富。"学生毕业了，还能时时回想起母校，有一份感激之情，甚至常来看看，这应当是办学者的追求和动力。"

"校友砖艺术墙"建成后，大同中学的学生建议，校友砖可以以多种艺术形式进行延续拓展，如图书馆的书架、教学楼外墙、校园内的艺术景观等，这也可以激发学生对母校的感恩之情。

（六）公共空间要讲好校园故事

在江苏省宜兴实验中学的校园里，放置了一块石头，上面刻着"精一学社"四个大字，下面刻有吕梅笙、程伯威、路洞曾、程叔迈、钱凤绾、徐悲鸿等名字。原来这是学校的"开校石"。民国 17 年（1928 年），吕梅笙等五人内心怀揣着教育报国的志向，在宜荆试院创办"精一学社"；同年，"精一学社"扩展为"私立宜兴精一中学"。学校取名"精一"，源自《书经》"惟精惟一"的古训。"开校石"静静地躺在校园里，给学生讲述着发生在 1928 年的关于学校的激情澎湃的故事。

好的校园空间要会讲故事，让校园环境与孩子形成对话，让校园的每一个创意都有自己的故事，都能给学生留下永恒的记忆。

---

① 大同中学:校友砖艺术墙[J].上海教育,2013(6):10.

某校有一处樱花林,每到春天樱花怒放,成为校园最靓丽的景观,学生在这片樱花林中走过有一种无限的自豪感。樱花林也吸引了家长及附近居民来观赏,有些校友还专程到这里来拍婚纱照。但在这片樱花林中有一棵樱花树显得较为暗淡,基本没有花,长满了小叶。大家对这棵"不识时务"的树很有"意见"。原来这棵树上的樱花要比其他树上的樱花早开两周,等其他樱花开时,这棵树已经凋谢了。后来学校把这棵树移到了最前面的路口,并且取名为"先知",意为"春江水暖鸭先知",她总是第一个感知春的到来,她是来报春的。大家开始对这位"先知"怀有了崇敬心理,慢慢地这棵"不识时务"的樱花树变成了学生心中的"树圣"。

好的校园空间应能让孩子不断续写学校故事。

"海思湖"是江苏省锡东高级中学的一片湖面,这片湖面不大,背后却有一个动人的故事。2003年9月,学校刚开学,门卫收到了一位学生的信,信封上写着"海思"两个字,里面放了100元钱并附了一张纸条。这位学生希望学校把这100元钱资助给贫困学生。在后来的三年时间里,学校每个月都能收到这位学生的来信,每次里面都放着100元。2004年,学校知道了这位学生的名字,准备在全校表彰她,但被这位学生婉言拒绝了,并要求学校以后也不要公布自己的真实姓名。学校尊重了这位同学的意愿,为发扬她的精神,学校以"海思"为名成立了"海思爱心社"。"海思爱心社"成立后,资助了无数家境贫困品学兼优的学生。为了让以后的学生能记住"海思",把"海思"精神发扬光大,学校决定把校园还未命名的一个湖命名为"海思湖",纪念这位学生的善举,以此激励学生如湖一样敞开自己的心扉,爱心如水一样清净纯粹。

这就是"海思湖"的故事,它感染了每一位"锡东"的学子。喝水不忘掘井人,学子不忘母校情。

江苏省锡东高级中学的"海思"石，横卧在湖边，向每一位从这里经过的学生讲述"海思"的故事。

绍兴鲁迅中学校园景点"社戏"，让人想起鲁迅小说中描写的社戏场景。

常州刘海粟艺术学校，把大厅的柱子设计成学生作品的展台。

　　好的公共空间设计，需要有好的创意，在一些人们不经意的地方能做出文章来。

　　柱子是建筑不可缺少的组成部分。当然，从空间的视野及美观角度来看，室内空间出现柱子，不是很理想，但只要利用好，我们还是可以在这些柱子上做一些文章的。如何把这些不利的因素通过设计变为有价值的教育资源，这确实挑战我们的智慧。常州刘海粟艺术学校就打起了"柱子"的主意①：针对学校柱子多的现状，围绕学校办学理念，把柱子变成了临时的展馆，在不同时期推出不同的主题。如第一期主要展示校歌、校训释义、中国文学经典等；第二期展示中外不同历史文化、风土人情、风景名胜；第三期展示师生优秀书画、摄影、手艺等作品。这就是这所学校独具特色的"柱子文化"，让本来觉得多余的、冷冰冰的柱子，变得美化、文化和活化了。"柱子文化"，让每一根柱子"开口说话"，从而发挥其独特的育人功能。

校园警示语是学校公共艺术设计中不可缺少的一个部分。提示语在公共场所会广泛出现，如"禁止吸烟""不得奔跑"等。但这些警示语显得直白和简单化，难以受到人们的关注，更难以进入学生的心里。而经过设计的提示语，拒绝这样直白、粗俗，甚至带有"训斥"性的语言，它强调的是创意、温馨，直通心灵。

例如，在某车站看到一个刻有"1.1""1.2""1.3"（米）字样的公告栏，上面写着这样的提示语："恭喜您，您的孩子又长高了。儿童身高 1.1 米以下免票；1.1—1.3 米半票；1.3 米以上全票。"在一处长城脚下，我们看到这样一块牌子，上面写着："长城说：喜欢您深情的注视，讨厌用刀子表达对我的刻骨铭心。"这样的提示语更容易进入人们的心田，让人们在温馨的语境中自觉规范行为。

好的校园警示语（提示语）会不断唤醒学生的文明意识，敦促学生的文明行动。如，我们可以在楼梯的转角布置上"小心，转弯了"，在草坪上插上"地上本没有路，只是走的人多了，也便……"，在饭桌上放上"把剩菜带走，把美德留下……"等提示语。这些提示语，以幽默、高雅的语言默默教育着学生，规范着学生的行为。

---

① 季慰祖.校长办学思想——学校发展的核心和灵魂[N].中国教育报，2011 - 5 - 29.

好的校园警示语,可以点燃学生心中的明灯,指引他们提高文明素养,养成良好的行为习惯;好的校园警示语,可以激励学生努力学习,奋发图强;好的校园警示语,可以规范行为,让学生更好地遵纪守法。

警示语,包括励志性标语,应该给人激励,给人力量,激发学生的斗志,但也要有度,不可过于功利,更不能媚俗与出现低级趣味。有些标语看似催人奋进,但实质上却背离了育人的宗旨,极易给学生带来不健康的人生观及价值观。

最有意义的警示语应该由学生来创造。以往,学校为了激励学生,走廊里挂满了伟人、科学家、文学家的语录,但现在很多学校也会请学生自己拟写人生感悟及学习格言。学生自己的"语录"更能激发他们学习的积极性,也给校园带来新气象。

五、 校园音乐设计

哪里有儿童,哪里就有歌声。

音乐是生活的一部分,更是儿童的一部分。因此,学校应该重视校园音乐的设计。

学校音乐由铃声、校歌、课间音乐等组成。

(一) 铃声

铃声是学校上下课或其他教学活动的提示音,在电铃声出现之前,主要以钟声为主。随着电教设备的发展,音乐取代了原先的电铃声,这让学校铃声变得丰富多彩,给校园音乐设计提供了无限的可能,也让校园更富人文色彩。

铃声,需要根据不同的功能进行不同的设计。如上课铃声,其功能是提示学生尽快进教室上课。课间学生比较活跃,校园里往往人声鼎沸,这个时候的铃声需要声音响亮，节奏明快，音乐时长要稍长一点，以督促学生迅速进教室上课。而下课铃声则相反，因为学生都在教室，学习也比较紧张，教室比较安静，下课铃声就需要轻柔舒缓，时间也不需要过长。

无锡连元街实验小学校友赠的铜钟，学校童年的钟声，犹在校友们的耳畔。

（二）校歌

校歌是学校形象及精神的一种表达方式。

"西山苍苍，东海茫茫，吾校庄严，巍然中央，东西文化，荟萃一堂，大同爰跻……"对于绝大多数人来讲虽没有就读过这所名校，但当人们咏诵这首近百年的清华大学校歌时，都不禁会心潮澎湃。

我们经常会看到这样的情景：白发苍苍的校友们聚在一起，深情地吟唱当初的校歌。

中国当代作家、散文家汪曾祺在《徙》一文中就有这样的描述：

县立第五小学历年毕业了不少学生。他们多数已经是过六十的人了。他们之中不少人还记得母校的校歌,有人能够一字不差地唱出来。

西挹神山爽气,

东来邻寺疏钟,

看吾校巍巍峻宇,

连云栉比列其中。

半城半郭尘嚣远,

无女无男教育同。

桃红李白,

芬芳馥郁,

一堂济济坐春风。

愿少年,

乘风破浪,

他日毋忘化雨功!

每逢"纪念周",每天上课前的"朝会",放学前的"晚会",开头照例是唱"党歌",最后是唱校歌。一个担任司仪的高年级同学高声喊道:"唱——校——歌!"全校学生,三百来个孩子,就用玻璃一样脆亮的童音,拼足了力气,高唱起来。好像屋上的瓦片、树上的树叶都在唱。他们接连唱了六年,直到毕业离校,真是深深地印在脑子里了。说不定临死的时候还会想起这支歌。

校歌犹如一盏黑暗中的油灯,不管记忆躲得如何深,只要把它点亮,整个童年的记忆就历历在目;校歌也如远方的灯塔,会不断引领莘莘学子发奋图强,乘风破浪,努力前进。汪曾祺写道:"到了六年级,他们才真正理解了这首歌。毕业典礼……这是他们最后一次大家聚在一起唱这支歌了。他们唱得异常庄重，异常激动。玻璃一样的童声高唱起来：西挹神山爽气，东来邻寺疏钟……唱到'愿少年，乘风破浪，他日毋忘化雨功'，大家的心里都是酸酸的。眼泪在乌黑的眼睛里发光。"

校歌是一条流淌的河流，浇灌着一代又一代学子的心田，于是，学生们心灵变得更加纯洁，精神变得更加丰沛。校歌是学校精神的集中体现，唱校歌应该作为学校的一个基本课程，用校歌凝聚人心，树立共同愿景，用校歌进行爱校教育和激发斗志。让学生在雄壮的校歌声中走进校园，认识学校；最后，在雄壮的校歌声中走出校门，踏上社会。

校歌，在中国学校发展的历史中起着不可磨灭的作用。光绪三十二年（公元 1906 年）中国废除科举，新式学堂（学校）在各地兴起。当时的新式学堂课程尚不成体系，有的学科甚至连教材也没有，但歌声处处飘扬，这就是中国式校歌的雏形——"学堂乐歌"。这些"学堂乐歌"大多通俗易懂、朗朗上口，便于孩子们吟唱。如陶行知自己创作的晓庄师范校歌《锄头舞歌》：

> 手把个锄头锄野草呀，
> 锄去野草好长苗呀！
> 依呀嗨，呀嗬嗨。
> 锄去野草好长苗呀，
> 呀嗬嗨，依呀嗨。
> ……

名校都有自己的校歌，这是传承学校文化的一种不可或缺的形式与载体。校歌一旦确定就不会轻易修改，它作为一种精神的载体、一个文化的象征，会一直流传下去。2005年，在复旦大学百年校庆的时候，广大师生强烈呼吁停用后来改版的"新"校歌，恢复1925年的老校歌。南京大学曾经为校歌进行了长达两年的征集活动，学校收到无数应征者的作品，但最后还是决定恢复1916年校长江谦创作的老校歌。

现在，很多学校并不重视校歌的创作与吟唱，除了很多校歌缺少内涵，或者曲调不被师生接受外，还因为它们并不理解校歌在培育学生品德、传承学校文化方面的价值意义。

校歌的意义，不仅在当下，也在未来。子曰："兴于诗，立于礼，成于乐。"文化艺术，或者说"寓教于乐"式的教育，对于人成长的作用是巨大的，更是不可缺少的。

校歌创作一般要考虑以下一些特点：

（1）体现学校办学理念及学校特点；

（2）歌词简洁，便于吟唱与记忆；

（3）曲调明快富有朝气，内涵丰富，具有张力；

（4）具有仪式感。

校歌，往往深深地烙刻着时代的印记。如上海务本女塾校长吴怀疢创作的《勉学》："黑奴红种相继尽，惟我黄人鼾未醒。亚东大陆将沉没，一曲歌成君且听。人生为学须及时，艳李秾桃百日姿。末遭光阴等闲老，老大年华徒自悲。近追日本远欧美，世界文明次第开。少年努力咸自爱，时乎时乎不再来。"其中的拳拳赤子之心，今天也让人心潮澎湃、热泪盈眶。

无锡市荡口小学的校歌："鸿山苍苍，鹅湖荡荡，江南水乡，人间天堂。果育、鸿模、怀芬、荡小，歌唱我校，源远流长，多少人才在这里成长。今日幼苗，明日栋梁。我们是祖国的希望，树立共产主义远大理想，为建设祖国发奋图强，天天向上！"这首校歌由著名科学家钱伟长作词，著名作曲家、《歌唱祖国》词曲作者王莘谱曲，亲切平和，有着浓郁的地域特色，寥寥数语把"荡小"悠久的历史表述得明明白白，激励着孩子们发奋读书。

校歌，也不一定只有一首歌，在不同场合根据不同需要可以创作不同内容的校歌。如有一所寄宿制学校特意编写了《起床歌》，聚焦孩子的点滴小事，着眼学生舍务行为习惯的培养。歌是这样唱的："起来起来快快快，晨钟在响；曙色已开，太阳要出来，快快快……"

一所学校有了校歌后，一定要弘扬其积极意义。学校每次重大活动应该吟唱校歌，如新生入学、少先队入队仪式、成人仪式、开学典礼、毕业典礼，等等。在学校举行艺术节活动时，可以由学校合唱队或者全校师生齐唱，让校歌震撼每一位学子。

泸州天赋二中的音乐老师"田田"，开学第一课就设计了校歌欣赏课——《凤凰钟灵》。

这一课，通过不同时期四首校歌的欣赏与演唱，让学生们在校歌声中聆听学校的百年校史，了解学校的发展过程、校园文化建设、办学理念及学校未来发展规划。经过音乐的情感渗透和教师的引导，校歌感染、启迪、唤醒了学生心灵，净化陶冶了学生的情操，也促使学生尽快了解和熟悉学校，适应高中生活，进而树立起整个高中生活及学习的目标。

校歌把母校这棵大树的根，深深扎入了学生的心田，让学子与母校从此难分难舍。学生在感受校歌音乐魅力的同时，也感知学校的文化底蕴。从启智强能到报国为民，母校的沧桑岁月，文化积淀，都能通过音乐的形式融入学生的血脉，让学生更爱学校、更爱家乡、更爱祖国。校歌是用来"传情"的，这份情源自丰厚的地理人文，这份情源自悠久的历史文化，这份情源自深厚的教育情怀。校歌也载着孩子们的梦，慢慢飘向理想的彼岸。

我们也可以把校歌做成 MTV、CD 或微视频，在学校网站、电视台、微信等平台推送，以扩大校歌的影响力。

（三）课间音乐

在学校音乐中有较大设计空间的就是"课间音乐"。所谓课间音乐，就是在学生非正式学习期间播放的音乐。现在学校铃声基本由计算机控制，为校园课间切入音乐提供了技术保障。

目前，很多学校都设计了美妙的课间音乐。一到课间，音乐犹如一条清澈又无形的河流在学校的每一个角落流淌。如果是寄宿制学校，学生24小时都在校，就有更多欣赏音乐的机会。

课间音乐的设计，一般可以分成三个版块：早晨、中午、晚间。学校可以根据不同时段学生不同的精神状态及不同的学习特点设计不同风格的音乐。下面是江苏省锡东高级中学2015年的校园课间音乐方案，方案分三个版块，每一版块都有自己的设计意图。

第一版块：早餐音乐——早安，锡东！

【设计意图及内容】 这一版块是为了在音乐声中唤醒学生，让学生在音乐与自然的空气中开始新一天的学生生活。

这一版块分两个部分。第一部分，是起身音乐"早安，锡东"。曲调的选择要求轻柔、舒缓。我们设计了3首曲子，按时间顺序分别是《The Sounds Of Silence》（创作：班得瑞乐队）、《远方的寂静》（创作：林海）、《蓝色狂想曲》（演奏：理查德·克莱德曼）等。前两首曲子以"寂静"为主题，在轻柔的鸟语声中唤醒学生，让学生慢慢拨开自己的眼帘，接纳新的霞光。第三首，我们选择了交响曲《蓝色狂想曲》，强烈的切分节奏和滑音效果提醒学生，要迅速起床，奔赴操场做晨操。让学生保持良好的生活习性，只有拥有健康的身体才能适应紧张的学习生活。

第二部分,为"早餐音乐"。这是学生晨操结束后在食堂用早餐时播放的音乐。这一部分的曲调选择要求清新明快,我们同样选了3首曲子,分别是《Theme from Antarctica》(《南极物语》主题曲)、《天空の城ラピュタ》(创作:久石让)和《Fly》(创作:尼寇斯)。

第二版块:午餐音乐——共享午间

【设计意图及内容】 这一版块是为了让学生在优雅的音乐中走向食堂,享受美味的午餐,并在午餐结束后短暂的休憩时间里,在音乐声中享受美妙的午间时光。因此,曲调的选择定位在"优雅与热情"。这一时间段我们设计了5首乐曲,分别是两首轻音乐——《A Walk in The Rain》(创作:雅尼)和《守望》(演奏:林海);另有三首流行歌曲,分别是《下个,路口,见》(演唱:李宇春)、《年轻的战场》(演唱:张杰)、《明天你好》(演唱:牛奶咖啡)。

第三板块:晚餐音乐——今夜星辰

【设计意图及内容】 这一版块是为了让学生在舒缓与浪漫的旋律中洗去一天的劳累及烦闷。曲调的选择定位在舒缓但又不乏张力,帮助学生释放一天的疲劳。这一部分我们设计了7首曲子,分别是《暗香》(演奏:林海)、《我的未来不是梦》(演唱:胡彦斌)、《Someone like you》(演唱:阿黛尔)、《我的歌声里》(演唱:曲婉婷)、《The day you went away》(演唱:M2M)、《老男孩》(演唱:筷子兄弟)和《Flamenco Sketches》(演奏:迈尔斯·戴维斯)。这个时间是学生的晚餐时间,同时,学生也要进行简单的生活整理,最后,还有一点空闲时间可以在校园里散步。所以,我们选择的最后一首歌为蓝调风格的爵士乐,让学生在摇曳的音乐声中融入校园柔美的晚霞中。

课间音乐是学生校园生活不可分割的一部分。音乐,同校园的书声、笑声、雨声、风声一起,共同构成了学生成长的交响乐。以后,我们的毕业生无论在哪里,只要听到这些熟悉的音乐,母校的倩影一定会重现眼前。音乐成了学生最宝贵的精神记忆。

我们还可以把不同时期的校园课间音乐收集及保存起来,建一个学校音乐档案。30年后,这个音乐档案便能折射出当代中国音乐乃至世界音乐的发展史。

六、 校园环境设计

"天人合一"是中华民族重要的哲学思想与生存智慧。在处理环境与人的关系上,中华民族为世界留下了很多宝贵的财富。中国园林在世界建筑史上独树一帜,是能把自然与建筑融为一体的建筑典范,真正创造了绿色生态、"天人合一"的自然景象。我们的校园景观设计可以从中国古典园林中汲取经验。

(一)校园环境设计要创造人与自然和谐一体的绿色生态环境

环境教育观认为,学生的经验基于自然环境的关系上。人类身体与心灵的联结是人类进化的基石,它会影响人们对于自然的适应能力。因此,学校教育重视人与环境之间的关系,可以丰富孩子的学习与生活经验。环境本身是一种学习资源,也是孩子学习的一个部分,与环境和谐相处也可以提升学生的学习积极性。

美国加州凯斯特大道小学,建于1951年,是建筑师查里德·诺伊特的作品。建筑师强调开放性、透明性、灵活性,处处体现与自然的融合,格栅的门、活动的墙、带支架的帐篷、玻璃墙、亲近自然的平台或者露台、庭院等是设计的必有内容,可以让阳光直接抚摸孩子的脸庞、肌体。幼儿园教室设计了整体的滑窗墙,可以内外空间组成一体,扩大孩子们的活动场地。

加州大学洛杉矶分校幼儿园，建于1957年，设计师诺伊特结合小学丰富多样的教学需求及先进的教育理念进行独到的设计。同时，欣赏及探究周边优美的自然环境成为学校教育计划中的一个重要内容。设计师特别重视户外活动，把"学习要靠动手"这样的理念关联到学校设计中。学校边上有天然的沟壑，一条小河在边上流过。建筑尽可能建在场地的外围，从而保证了沟壑自然形态不被破坏。大型集体活动，如，集会、午餐等可在校园的大树下进行。户外教室及围绕校园的庭院为孩子提供可活动的场所，孩子们也可以进行简单的动手实践，让他们在活动中学习，在活动中锻炼身体，在活动中成长。

浙江大学附属中学教学楼外墙任由植物攀爬，构成了绿化墙，室内冬暖夏凉，不但美观而且环保。

中国美院象山校区在总体规划上注重校园整体环境的意境营造和生态环境保护。设计师——普利兹克建筑奖获得者王澍先生汲取了中国古典园林的精华，以"重塑自然""整山理水"为设计理念，创造了一个融建筑、空间、园林绿化、自然环境于一体的开放、流变的校园环境。

校园自然景观，指学校主体建筑之外供人们欣赏休闲的场所，包括学校花坛、草坪、道路、植被及园林区。校园自然景观的设计基本理念是：和谐、绿色、生态、安全、美观。

学校自然景观设计不以"名贵""高档次"为建设标准，而以生态、自然、多样、朴素、和谐为发展策略。一些学校为了追求所谓的"品质"而花大价钱引进名贵树种及高档盆景等，并不符合学校发展策略，也增加了学校投入。

现在，一般学校的自然景观设计，是先有建筑物再进行自然景观的设计。所以，自然景观设计要围绕现有的条件展开，做到"虽有人作，宛如天成"。在以钢筋水泥为主的现代化校园中，人们希望看到的是返璞归真的"自然之趣"。我们身边确实也有这样一些学校，如中国美院象山校区，建筑物四周的植物藤蔓可以随意"侵入"墙体、廊道和窗户。原本大片的草坪，开始由农民种上油菜、向日葵，待它们开花时，校园里变得异常美丽清新，在这嘈杂的城市中没有比这更能吸引人的了。这样的景致又成为学生写生的极好素材。

2002年建设完成的美国康涅狄格州格林威治高中是建筑与自然和谐统一的典范，在屋顶上安置了绿色的植被，看上去是山坡草坪的延伸部分。同样，把屋顶建成自然生态环境的还有台湾"绿色魔法学校"。[①] 这所学校的校舍体量不大，造型设计采用"诺亚方舟"作为外部造型，建筑物的栏杆、楼梯、阳台都似快艇。大尺寸的屋顶类似拿破仑的帽子，具有遮阳的作用。屋顶上则规划成阶梯状花园，种植耐旱植物，提升建筑物冬暖夏凉的功能。

2007年，美国景观设计师协会（ASLA）将设计的荣誉奖，颁给了由美国凯文·罗伯特·佩里（Kevin Robert Perry）景观设计事务所设计的俄勒冈州波特兰市他泊山中学雨水花园（Mount Tabor Middle School Rain Garden）。他泊山

---

① 邵文兴. 台湾"绿色魔法学校"的可持续建筑文化[J]. 上海教育,2013(1):68.

中学雨水花园被视作波特兰市可持续雨洪工程的最成功的范例之一。

这个项目将一个利用不足的沥青停车场改造成非常有创意的雨水花园,融合了艺术、教育与生态功能等一系列概念。2006 年夏天竣工后,他泊山中学雨水花园不仅将一个"灰色地带"变为"绿色空间",而且也帮助解决了当地街道错综复杂的下水道设施问题。

评委会给出的评语是:"非同寻常,多么难以想象的教育价值! 这是我们所见过的最好的'绿色'工程。一个真实的榜样:让孩子们每天接触到一些真正的功能,这种做法是恰当的。我们可以轻易地想象到其他的学校也会这样做。"①

当然,我们在进行校园自然景观设计,建设"园林化"校园时,应该防止这样一种倾向:大片的观赏性的草地用篱笆围起来,拒绝学生的亲近接触,为了达成一定的绿化面积而削减学生的活动场地与空间。在学生活动空间比较紧缺的校园,打造校园绿化,要把绿化与学生的活动空间结合起来,多设计开放式、立体式的绿化环境,能让学生走进去,亲近自然,接触自然。

绿色生态的校园环境和校园自然景观设计,要善于使用"借景"手法,从视觉上丰富、拓展学校自然景观。"借景"是中国古典园林的一种基本表现手法,是对周边环境进行研究后进行的一种景观设计。它是把本不属于校园内的自然景观,如,周边的山石、绿水、田野、古树、建筑等"借"到校园的视线内,扩大校园景观的深度和广度,从而在有限的校园内创造了无限的空间。要达到这样的效果,我们在进行学校建设及校园改造时需要整体考虑。如学校的围墙避免高墙,一般以半开放式为主;降低校园周边建筑物的高度,拓展校园视野;四周有河道的高年级学校,可以充分利用这一资源,采用亲水河滩,让周边的河道变成

① MountTabor 中学 Rain 花园[EB/OL]. (2008 - 10 - 6). http://photo. zhulong. com/detail23549. htm.

校园的一部分。

有些学校本身有很好的地理优势，可因势利导借以构建独特的地理课程。成尚荣先生在《地理形态与学校课程》一文中也表达了类似的观点：

> 南京市力学小学，是爱国老人邵力子、傅学文创建的。沿着马路往上走，要经过近20级台阶，名副其实的"拾级而上"。一小片广场上，两位老人的雕像栩栩如生，目光慈祥，注视着每一个从他们前面走过的人。"力学"取自老人的名字，成了学校的校训：努力学习、学会学习、创造性学习、享受学习。南京市拉萨路小学，建在五台山上。进学校，要经过一个很陡很长的坡，他们称为百步坡。百步坡，象征着向上、攀登的精神，永远向上向前。师生们都喜欢百步坡，在学校设置了百步聊吧。"百步坡上语文人""百步坡上的青春相遇"……"百步情怀"与"百步精神"成了"拉小"人永远的文化追求。学校不可忽视学校所处的位置，那山、那坡、那水、那树、那房、那石、那桥、那亭……无不是课程资源，无不可以开发成课程。这样的课程亲切、自然，每天都会浸入我们的生活。它无言却不失语，它质朴却不失内蕴。在许多年后，学生们记得住的恰恰是它们。特殊的地理环境，形成了学校特有的文化符号，彰显着特殊的文化意义。[①]

早在民国时期，蔡元培先生就主张生活中应该把美与善高度统一。他在《文化运动不要忘了美育》一文中提出：市中大道，不但分行植树，并且间以花畦，逐次移植应时的花。几条大道的交叉点，必设广场，有大树，有喷泉，有花坛，有雕刻品。小的市镇总有一个公园。大都会的公园，不止一处。又保存自

---

① 成尚荣. 地理形态与学校课程[N]. 中国教师报, 2014 - 3 - 17.

然林木,加以点缀,作为最自由的公园。校园环境,更应该重视生态设计,它不仅能美化校园,更重要的是成了学校教育的一个部分。优良的生态环境,可以把美与善高度统一起来。

把自然引入校园,打造绿色生态的校园环境,几乎成为现代新学校建设的一个共同追求。

(二)校园环境设计要重视资源型校园环境的建设

越是有利于学生成长的环境设计就越是成功的设计。校园设计者,应该把校园所有的环境都纳入课程资源的范畴,成为学生学习、成长的资源。苏霍姆林斯基的帕夫雷什中学就是这样一所学校,也是深受孩子们喜欢的一所学校。帕夫雷什校园的南部、西部和北部是一片占地两公顷的果园,里面培植着乌克兰地区生长的所有果木——苹果、梨、李子、杏、桃、樱桃、核桃等,这是孩子们与老师们亲手开辟种植的。紧靠教学主楼是一片葡萄园,粗壮的葡萄藤攀到两米高,孩子们用铁丝把它们绑成一排一排的,非常整齐,放眼望去成千上万串沉甸甸的葡萄让人赏心悦目。在果园与葡萄园之间有温室及绿色实验室。校园的每一个角落,分属每一个年龄组。葡萄凉亭属于最低年级的同学,八年级生比较喜欢玫瑰和锦葵花丛,垂柳之间则是青年人的林荫小道。有了这些,孩子们就有了各种各样的节日:"果园周""丰收节""新粮面包节""花节""云雀节"……孩子们进入学校后的第一堂课就是在果园里完成的,果园为帕夫雷什中学提供了丰富的课程,果园是学校取之不尽的课程资源,这里也自然成了学生的乐园。蓝天、树木、花草、飞鸟使帕夫雷什中学成了"快乐的学校"。

苏霍姆林斯基的帕夫雷什中学,在绿色生态的校园环境建设方面也有很多成功的做法。例如,他在校园里"安置了一系列设施,使校园及附近所降的全部雨水真正一点一滴也不白白流失。各个建筑旁边都放置了收存雨水的大缸,积存起来的水都被用于浇灌植物。学校园地都筑有既防止土壤侵蚀又可聚积雨水的土围，使雨水全部渗入土壤……多余的水则可贮存在抹有水泥墙面的蓄水池里。校园园地一年之内所得水量约等于本地降水量的 5 倍。"[①]帕夫雷什中学也成了"蓝天下最美的学校"。

苏霍姆林斯基把校园作为一个课程进行建设。孩子们在这样的自然环境中接受教育，感受自然的魅力，理所当然就是一本让人百读不厌的书本。

绿色生态的校园环境是学校文化的一个有机组成部分，在设计上要有自己的基本理念。地处江南的江苏省天一中学提出了把学校建成"江南的植物园"的理念，校园占地面积 450 亩，水域面积就有 30 亩，栽种了 270 多种植物，蔚然成林，校园内还饲养或栖息了近 100 种动物。

校园里要有热闹的地方，也要有僻静的地方。孩子们在这些地方可以游

① 苏霍姆林斯基. 帕夫雷什中学[M]. 北京：科学教育出版社，1983：134.

戏、追逐，也可以读书、探险。校园同样需要一块地方，供孩子们独处、沉思，甚至可以在这里大哭一场，安抚自己的心灵。

在江苏省天一中学，开阔清澈的水面成为天鹅、鸭子的天堂；丰富的植被，幽静的树林成为小羊、小兔们的乐园。

北京市四中房山校区，就是典型的"田园式校园"，而且具有很大的探索性——他们把农田建在学校屋顶上！[①] "田园学校"的屋顶经过了精心设计：屋顶上的农田被分为36块，每个班级承包一块，通过"寓教于农"，让城市里长大的孩子们都有机会亲近土地。孩子们已经在这里种出了小麦、油菜、蒜苗、香菜。在劳技课上，孩子们定期去浇水施肥，到收获的季节，孩子们可以在食堂吃到自己种植的油菜、香菜等。田园学校，让孩子们真正地接触到自然，在自然中学习成长。在其他一些地方，北京市四中的设计也十分重视绿色、环保、生态，比如，教室南边的窗子开得很低，窗台设计得很深，这样能保证有足够的通光量，窗台面积大了孩子们可以在上面种些花草，甚至可以养些宠物等。"田园"，成了大都市中稀有的课程资源。

资源型校园环境，可以把学校所在环境的特点纳入学校建设的要素中，放大资源优势。建于1995的蒙那大小学，位于美国亚利桑那州，是建筑师安东

———————————

① 陈诚. 农田在屋顶上的学校[J]. 教育家，2011(11)：90.

尼·普雷多克的作品。学校处在气候条件比较恶劣的沙漠地区。设计师根据周围环境进行设计,校园具有独特的沙漠风味,在风格上以抽象的几何形及单色调为主要特征,没有过多的装饰,与沙漠环境协调统一,类似沙漠中一座小城堡。学校还设计了"夏至墙",让孩子体会节气带来的变化。幼儿园和一年级所在教室的窗户比较低,以方便孩子观察,二三年级的教室区与庭院、多功能厅相连,多功能厅上方设计成帐篷结构,可以遮荫防晒。

(三)校园环境设计为孩子创造一个乐于探究的学习环境

校园之所以能让孩子留恋,就是因为校园是新奇的,这样的新奇不仅仅来自知识,也来自校园,来自校园的一草一本,来自校园的每一个角落。

英国克里希纳-阿万蒂小学,是英国开办的第一批自主学校。这是一所印度教影响的学校,印度教、教学及建筑特色在这里融合交会。学校建设遵循了印度教的风水理论,校园的正中间是一所传统的印度教庙宇,其他教学区则面朝这个庙宇围绕中央庭院建设。

克里希纳-阿万蒂小学在校园景观设计方面也十分用心,校园建筑与校园景观相得益彰,融为一体。学校设计了一系列方便学生学习与活动的场所,有户外教室、教育园地、动植物游戏场、心灵园地、运动场、野生动物栖息地、再循环花园、户外就餐处等,还为将来发展预留了空间。

学校富有创举的地方是专门建了一个野生动物栖息地。一方面可以促进昆虫及各类动物植物的保护与繁衍,设立野生动物走廊,为昆虫与动物提供安全通道;另一方面可以为孩子们提供野外生物实验室,方便他们学习生物学知识,提高其保护野生动物的意识。学校还建了一个蓄水池和带有侵入式平台的生物池塘,供学生观察、学习。

学校在建设时很重视景观再造,把挖掘地基时的土堆成了隔音堤,以降低周围马路上的噪声对于学校的影响。这些土墩也深受孩子们喜爱，孩子们可以在上面嬉戏玩耍。校园里的菜园及果园，是生物课的课程资源，也能为学校厨房提供健康的有机食品。覆盖着景天属（多肉类）植物的屋顶，可以收集雨水，用于花园的浇灌。

该校于2010年获得由哈洛遗产信托基金和哈洛理事会颁发的"哈洛建筑与环境奖"，还被《每日电信报》评为"2010年十大建筑"。[①]

日本奥巴玛（Obama）幼儿园的设计并未过多关注外在形式美感，而是从孩子的成长需要及活动习性出发，让他们充分活动，乐于探险，但同时又能得到很好的保护。公共空间设计得极富童趣，只要天一下雨，就会积成水洼，孩子们在这里嬉水；天一晴，就成为日常的学习活动的空间。设计师认为，适当感受风雨，对孩子们也是一种体验。法国联合幼儿园在设计走廊过道时有很好的创意，让孩子着迷。走廊一边设计了参差不齐、高低不一的小窗户，不同年级的孩子能看到外面的世界，窗户装有各种色彩的玻璃，营造了一个梦幻般的室外世界，极大地满足了孩子的好奇心及求知欲。

校园环境设计，要为孩子创造一个新奇的、值得探究的学校环境，这样的环境一定是好玩、有趣的。但与游乐场和其他娱乐中心不一样，它又是具有探究意义和教育价值的。这样的好玩、有趣要建立在科学的意义上，并在一定程度上与学科知识建立关系。比如，我们可以在校园里为孩子们设计哈哈镜、巨大三棱镜等，也可以设计回音壁、重力失衡装置等，让孩子对这些与日常生活不大一样的场景，或者看似违背了生活常识的空间充满好奇，激发他们探索科学奥秘的热情。也有学校在教室门口地面设计了角度值，学生在开门关门之间了解到角度的概念，学生的数学素养在日常生活中得到培养。

设计让校园充满了魅力。

---

① 凤凰空间·北京，编. 成长空间：世界当代中小学建筑设计[M]. 南京：江苏人民出版社，2012：24.

（四）校园环境设计能让校园处在不断的生长之中

学校建成后,会有房子,会有院子,会有道路,会有植物。这些房子、院子、道路、植物,对于一般人来讲是一件已经建设完成的事,但对于校园设计来讲,是一件需要不断完善的事,有些甚至是一项刚刚开始的工作。学校的房子、院子、道路、植物等与其他地方的房子、院子、道路、植物有些不同,它需要融入学校的课程中。环境与课程可以相互融通、互为一体。更主要的是,校园及校园中的每一件事物都会不断地生长,好的校园设计能让这些事物都处在自我生长、自我完善之中。

建于 2006 年的挪威耶德鲁姆中学,位于西南朝向的缓坡上,学校的庭院围绕着大楼南侧的中央区域展开,西边是一个类似山谷形状的花园。为了便于学生各类活动的开展,采用木质的材料将庭院与主楼相连。南部山丘上的草坪可以让孩子尽情享受阳光的沐浴。这里有一条天然的小径将人们引向植物茂密的植物园。这里的每一棵树都有详尽的身份信息,如,名称、高度、种植时间等。沥青路面上还有几何图形,学生可以随时学习。

倾斜的草坪勾画出山谷的轮廓,后面是栽满了撒氏海棠的灌木林地,学生可以看到春华秋实的美景。汽车与自行车停车场地都覆盖着茂密的植被,有乔木、灌木、草坪等,一切与周围的环境融合得那么自然。[1] 随着时间的推移,这些植被也不断地生长延伸,慢慢地与这些建筑融为一体。

其他学校也可以像耶德鲁姆中学一样,给每一棵树都挂上一个"身份证",让学生从中了解植物的身份信息,从而与校园建立起关系。每一棵植物都与学生一样,在校园里共同成长。学校可采用开设校本课程的方式,组织学生梳理排查学校植物的种类,记录好校园内植物每一年的成长情况,给植物命名挂牌,做好植物的文字及图片记录工作,进而建立起"校园植物档案"。若干年后,我

---

[1] 凤凰空间·北京,编. 成长空间:世界当代中小学建筑设计[M]. 南京:江苏人民出版社,2012:317.

们通过这部"校园植物档案"可以看出学校的成长史，也是我们学生自己的成长史。

校舍、道路都有它的记忆，都有它的成长史，每一季每一年都有不同的风姿。随着岁月流逝，建筑原有的光彩会慢慢褪去，道路也开始变得斑驳，但这些正好证明了一个学校从"成长"到"成熟"的全过程，学校的历史在这里变得丰满，犹如陈年的老酒，时光将它酿制得更加香醇。学校设计应该重视这些变化，不要破坏及抹去这些岁月的印痕。

建一所能生长的校园是师生共同的愿望。校园里，树木每一天都有新高度，彰显校园活力；爬墙植物节节攀高，让校园生机勃勃；果树年复一年，开花结果，生生不息。校园里，每一年都有新的面孔到来，给校园带来新的欢笑；镶嵌着孩子手印的校友纪念墙，不断延伸……慢慢地，学校桃李满天下。

时间能成就一所学校，更能完善一所学校。

上海浦东新区明日之星幼儿园在墙角位置设置了"身高尺"，上面的刻度成为孩子们每天的成长印记。

七、 老学校的改造

一次,我们到某地一所具有 90 多年历史的学校参加活动,那里正热火朝天地进行校园改造,两幢崭新的大楼竖了起来。但我们没有因此兴奋与激动,反而扼腕长叹。这个学校虽然面积不大,但在我们的记忆中有小桥流水,有古树亭廊,有书院文庙,是一个幽静的读书胜地,而现在这一切都荡然无存,校园完全被崭新的建筑取代,原先的参天古树换成了一人高的小树。教室楼高了,环境也新了,但校园的文脉断了。

随着社会的发展,老学校无一例外地遇到了发展难题。发展是必然的,社会只有发展才能生存,学校也如此。随着一幢幢新楼拔地而起,一座座新学校开门启用,一幢幢古老的校舍从人们的视线中被抹去,一座座老校园也随之消失。多年后,校友变成了游子,再也找不到回家的路。

在发展面前,我们似乎总容不下历史,总是把发展与历史对立起来,而让路的总是历史。

浙江某校因学校发展,规划了学校南边的一块地,但那边刚好有一个明清建筑,于是政府决定要拆除这个建筑,但当地民众很有意见,结果这个扩建计划只好搁浅了。这就是典型的把发展与历史对立的设计思路。其实,历史本身就是一个重要的课程资源,如果设计者把这个古老建筑设计成学校文化的一个部分,那情况可能就完全不同了。

《中国教育报》曾刊登《老校园拆迁改造之"殇"》一文,文章写道:"时隔 5 年,北京林业大学园林学院张玉钧教授始终忘不了自己难堪的一幕——毕业 20 年的同学从世界各地纷纷返校聚会,作为东道主的他,本想领着同窗们在校园内寻访曾经学习和生活过的那些陈迹,但遗憾的是,20 年校园的巨大变迁,连张玉钧自己都无法找到从前的影子。"①

　　对于一所学校、一个怀想青春的学子来说，每一栋校园老建筑的背后都是一个学校的发展史、一部个人的青春史。所以，在老学校的改造中需要注意以下一些问题。

（一）学校发展需要对历史保持敬畏感

　　历史是无法重来的，历史是一笔无价的财富，不对学校文化保持敬畏之心，是反教育、反文化的一种表现。在学校发展过程中一定要处理好保护与发展的关系，保护与发展不该是一个二选一的选择题，它应该是共赢的。一些学校在这方面作了很好的探索，如苏州十中。

　　苏州十中，说不清是园林变成了学校，还是学校变成了园林；是园林成就了十中，还是十中成就了园林。漫步十中校园，我们渐渐体会到，园林与十中是共生的。园林让苏州十中成为"最中国的学校"，十中让园林飘荡着书声。校园"浸润于吴文化之中"，"营造了一个灵动的学校'文化场'"。

苏州十中，说不清是园林变成了学校，还是学校变成了园林；是园林成就了十中，还是十中成就了园林。

---

① 柯进. 老校园拆迁改造之"殇"[N]. 中国教育报,2013 - 4 - 4.

在"最中国的学校"的创建过程中,时任校长柳袁照有着他独到的见解及做法。当很多百年老校为了发展选择就地重建或异地新建时,他选择了"修旧如旧"的发展策略。不砍树,不拆房,以黑、灰、白为主导色彩,整合学校资源,把校园格调定位于苏州城市的主导风格之中,在苏州古典雅致的文化背景中,张扬十中的特色。从校园改造到学校文化建设,从不自觉到自觉,都立足于历史,立足于文化,立足于苏州。"修复、改造、新建"六字方针,成了重塑学校文化的基本原则,让文化的气息渗透在学校的每一个角落,让每一处建筑都留下教育的印记。现在,每幢楼都有了楼名,都有了楼记,十中几乎把校史馆拓展到了整个校园。每一堵墙壁、每一个角落,都会说话。过去每一届学生毕业,都会为母校留下纪念物,现在这一传统正在新一代毕业生身上传承。十中正努力办成苏霍姆林斯基所讲的"让孩子们长大后经过学校时,孩子们能摘下帽子带着眷恋和感激的深情"的校园。

十中也为园林赋予了新的意义。园林本是充满自然之趣,供人们游玩休憩、修身养性、会友聊天的地方,现在十中把园林的意义发挥到最大,利用园林开发出具有中国特色的、有深厚文化底蕴的校本课程。让学校的古树、太湖石,明清、民国的古建筑告诉学生学校的历史,让校史室、名人石刻告诉学生作为"十中人"的责任与使命。抬头是诗歌,低头是故事,此时无声胜有声,一草一木皆有情。

园林,让学生虽处在高楼林立的城市,也能看到万物四季更迭。校园外,虽有嘈杂的街区、刺耳的喇叭声,在校园内,学生却能聆听雨打芭蕉及花开叶落的物语天籁。

十中,让校园与园林达成了共生,为学校发展提供了一个成功的样本。

北京市二中也十分重视学校历史的梳理及保护。学校建有"国粹馆""古籍室""教师博物馆""学生博物馆",还有开放式的"文化长廊""会议厅""中国非物质文化遗产展示墙"等具有历史文化特色的馆室及文化景点,在京城乃至全国引起广泛关注,获得很高评价。其中,"教师博物馆"迄今共征集到 655 件(套)

藏品、870 多节 28 000 多分钟的课堂实录资料、近 158 条（部）校园电视新闻和多部专题片、34 万余张记录学校生活的照片以及 8 600 多卷（套）记载师生教学活动的档案。这让北京市二中成为最有历史记忆的校园。

（二）需要在历史与现代之间找到最佳切入点

时代总要前进，老校也需要改造，智者总是能在历史与发展之间找到两全其美的方法，找到一个兼容的途径，这才是学校系统真正的可持续发展。

设计不都是完美的，设计也不完全是创造新东西，不完全是推倒重来。好的设计往往就出现在平常之中，出现在对传统的尊重及与历史的接轨上。一些学校在发展中，把原来具有鲜明地方特色的建筑完全推倒重来，这不是真正的设计，恰恰是反设计的表现。学校设计需要尊重历史，尊重教育发展的规律，发掘教育内在的价值及生长点。

设计是对事物规律的再认识，对事物各要素进行重组，让其更有活力。学校设计，就是对学校各要素进行重组，让各要素更有张力，各要素之间的配合更具活力。设计让学校特色更加鲜明，更好地为学生发展服务；设计就是学校新

盱眙中学新校区在学校景观区的最高点"复刻"了盱眙第一山的魁星亭、状元桥、碑廊等景点，同时，在校园内铺筑石板路，让学生进城了也不忘前辈们艰苦朴素的精神。

的生长点,是学校的发展力。

江苏省淮安市盱眙县盱眙中学号称"千年书院,百年学府"。盱眙第一山的山巅,从南宋开始就有崇圣书院、淮山书院、登瀛书院和敬一书院等。1920 年,在千年书院的旧址上创建了安徽省立第九中学,这就是盱眙中学的前身。后来,因为学校规模的不断扩大,原来的山巅学校容纳不下日益增加的学生了,2012 年,学校整体搬迁到山下。在新校搬迁的过程中,学校秉承"带着文化搬迁"的理念,力争做到新老校园文化同源,在学校景观的最高点"复刻"了第一山的状元桥、魁星亭、碑廊以及老校区的老井、石板路、日冕等文化景点。这也体现了盱眙中学的校训:制高。这样的学校设计,让千年书院的文脉在这里得到了延续。

(三) 小学校也可以有大格局

很多学校在校园改造中出现这样的困境:学校原来的规模比较小,而且处在寸土寸金的闹市区,周围被商场、道路、民房等设施包围着,基本没有扩展的空间。在这样的学校进行校园改造的难度可想而知。但设计,本身就是挑战。设计的一个目标,就是在一般人认为不可能的地方创造奇迹,设计出不同凡响的效果。

原来的学校空间小,可以改造、可以设计的地方极为有限,所以,这样的改造更需要做精做细,即俗话说的"螺蛳壳里做道场"。这样的改造更需要对每一个空间进行雕琢,但又要让人觉得得体自然,所谓"虽有人作,宛如天成"。某书法教室一面墙上写着大大的"静"字,上课时老师打开这面墙,展示在学生面前的则是一块白板,老师就可以像在其他教室一样教学。有学校把体育馆的柱子改造成可供学生攀援的墙面,在狭小的空间里,学生还能挑战自我,体验攀岩乐趣。

小学校的改造,除了要做精做细,其设计方向更要贴近学校核心理念及精神内涵,更需要挖掘学校的课程特色,让小学校也有大格局。

黄浦区第一中心小学从"艺术特色"入手,抓住"育人"的牛鼻子,对校园空间、建筑和设施进行整体规划及设计,构建了"童心视界""童真创意""童梦工房"等学生课程空间,塑造了学校的新格局。

(四)将学校改造成学生向往的校园

学校要发展,校园要改造,但发展与改造是为了让学校更有文化,更像学生读书的地方,更成为学生向往的地方。

艾瑞卡曼小学位于柏林乌特瑞希特(Utaechter)大街。这是一座古老的学校,创建于1915年,直至2005年,学校走廊还遗存着20世纪早期单调、专制的教育风格。2006—2007年,学校成功地完成了现代化改造。改造后的学校形态完全遵循孩子们的构想。设计师的理念是"为小学生创造一个全日制的、家以外的家园",以满足学生全天候使用的需要。随着全新的校园景观及娱乐区的建立,整个校园被打造成舒适的温暖的生活、学习环境,这样的改造也拓展到走廊和教室。改造后的走廊,符合现代教育理念,既美观又能满足孩子互动、社交的需要,成为孩子学习、生活、娱乐的多功能区。

设计师以天马行空的"银龙的鼻子"为主题构想,将学校改造成一个虚幻又充满诗意的世界。"银龙的鼻子"为建筑上面三个楼层的地板和天花板覆盖了一层遮罩,可以根据天气状况对光线进行过滤。围绕"银龙的鼻子"主题,建筑师设计出了具有诱惑力的学习环境,比如,银龙的"火爪"、花园的"花瓣"、起伏的"山丘"等,还有多功能模块座椅系统为故事提供了情境。这些"不寻常"的环境激发了孩子不寻常的想象力及学习力。

改造"不寻常"或"不一样"的校园,不是为了"不寻常"而"不寻常",为了"不一样"而"不一样",而是为了让校园更有个性,更符合孩子的生活学习特点。如果我们把几个教学水平相当的学校放在一起让学生进行选择,学生一定会挑最有个性、最有魅力的校园环境。虽然学生在一定程度上无法挑选自己的学校，但他们有自己的喜好，他们还是希望自己的学校与其他学校不一样，希望自己的学校比其他学校更有魅力。所以，只要有可能，我们就应该努力去改变校园环境，让校园更符合孩子们的认知特点，更能激发他们探究、学习的欲望。

【补充阅读 1】

阅读提示：

宜兴市和桥高级中学是创办于 1912 年的百年老校，2012 年建成和桥高级中学新校区。新校区落成后，需要对新的校舍、场馆、道路等命名，学校成立专门的研究团队开展专门的研究工作。研究团队在对中国传统文化及学校历史充分研究的基础上，结合和桥地域特点及学校未来发展的目标，对新校舍、道路、文化景点等建筑物一一命名。学校进行这样一体化、系列性的命名及解读工作，有效地提升了人们对学校理念的认识。

宜兴市和桥高级中学建筑物命名解读[①]

办公楼：世范楼　宋·苏轼《父池赠太师追封温国公》："……德为世范，言为士则。"品行是世人的典范，言语是读书人的准则。

报告厅：闻韶厅　《韶》，古乐曲名。《论语·述而》："子在齐闻《韶》，三月不知肉味。"《论语·八佾》："子谓《韶》'尽美矣，又尽善也'；谓《武》'尽美矣，未尽善也'。"望能在此厅聆听尽善尽美难以令人忘怀的演讲。

---

① 宜兴市和桥高级中学建筑物命名解读[EB/OL].(2015-12-10).http://www.hqgjzx.cn/E_ReadNews.asp? NewsID=812.

桥梁：泮水桥　　泮为古时齐国学宫旁之水，古称入学为入泮，学宫为泮宫。《诗·鲁颂·泮水》："思乐泮水，薄采其芹。"古时学宫有泮水，入学则可采水中之芹以为菜，故称入学为"采芹"。

华亭：乐水亭　　《论语》："知者乐（yào）水，仁者乐（yào）山。"有云："知者，达于事理而周流无滞，有似于水，故乐水。仁者，安于义理而厚重不迁，有似于山，故乐山。"

道路：八德大道　　中华传统文化表彰的八种德行：孝、悌、忠、信、礼、义、廉、耻。

九思大道　　《论语·季氏》："孔子曰：'君子有九思，视思明，听思聪，色思温，貌思恭，言思忠，事思敬，疑思问，忿思难，见得思义。'"

十驾大道　　荀子《劝学》："骐骥一跃，不能十步；驽马十驾，功在不舍。"

积跬路　　荀子《劝学》："不积跬步，无以至千里；不积小流，无以成江海。"意为：一切从脚下开始，脚踏实地，日积月累，走向辉煌。

至善路　　《礼记·大学》："大学之道，在明明德，在亲民，在止于至善。"

致远路　　诸葛亮《诫子书》："夫君子之行，静以修身，俭以养德。非淡泊无以明志，非宁静无以致远。"

海容路　　林则徐自勉联："海纳百川，有容乃大；壁立千仞，无欲则刚。"蕴含"和"之精髓和开放、包容之意。

高一楼：澄和楼　　清朗和暖。晋·陶潜《游斜川》诗序："天气澄和，风物闲美。"向阳楼宇，放眼远望，风光景物，娴雅美好。

高二楼：致和楼　　谓人事极其和顺。古有"谦冲致和，开诚立信"之说。指质朴坚毅,不卑不亢,经纶满腹,虚怀若谷,持之以对人;躬行仁义,以诚待人,处世立身,以至和睦相处。

高三楼：丰和楼 谓五谷丰熟,风调雨顺。汉·焦赣《易林·离之恒》:"东风解冻,和气兆升,年岁丰登。"明·胡广:"……臣国屡丰和,山川之蕴珍宝者,霅然而呈,草木之不华者,藿然而实。"清·曾国藩《复吴南屏书》:"雨泽霑足,岁事可望丰稔。""丰和",意含"毕业班白丰收"。

男　舍：静和居 安静平和。《鬼谷子·阴符》:"静和者养气,气得其和……"宁静平和便可以养气,养气便可以使得志向、思想、精神、道德四者获得和谐,永不衰败。

女　舍：懿和居 美善和谐。汉·扬雄《剧秦美新》:"恢崇祗庸烁德懿和之风,广彼搢绅讲习言谏箴诵之涂。"意谓发扬高尚的道德,而致美善和谐。

实验楼：格物楼 《礼记·大学》:"欲诚其意者,先致其知,致知在格物。"即要想使自己的意念真诚,先要使自己获得知识;获得知识的途径在于认识、研究万事万物。格物致知是中国古代儒家思想中的一个重要概念,乃儒家专门研究物理的学科,源于《礼记·大学》八目:格物、致知、诚意、正心、修身、齐家、治国、平天下。

餐　厅：嘉膳堂 嘉膳即美馔。汉·徐干《中论·治学》:"大乐之成,非取乎一音;嘉膳之和,非取乎一味;圣人之德,非取乎一道。"

艺体馆：行健馆 《易·乾》:"天行健,君子以自强不息……"天(即自然)的运动刚强劲健,相应地,君子处事,也应像天一样,自我力求进步,刚毅坚卓,发愤图强,永不停息。

【补充阅读 2】

阅读提示：

创办于 2014 年的北京市四中房山校区，一度成为最能吸引媒体眼球的一所中学。其校舍建筑遵循绿色三星标准，将低碳技术引用到学校建筑中，在建筑的空间上和建筑的形态上为孩子创造一个全新的教育环境。本案例对北京市四中房山校区功能、建筑风格等作了比较详细的介绍，并提供了设计师的设计理念，无论是建筑理念还是建筑风格，都值得我们关注。

北京市四中房山校区学校官网首页，画面清新明快，绿意盎然，鲜明地传达出"田野校园"的气息。

田园校园——北京市四中房山校区①

北京市四中房山校区，是中国第一个绿色三星级的学校（其标准超过

① 参考百度百科：项目概念及设计思想［EB/OL］.（2016－12－9）. https://wenku.baidu.com/view/8c8281a3f424ccbff121dd36a32d7375a417c6f1.html.

LEED 金级认证），在设计及建设方面把"绿色星级标准"作为目标，成为"绿色建设"的典范。"绿色建筑"要求建筑对环境无害，能充分利用环境自然资源，并且在不破坏环境基本生态平衡条件下建造。它也可以称为可持续发展建筑、生态建筑、回归大自然建筑、节能环保建筑等。该校舍建筑在全寿命期内，能最大限度地节约资源（节能、节地、节水、节材）、保护环境、减少污染，为师生提供健康、适用和高效的使用空间，能与自然和谐共生。

一、北京市四中房山校区三个基本思想

该校区设计负责人李虎（开放建筑设计事务所）认为，建成后的北京市四中房山校区是一所真正的田园学校，让孩子真正地接触自然，在自然中成长学习。该方案设计时基于"自然性""社会性""和谐与平衡"等三个基本设计思想，提出了一系列可实施的设计策略，构思并设计了一种新的校园体系，在丰富的自然形态和多层次的社交空间之间，建立起愉悦而高效的教学环境。

1. 自然性

自然性，是 21 世纪最迫切的议题。从古至今，中国传统文化都将人与自然的融合作为思想与价值取向的核心。在能源危机、全球变暖、灾害频发的宏观背景下，如何将积极的传统思想融入现代教育，让年轻一代学会尊重自然、与自然和谐共处，以适应未来社会的诸多挑战，已是刻不容缓的议题。今天的学生因长期困于书本与教室中，已经与自然产生了隔阂。如何消减这种隔阂，让学生在田园和自然之间快乐地学习和生活，是我们给自己提出的一大挑战。

2. 社会性

今天，"独善其身"已不适于当下的社会发展环境。"兼善天下"是当代人个性塑造不可或缺的一部分。在新的校园设计方案里，学校注入大量的社会交往空间。在共同学习、成长的环境中，多样化的交流空间能够促进学生素质的全面发展。这些空间需有不同的尺度和体量、不同程度的私密性和丰富的情感内涵,并且彼此相互联系。这些社交桥梁鼓励使用者在其中漫步、玩耍、相遇。在提高空间使用效率的同时,也使得学习成为富于乐趣的一种生活方式。

3. 和谐与平衡

和谐与平衡,是传统东方文化中重要的一部分,在世界高速发展的今天更显示出其内在的强大力量。这是学生心灵成长的一个重要方面。在自然与建造环境、传统与现代、规则与自由、正式与非正式、集体与个人、必然性与可能性等对立关系中,寻找并建立一种动态的平衡十分必要。

二、北京市四中房山校区的五大设计策略

策略一:创造多元化的建筑空间

普通教学空间设置高效的交通组织。学生每天绝大部分时间都在学校里度过。教室空间受严格的规范制约,包括日照、通风、采光、卫生、消防等,这些制约因素确保师生身心获得健康发展。为了方便老师和学生在有限的课间 10 分钟内找到目的地,在教室之间必须设置高效的交通组织。

学校的功能区间设置成个性化的学习场域。学校的功能区间包括图书馆、音乐美术教室、舞蹈教室、技术教室、风雨操场和学生活动室等。它们形态丰富,体量不一,要求各异。大体量的空间通常消耗大量能源,导致维护成本极高。设计将个性教学空间演化为"全新"的教学场域。大体量集体活动空间被置于地下及半地下,与地面的公园巧妙地相互融合。这些空间构成了地面生态公园和花圃的起伏形态,而且还"支撑"并连接其顶部的传统教室。表面辅以覆土种植的地下及半地下的大空间,大大降低了能源的消耗。

教室与室外活动空间构成有机整体的社会交往场所。各式各样的集体活动场域对人们建立和谐健康的关系起到关键的作用。在新的学校里,教室被延伸到户外,与花圃公园合为一体;同时,课外活动场所被带入室内,带进不受气候影响的空间。这些社会活动和集会场域通过设计,将所有的空间联系构成一个有机的整体。

策略二：将自然引入学校

儿童的生活环境和学习习惯直接影响他们的行为与记忆能力。自然景观、阳光、丰富宽阔的视野都能增强学童的记忆力。接近并照顾小动物能够培养儿童良好的行为习惯，并提高他们的情感表达能力。

在新学校里，引入了两种自然的形态：花园和农田。自然生动的地面形态能让学生们在其间自由地探索漫步。花园使校园内的自然空间最大化，同时，也是教室和活动交流空间的延伸。农田在城市现代化进程中正被迅速取代而消失。农作物对城里长大的孩子而言，慢慢成为陌生的物种，我们和我们赖以生存的自然日益脱节。这一设计方案意图将实验农田带到屋顶上，让学生学习种植的方法和领会收获的乐趣。屋顶农田亦记录了该基地曾为农田的历史。

策略三：关于环境与能源

绿色设计所带来的挑战是双方面的：在实现建筑融合自然的积极生态景观的同时，要避免人为景观对生态造成消极影响。可持续性设计未必意味着高造价。在学校预算的许可范围内，设计者将适合的节能技术与建筑设计相结合，把学校的碳足迹减到最低。

策略四：灵活性

北京市四中房山校区，有别于传统的独立式教学楼设计，不同的教学空间被连接在一起，形成了一个连续的自由形态。建筑空间的动态性与新式教学环境的流动性和有机性相得益彰、融洽结合，为新一代的学子提供了新景观。

策略五：标准化与个性化

北京市四中房山校区，复合式外墙体系随着表皮材料的不同而有所差异，而备选的材质均来自环保性资源，包括可回收或快速再生材料。窗体系统的数字化设计以斐波纳奇数列（黄金分割）为基础，通过多种不同的模块化窗体的排列与组合来获得无限的可能性。

| 第八章 |

面向未来的学校设计

"地点已死,空间长大",未来学校,需要保护和支持学生最可爱的精神:求学精神。

人归根到底是生活在真实的世界中的。适应生活、学会生存,是学校教育的核心素养。生活教育,是未来学校发展的永恒主题。

我们正处在一个日新月异、比任何时代发展得都要快的时代，社会的高速发展也影响着学校的发展。学校设计也应该与时俱进，不断创新，以适应这个时代，适应不断变化的学生们。基于儿童成长的设计有很多发展可能，也有很多实施案例，下面主要讲述可能影响学校设计的发展方向及案例。

一、 去教室

自有学校以来，教室就是学校的必备场所，无教室就无学校。未来学校在形态上会有颠覆性的变化，其中一个变化就是"去教室"，或者说教学环境将发生巨大的变化。学校发展的多元追求、课程开放、学习互动、空间重组，让未来学校"去教室"成为可能。

（一）变形

澳大利亚菲茨罗伊（Fitzroy）中学位于墨尔本城内，是一所公立学校，为7—10年级学生提供教育。1992年，学校曾经关闭，到2004年才重新开学。2008年，学校进行扩容改造，为让更多孩子享受义务教育而设立了11和12年级，在校学生也从原来的375人增加到600人。在学校改造之际，首席设计师罗伯·麦克布莱德·黛比-林恩·瑞安（Rob McBride Debbie-Lyn Ryan）引入了新教育理念，倡导"新学校模式"：重新设计的学校增加了私人学习的空间、资源中心、艺术及技术工作室等，以符合和表达 21 世纪学校的要求及愿望。澳大利亚菲茨罗伊中学用形状颠覆了传统的教室。

澳大利亚菲茨罗伊中学，建筑物多变的外形导致内部学习空间的变形，驱动了学校课程的变革。（陈　平　绘）

新学校模式在建筑的整体设计上就与众不同，好似一块变形的巧克力。学校外观呈波浪形，外立面涂上了褐色与绿色块，融合在周围的环境中。大尺寸内凹波浪轮廓由双层砖构筑，让学校的外形结构更加稳重坚固，减少了对附加框架和支撑的依赖。外层砖砌加上内层壳板，对隔热保温起到很好的作用。

空间形态的变化驱动课程理念变革、课程重新设计与创新。外形的凹凸，带来了学校内部空间的变革。为了符合波浪形外观，学校内部不得不设计得更加灵活多样，分割了更多变化不一的空间。建筑的每一个模块单元是一个可以供 40—60 人使用的空间，四周的空间处理灵活多变——这里有大型的注入式演讲厅，有分组讨论厅，有个人学习区，多样的空间让孩子们的活动形式变得多样了。教室也变成了学习的工作室,室内设计了红色的帷幔,可以轻松调节空间位置,可以作为集体学习的空间,也可以分割成一个个独立的学习室。刚才还在个人独立学习,不一会儿就可以迅速进入整班学习状态,一会儿又可以进行分组讨论学习。这就是灵活空间带来的变化。

菲茨罗伊中学的教学楼用迷幻的外立面和丰富的色彩创造出动感十足的建筑形态。立面的色彩浓重但不张扬,强烈但不刺眼,这样的色彩配置,让学校自如地融入周边的环境中。首席设计师罗伯·麦克布莱德·黛比-林恩·瑞安用建筑诠释了面向 21 世纪的教育新理念,创造了全新的视觉效果和空间体验,从形态开始变革课程体系,为学校建筑树立了典范。

同样,学校也须因自然条件的变化而改变形态。尼日利亚的马可可是一个历史悠久的水乡社区,受到气候变化和非洲快速城市化的影响,上学对当地的孩子们而言十分困难。为此,当地建造了特殊的"漂浮学校"。这所学校是一个

尼日利亚马可可的漂浮学校实现了无数孩子的上学梦,成为特殊地区学生的"诺亚方舟"。

漂浮装置,被安置在离岸不远的水面上,学生上下学由船只接送。作为一个试点项目,"漂浮学校"为非洲人口稠密的沿海地区提供了一个可持续、生态化、可替代的建筑系统与城市水文化方案,实现了无数孩子的上学梦,成为这些特殊地区的学生的"诺亚方舟"。类似的模式也被其他国家广泛运用,比如,孟加拉国拥有百余艘船只,为"移动学校"解决了洪水泛滥等恶劣环境阻碍学生上学的问题。

2007年,葡萄牙政府启动了"中学现代化"计划,一些学校开始重新改造空间。改造的一个重点就是让学校功能更加明晰,特别是加强了与社区之间的联系。改造计划是把所有的教学楼连接为一个单体建筑,通过建筑之间的走廊相互联系。本来并没有太多关联的内廊,变成了四通八达的"街道",这些"街道"成为孩子们活动的社区,为孩子提供各种非正式的学习空间。这些学习"街道"通往一个中心庭院——"学习广场"。学生在这样的空间中自由行走、学习、交流、游戏等。

(二) 无边界

TED有一个演讲,题为"前所未见的最好的幼儿园"[1],介绍了一家"无边界"的幼儿园。这家位于日本东京,建于2007年的幼儿园名叫蒙台梭利学校富士幼儿园,是由设计师建筑师手冢贵晴与手冢由比夫妇设计的。富士幼儿园是一所孩子最乐于去的幼儿园,曾被国际经济合作组织(OECD)评选为世界上最优秀的教育建筑。

设计师为孩子们设计了一个有环形建筑的幼儿园。孩子们在巨大的环形屋顶上跑来跑去,没有尽头,像一群小羊。设计师掌握了孩子喜欢转圈的心

---

① 前所未见的最好的幼儿园长成什么样? [EB/OL]. (2015 - 5 - 13). http://mp. weixin. qq. com/s? _biz = MjM5Njg0ODc5NA= = &mid = 209395306&idx = 3&sn = 05fb26e4529 3f7a2eb586ba096465db6&scene = 5♯rd.

理,任由孩子在这个环形建筑物中奔跑转圈,不拍孩子丢失,因为"他们总会跑回来的"。

整个建筑物没有死角,任何空间都是孩子们自由活动的空间,在这里,教室已经严重变形,变得没有围墙,也没有室内和室外的界限,孩子们在这样的空间中像一群小羊奔跑着,欢叫着。孩子们还可以在从房间里长出来的树上爬来爬去,像无数小猴子。整个幼儿园就像一个游乐场。上屋顶的楼梯也设计有滑梯,孩子们可以滑着下来,第一时间从屋顶到达操场。屋顶是倾斜的,显得十分有趣,同时,内侧的屋顶高度也做得很低,便于老师站在院子里就能看到屋顶上孩子们的一举一动。屋顶水槽的设计也别出心裁,让孩子们在雨天可以看到瀑布从天而降。

校园里没有围墙,有人担心孩子们会不会跑到别的教室去,但设计师说:"这不是一个问题,小孩子突然发现自己身处一个新的环境,他们会很自然地学会如何与新的人、新的环境交流、沟通、相处;况且孩子们在哪里不能学习呢?每一间教室,都是一个学习的天地。"

学校成为一个独立的村庄,它的内部是一个综合空间,仅仅通过家具进行分区。3棵保留下来的高达25米的大榉树穿过屋顶伸向天空,很好地使建筑与自然融为一体。

古树穿过屋顶,中间留有空隙,有空隙就有危险,如何防止孩子们从空隙中掉下去呢?设计师想到了用栏杆围起来,但幼儿园园长说不想要栏杆,因为看到栏杆就会在头脑中浮现出这样的情景:"动物园的猴子,喂食时间到了!"最后,他们共同商定在这些空隙处安装了绳网。孩子们很喜欢这样的设计,不时地跳进去,又爬出来,把绳网当作他们的游乐场。

每间教室上面至少有一个天窗,天窗凸起处,可以让孩子们藏身,成为捉迷藏的好去处。圣诞节时,圣诞老人可以从天窗上下来给孩子们送礼物。

在开放的圆形屋顶上，并没有任何游戏的设施，但这并没有降低孩子们游乐的积极性，因为他们自己可以寻找乐趣。他们会用粉笔画树影，从天窗看教室，站在高处看远处的景色等。"规定孩子玩法"远没有"孩子发明玩法"更让孩子们兴奋，更加来得有意义。

一切都是孩子喜欢的，而且孩子在喜欢中锻炼了体力与毅力，甚至也有小挫折。手冢贵晴在 TED 演讲中说道："孩子们有时需要跌倒，也需要受一点伤，这样会让他们学会如何在这个世界生存。"

富士幼儿园是一个完全开放的空间，在这样连续、开放的空间中，每一个孩子都享有同等的教育，每一个孩子都得到重视。在这样的空间中，孩子们不断奔跑，不断遇见新朋友，不断适应新伙伴、新环境。孩子们的天性是自由的、好动的。他们希望没有规则，但在这样的集体中没有规则是无法运行的，孩子们会逐步适应在相互交往、游戏中重建规则。这种自由开放的空间，对于培养孩子们的好奇心、自信心与交往能力有巨大作用。

这就是一所为孩子们设计的学校，学校就是一个小社会，就是一个小世界。

新型学习环境的设计，主要是想努力改变传统学习环境给学生带来的学习问题，激发学生的好奇心，培养学生的创新思维，提高学生的合作学习能力，给他们更多独立思考的机会及空间。在这样的学校学习，孩子们可以坐着，可以站着，也可以趴着。这样的学校也很重视数字化教育，孩子们随处可以进行网络学习，这符合未来孩子的学习特性。

瑞士斯德哥尔摩创意学校维特拉·特立波尼（Vittra Telefonplan），致力于为每一位孩子创造精彩的日常生活，采用类似"篝火""洞穴""实验室"等生活学习方式。整个学校就是一个开放的空间，校园内放满了五彩缤纷的家具，设计了与学生日常生活十分接近的、甚至更有挑战性的学习环境，孩子们在这样的环境中学习、讨论、游戏、用餐等。

蒙台梭利学校富士幼儿园（手冢贵晴与手冢由比夫妇设计），创造了一个"无边界"、"无死角"空间。（图片来自百度文库）

在设计学校时，设计者对老师及学生进行了调研。调查发现，现在的学生学习主要基于笔记本电脑、网络等，而不是黑板。所以，在这所学校里，老师不再站在讲台前，学生也无须拘谨地坐在椅子上，每一个孩子都可以自由走动。孩子可以在沙发、台阶、地板上看书，也可以在建筑物内设计的"小岛"上用电脑等。这所学校成为一所没有教室的学校。①

青年作家李一格说："校园在哪？你往往抓不住，摸不着。社会企业讨论地理上的移动校园多，互联网企业讨论在线的移动校园多。他们共同的特点都是把校园环境和内容的可移动性作为立足点。这一大类学校都有很大的未来空间可以经营，也都保护和支持着学生和用户最可爱的精神：求学精神。"②

沈祖芸分享了考察澳大利亚教育的感受："无论哪种学习形态的存在都传递出一个重要趋势：地点已死，空间长大。在墨尔本大学，正在心理系读大三的中国留学生郭可若给我们当学校向导。她时常说'我们去餐厅那边吧，那儿很

① 瑞典：Vittra Telefonplan 学校设计[EB/OL]. (2012-02-16). http://mixinfo.id-china.com.cn/a-7853-1.html.
② 李一格. 校园在哪里？[EB/OL]. (2015-11-19). http://www.sohu.com/a/42603272_100934.

闹,可以吃美食,也可以打桌球,还有许多租给学生经营的小店''我们去那幢传统与现代结合得最好的设计学院吧,在那里会产生很多创意的灵感''我们去那边吧,我最喜欢在那个角落里看书发呆''要不要去教室看看呀,哈哈,不过我们叫那里是剧场'……你看,不经意间几乎每一句话都在透露着'不确定性'——再也不会出现像以前'我们是几班的,在几零几教室'这样的话了。"[1]

　　未来有一天,你要是提出想去看看某位同学学习的地方,他可能会带你去图书馆、电子阅览室、阶梯教室、会议室、中心广场、剧场、餐厅、宿舍等地方。因为这些地方都有可能是他今天要去学习的场所。学习场所的不确定性,是未来学校的一个特点。虽然没有了固定教室,但学生的学习场所却在不断放大,在不断突破有限的边界。

　　真可谓"地点已死,空间长大"。

(三)校中校

　　英国伊芙琳格蕾丝中学,用"空间魔法"构建多元的"校中校"教育体系,给未来规模化办学提供了一个样本。

　　学校位于伦敦兰贝斯区的布里克斯顿,该项目由扎哈·哈迪德建筑事务所(Zaha Hadid Architects)设计。学校设计是依照"校中校"理念进行的,在高度功能化的空间创造出自然的分割样式,把整个学校分割成四个区域,这四所区域构成了四所各具特色、具有相对独立的功能的"小学校"。学校设计的精华是位于各"小学校"之间的共享公共空间。学校地处住宅区,空间对于学校和学生来讲很重要,也很必要。四所学校共享的公共空间,致力于在自然集会点的层

---

[1] 沈祖芸.澳新教育观察:探寻教育新可能——学校环境设计新趋势:地点已死,空间长大[J].当代教育家,2016(7):42.

面上鼓励社会交流,将宽泛的活动空间集中起来,这样的公共空间是学校进行大型活动的场所,也是孩子们互动和学习社交活动的重要场所。

伊芙琳格蕾丝中学的共享空间采用了分层式设计,学生可以按照自己的兴趣、爱好到自己想去的地方。不同的时段,学生可以使用不同的空间,空间的分割安排,也尽可能考虑到不同小学校的实际情况,做到井然有序并能最大化地用好这些空间。

每所小学校的学生都可以通过二楼的楼梯直接进入学校,除了紧急疏散的情况外,他们无须使用学校的主楼梯。每所小学校均纵跨两个楼面,楼层之间通过一条中央楼梯相互连通。三楼的公共设施也可以通过小学校的顶层进入,底层的公共设施可以从外部进入。这样的动线设计避免了学生间的拥挤与干扰。

通过核心区底层的楼梯到达四楼,可以分别进入上面的两所学校。其中二号学校可以通过自己的二楼楼梯进入,一号学校则可以通过底层场地的西南角进入。为了便于管理,楼梯尽可能装入玻璃,让视野通透。二楼的公共设施可由核心区中央楼梯到达。底楼的公共设施可以从三个核心区中最便利的一个到达,这样,每所学校之间,学生拥有充分的出入自由和灵活的出入方式。

学校认为,这样的分层布局让"校中校"既可以各自完成学习任务,又可以最大限度地共享学习空间。

(四)融合

新加坡南洋理工大学学习中心,是一个功能叠加的学习综合体。学习中心由托马斯·赫斯维克工作室设计,耗资 5 亿美元。其外形类似于一个巨大的非洲白蚁城堡,可以容纳 33 000 名学生使用。这个学习综合体包含 56 间没有明显正面与背面的学习空间,没有采用传统的走廊,而是创造了连接高楼的中央区域,这个区域让整个社区流动了起来。在这里,同学们遇到的可能是志同道合的朋友,也可能是未来生意上的合作伙伴。

南洋理工大学学习中心在设计上摒弃了传统的学校功能,是基于现代学习方式与现代信息技术发展而成的新型学习环境。网络技术的到来,彻底改变了人们的学习方式,人们可以随时随地学习,随之而来教室的形态也发生了变化。这个学习综合体就是适应了这样的变化,为师生们创造了一个动态的学习环境。

学习中心在内饰设计方面也很有特色。电梯间和楼梯间的混凝土核心筒嵌入了 700 幅图案,内容涉及科学、艺术、文学等各方面,让这些空间充满了艺术氛围,也给人们带来了无穷的想象。整个建筑的混凝土使用了最原始的处理方式,使得整个建筑看起来像原始人做的手工陶罐,古朴但很有张力。

技术融合教室,是未来学校发展的必然。因为技术在教学中的作用越来越重要,并逐步改变我们的学习。在教室中融合技术要素,增加学习方式及途径,增加技术与教学的互动性,可以让学生获得前所未有的学习体验。

过去的教学模式是老师向学生灌输知识,基本是单向度的信息传递。教育进入了 21 世纪,进入了互联网时代,学校的学习环境将会有根本性的改变。课堂需要更多的师生合作、信息获取、信息共享的机会,这些都无可避免地提出了教室环境增强技术要求,如需要无线网络,需要足够多的电源插座,需要放置平板电脑的地方等,这样更方便技术与学习的融合。这些增强技术可以提高学生学习的兴趣,帮助学生获取更多、更丰富的知识,提高他们合作与分享的能力。

位于美国佛罗里达州中部的摩尔天主教高中是当地最大的私立中学。该校在麻省理工学院及北卡罗来纳州立大学"教室设计项目"的支持下,建立了以技术增加主动学习的 TEAL 教室。每间 TEAL 教室中有六张桌子,每一张桌子可供 4—5 位学生同时学习。桌子与椅子都有滑轮,以方便随时移动。每

新加坡南洋理工大学学习中心，是一个各种要素、资源高度融合的学习"帝国"，12 个塔楼环绕在中部的中庭周围，可以把每一个人都聚集到这里。（图片来自新加坡南洋理工大学网站）

一张桌子前都配有一块触摸式大屏幕平板显示器，以求方便学生利用先进的技术进行学习。学生以小组方式开展学习，他们在利用大屏幕观看学习材料的基础上进行对话、讨论、交流，最后，大家一起进行成果展示、评价、分享。学生通过这样的方式获得主动学习的能力，提高问题解决能力及相互合作、沟通的能力。2012 年 3 月，私立中学摩尔天主教高中的 TEAL 教室获得了美国年度"创新教育奖"。

技术融合教室，为未来学生创造了一个无边界、即时分享、积极的学习环境。

二、 生态校园

生态校园是学校发展的基本理念，也是学校设计的基本理念，这是人类可持续发展的必然要求。2012 年，全球关注的焦点之一"里约 + 20"峰会举行，有

120 个国家的元首和政府首脑出席。此次大会的一个突出成果就是联合国签发了一份名为《实现我们期待的未来》的报告。该报告提出三项基本价值观和四个核心领域,其中一个核心价值观就是"可持续发展"。就学校系统来讲,进行生态校园建设,是对联合国发出"可持续发展"的积极回应。未来学校设计,必定会把"生态校园"建设作为一个基础要求。

生态校园,指对学生学习与可持续发展能产生积极影响的校园环境。未来的生态校园应具有以下一些特点。

(一) 绿色

绿色是一种生命的色彩,是有青春活力的色彩。绿色校园要有充足的绿地及丰富的植物生态。生态校园应是"节能的",校园处处体现出环保的理念,学生的节能环保意识不断增强。生态校园中的各要素应相互联系,共同构成一个完整的生态链。

由查蒂亚达利克斯(Chartiar-Dalix)建筑事务所设计的法国波洛涅-比扬古小学,是一所具有创新意义的学校。[①] 学校建筑物外覆盖着一层"活生生"的外衣,这层"外衣"成为当地多种植物的生长地。学校通过种植不同植物,构成了一个相对完整的生态链,让动植物能自给自足,为小到昆虫大到猫头鹰等动物提供栖息地。同时,这个完整的生态链还为孩子们提供了探索发现大千世界的鲜活案例。

在这个复杂的设计中,建筑师选择了质朴的建筑形式,建筑的体量设计充分考虑到功能需求,形成了自然、动感的外形。人造的地形形成了自然的凹凸,

---

① 凤凰空间·北京,编. 成长空间:世界当代中小学建筑设计[M]. 南京:江苏人民出版社,2012:133.

小径与被隐蔽的区域自然地穿插其中，没有断裂及刻意布置的痕迹。这个能够自然生长的生态系统覆盖在校舍的建筑物上，创造了一个"虽由人作，宛如天成"、充满自然之趣的世界。

位于英国达灵顿的诺斯伍德小学，其设计宗旨就是低碳环保。设计师充分利用建筑朝南的优势，最大限度地采用自然光线和自然通风系统。利用地面一层花园式平台，设计了直接通往每一间教室的通道。屋顶种植了景天属植物，一方面美化校园，另一方面可以隔热保暖。建筑本身是木质结构，墙面也爬满了绿色植物，形成了壮观的绿墙。这样可以减少二氧化碳的排放，防止雨水迅速流失。绿墙周围还有平衡生态系统的池塘水系。这样从外观看，自然与建筑物浑然一体，学校仿佛是从地上长出来的一样，成为自然生态系统的一部分。诺斯伍德小学在 2011 年被评为卡波市模范社区，同时还被英国议会授予"年度可持续校园"称号。①

（二）可持续

生态校园的一个发展目标就是"可持续发展"。未来学校对于可持续发展的要求应该包含两个方面，一是校园设计及建设把绿色、生态、安全放在首位，各要素构成一个完整的自然生态系统；二是学校的办学目标及课程建设不是急功近利的，而是着眼于学生长远发展及终身发展，学校教育把对学生品德教育及学生学习能力、生存技能等培养放在首要位置。

位于印度尼西亚爪哇岛以东巴厘岛的绿色学校（Green School），由美国珠宝大王约翰·哈代（John Hardy）2006 年创立。学校创立之初就定名为"绿色学校"，就是要把环保与绿色作为学校的永远追求及特色。学校有 400 名学生，但

---

① 高迪国际出版有限公司，编. 中小学建筑[M]. 大连：大连理工大学出版社，2012（10）：282.

印尼国籍只有 30％,其他 70％的学生来自全球 40 多个国家。

学校有 30 多座建筑,都以竹子作为主要材料,再辅以泥土、茅草、石块等,用材绝对环保。学校的秋千、课桌、长桌,图书馆的桌子、书架也都用竹子制作而成。以竹为主的建筑,四面通透,位于阿育河畔,美景如画,与四周的环境和谐一致。风声、雨声、读书声,声声入耳。

绿色学校有自己的核心价值观,那就是:正直、责任、同情心、可持续、和平、平等、社区、信任。为实现这样的价值观,学校确定了三个基本实践原则:本土化、让环境作为导向、行动能影响我们的后辈。

绿色学校的愿景是创造一个自然的、完整的、以学生为中心的学习环境,激励学生成为有创造力的绿色世界的领导者。这个学校的使命就是通过培养国际社会的年轻领导者来实现学校的愿景,并实践一种能掌握自然知识的新的学习方式。

学校对于"绿色"及"可持续"的追求,没有停留在物化层面,而是深入课程,深入学生的发展之中。课程体系有三方面的特点:一是追求可持续性;二是成为思考者,能创造性地解决问题;三是融入社会。课程实施采用项目学习的方法。比如,该校 12 岁的梅拉蒂和 10 岁的伊莎贝尔两姐妹发现,随着到巴厘岛旅游的人数增加,使用的塑料袋越来越多,给环境带来很大的问题。于是,姐妹俩做了一个"拜拜,塑料袋"的项目,想方设法完成了百万人的签名活动,让巴厘岛与塑料袋说"拜拜"。最终,她俩说服政府作出在 2018 年前完成巴厘岛无塑料袋的承诺。

"绿色巴士"是学校的另一个项目。消费后的食用油一般被人们倒入垃圾桶,再流入下水道,最后流到海里污染环境。为避免这样的事继续发生,绿色学校的老师与孩子们提出了一个建议:把这些油收集起来再次利用。2015年 4 月,他们成立了名为"绿色巴士"的企业,委托一些企业把收集过来的油加工成生物柴油，使用生物柴油的巴士成为学校的校车，接送学生上下学。

2012 年，这所绿色学校被美国一家机构评为"全球最佳绿色学校"。2014 年，联合国秘书长潘基文来访并为学生作了一个演讲，赞扬学校致力于教育年轻一代成为未来世界的绿色领导者。潘基文说："这是我见过的最特别、最难忘的学校。非常感谢你们让世界变得更绿色的担当和远见。"①

约翰·哈代的"绿色学校"犹如绿色城堡，掩映在茂密树林中。 在这里，孩子们拥有与环境、与自然高度融合的学习空间。 通过体验学习，让他们发现真实世界，建立可持续发展理念。
（图片来自约翰·哈代 TED 演讲《我的绿色环保学校梦》的视频截图）

（三）人文

人文校园是校园文化建设的一个重要目标。校园要充满人性关怀，学校的制度建设目标不是为了方便管理，而是为了促进学生发展。人文管理是文化人的管理，它应该是充满智慧的。

2013 年 5 月，联合国教科文组织在中国杭州发布了著名的"杭州宣言"，呼吁将文化置于可持续发展政策的核心地位。宣言重申："文化应当被视为可持续发展的根本推动者、意义和能量的来源、创新的源泉，以及应对挑战、寻找适

① 屈腾龙. 新校长传媒，联合国秘书长潘基文也赞赏的这所学校，教会了孩子一件事：从现在开始，干预和改变世界［EB/OL］. （2016 - 11 - 12）. https://mp. weixin. qq. com/s/j1g＿F0r9JoRXjyBJ0fxZCw.

当解决方案的资源。"当我们把以人为本、因地制宜的措施纳入发展计划和维和倡议时，文化在促成真正意义上的可持续发展方面的超常力量将显得尤为突出。

人文校园是和谐的校园。学生与学校环境是和谐的，校园环境设计能被学生接受，同时学生又是美的校园环境的保护者及创造者。学生与老师是和谐的，师生之间能相互关爱；学生与课程是和谐的，课程为了学生发展，同时学生具有一定的课程选择权；方法与内容是和谐的，学校的教育方法、学生的学习方法是科学得当的，能切实提高教育效果及学生的学习效率。

人文校园要把校园安全放在特别重要的位置。校园的每一处细节都要考虑到学生的健康及安全。建于 2010 年的李维·斯特劳斯中学，位于法国北部城市里尔的发达地区，周围有古建筑、仓库和港口。这所学校的建筑师摒弃了一贯采用的坚硬的棱角模式，大量采用了圆角设计，使建筑变得柔和起来，让孩子们可以更安全地行走、奔跑、嬉戏。创造更安全的校园环境是任何一个时代都不会忽视的学校设计目标。

人文校园是能接纳及融合多元文化的校园。多元文化并存是地球村带来的一个变化及挑战，不同文化内含不同的价值观。为减少因不同价值观而带来的各种冲突，学校教育有必要倡导学生理解与接纳不同的文化。

位于英国汉普郡的温切斯特公学在国际上久负盛名。学校历史最早可以追溯到 1382 年，这成为英国公学的开端。它是英国现存四所全寄宿制公学之一（另外三所为伊顿公学、哈罗公学和拉德利公学）。温切斯特公学的校训是"Manners Makyth Man"，通译"礼貌不分年龄与身份"。学校在一份关于"传统的价值观念"的文件中，详细阐述了学校的价值观。①

---

① 穆文龙,官芹芳.英国温切斯特公学:从高标准到高素质[J].环球教育时讯,2017(5):54-63.

　　学校教育鼓励学生要有礼貌、诚实、坦率、忠诚、宽容和尊重他人。文件对"民主""法规""个人自由""相互尊重""对不同文化背景的宽容"等都作了详细的说明。

　　民主：学校鼓励学生发声，主要表现为学生认为他们应该在学校发展中扮演积极角色（学生可以向学校、老师反映他们的疑问、投诉、建议等）。

　　法规：无论是课堂、学校、国家，法规的重要性在不断加强。对个人行为的约束非常重要。明确的奖惩条例可以促进学生了解完善的法规是如何造福于人的（学校制定了详细的学生奖励制度以及学生行为与纪律条例，并按期更新）。

　　个人自由：学生是受尊重的个体，学校鼓励学生知道、了解和行使自己的权利和个人自由，并提供如何安全行使这些权利的建议。

　　互相尊重：互相尊重是温切斯特公学教育的核心，并明确表达在学校的文件、手册中，可以在每学期下发的学生手册的倒数第2页找到。学生知道他们的行为会影响他人和自己的权益。学校的所有人员都相互尊重。

　　对不同文化背景的宽容：宽容是学校价值观的一部分，被广泛推崇。它也是学校生活的一个中心。我们重视所有不同种族背景的学生和家庭，并举办很多活动来庆祝不同种族背景的传统节日。

　　温切斯特公学每年专门用两周的时间，停下学科学习任务，大家一起讨论一个设计问题，并且尝试能提出解决问题的方法。

　　建设一个绿色的、安全的、和谐的，具有人文关怀的，让学生具有可持续发展力的生态校园，是未来校园设计的基本要求。

三、 创客空间

2013 年，一则新闻受到世人关注：美国一名 18 岁少年威尔森成功设计出一个简易核反应堆，按照设计，该装置将来能够利用核废料为家庭和工厂提供能源。他在加州科技年会上介绍了自己的最新设计，并表示这项发明将有能力改变世界。其实，威尔森 4 年前就掌握了核裂变原理，而他实验的地方就是自家的车库。"车库"成了他实现梦想的空间，是他学习的天堂。

这不禁让人想到苹果创始人乔布斯就是在自己的"车库"开始了他伟大的梦想的。对很多孩子来讲，车库远比教室来得有吸引力，特别是男孩们，车库成了孩子们梦想起飞的地方。面向未来的教育，每一个孩子都应该有这样一个"车库"；未来学校也应给孩子创造这样的"车库"。这样的"车库"放在学校环境中，我们称为"创客空间"。

"创客"（maker/hacker）一词最早源于美国。麻省理工学院发起了一间个人制造实验室（Fab Lab），为创新提供平台，使得发明创造不再受地点和人群的限制。这个空间的建立，掀起了个人设计和制造的浪潮，激发了无数人创业的梦想，创客由此涌现。学校建立"创客空间"，可以把同样有梦想的、对新事物具有广泛兴趣及爱好的孩子们组织在一起，构成一个合作、创造、交流、分享的朋友圈。

在由新媒体联盟发布、地平线项目顾问委员会确定的《2014 年地平线报告（基础教育版）》中，"创客空间"入选影响基础教育的 12 项关键技术名单，被认为是促进基础教育学习变革的数字策略之一。

早在 2009 年 11 月，美国总统奥巴马就发布了"为创新而教"（Educate to Innovate）行动宣言，呼吁"每一个学生都应成为创造者，而不仅仅是消费者"。

当时,白宫就启动了一个"创客教育计划",该计划力图通过推动创客空间的建设以及发展各种创客项目,激发学生的学习积极性和创造力,让每一个学生都能成为创客,把学校建设变成"创客空间"。2012年初白宫又提出了新的计划,力争在未来四年内,美国的1 000所学校配备开源硬件、3D打印机和激光切割机等数字开发和制造工具等。① "创客空间"应该是未来学校建设中的一个必有内容。

(一) 创中学

未来学校建设的"创客空间"以培养学生创新能力为目标,以项目学习为载体,以合作交流、共享智慧为学习形式。"创意""空间""实践"是创客空间的"三要素"。创客空间由以往的"做中学"上升为"创中学"。"创中学"是基于创造的学习,是人类最高级、最综合、最有挑战性的学习方式。创客空间是一种与传统教育不同的学习环境,是一个丰富的(有点凌乱的)、开放的、轻松的、互动的、朴素的(不一定是高大上,有时反而是简陋的、车库式的)、相互分享的环境。有了这样的空间,孩子们就可以干一番属于他们自己的"事业"了。

20世纪末开始,有一个问题似乎变得越来越"严重",这就是"男孩危机"。从20世纪90年代开始,几乎在所有学科、所有学段的学业水平测试中,女生的表现都要优于男生。男孩则表现出学习不认真,上课做小动作,打架,恶作剧,通宵上网打游戏,顶撞师长等状况,甚至出现更为严重的问题,令老师头痛、家长苦恼。从小学开始,很多男孩一直是处在被批评、被指责的环境下。中国青少年研究中心副主任孙云晓与两位儿童心理学博士对男孩危机作了一年半的研究。孙云晓认为,男孩面临的重重危机都与现行的以升学考试为中心的应试

① 宋秋文. "创中学"引领美国基础教育[J]. 人民教育,2015(12):74.

教育模式密切相关。其背后主要有两个原因：一是现行教学模式单一，更适合女孩子的学习特点。女孩大脑颞叶中拥有更强大的神经联系，她们具有更为复杂的感知记忆存储能力，所以在一些记忆类的学习方面，女孩的学习优势凸显；同时，女孩对声音的语调更为敏感，她们更倾向于言语交流及听说式的学习。但男孩不同，他们更倾向于以运动、实验操作、参与体验的方式学习。二是现在学校教育模式种种规范与男孩的生长特性不符。男孩们更爱运动、爱争论、爱挑战、爱冒险。要他们像女孩一样在教室里安静坐上 8 个小时来读书与做题实在是一种折磨。

创客空间将有效解决"男孩危机"。创客空间聚集的孩子们对新事物具有广泛兴趣及爱好，并努力把各种创意转变为现实。他们热衷于创新，善于在生活中发现问题并提出解决方案，通过创意、设计、制造提供各种产品和服务。这些具有同样梦想的人，构成了一个圈子，大家可以在一起开展很多活动，如交流创新体会、开设主题论坛、组织读书会等。

在英国，有个青年基金组织提出了一个现实问题——"如何应对厌烦学习的青少年"，这些孩子不喜欢学校，他们对现在的学校课程及学习方式一点儿也不感兴趣。当这些孩子从学校出来后，完全不能适应社会工作，他们缺乏正确的工作态度及必要的经历。"什么样的学校能让青少年争着进来，而不是抢着逃出去"，经过调查，人们提出了一个想法：让学校回归到文艺复兴时期作坊式的学习方式，师傅与徒弟在一个工作坊，徒弟看着师傅干活，慢慢地徒弟也学做一些简单的工作，等会做简单工作后，师傅再给一些稍微复杂的工作。在做的过程中，师傅会手把手地教徒弟，遇到灵气十足的徒弟，师傅会完全放手让他们去探索与创作。

根据这些启发，这个组织提出了"工作坊学习"的概念。在英国的卢顿、布莱克本等地开始试点。通过不断实验、不断改进，研究者发现孩子们很喜欢这样的方式。因为这样的学习方式比传统学习方式更加有活动性,孩子们也更有主动性。通过实验学习的孩子,在英国的普通中等教育的测试系统中成绩得到突破性的提高。这样的工作坊就类似我们提出的"创客空间",让孩子们在做中学,进而能够上升到可以更加充分发挥孩子们学习热情的"创中学"。

(二)"空间"不"空"

创客空间,首先要给学生提供一定的物理空间,即学生具体的实践场所,并配备必要的技术设备;同时,创客空间也需要为学生提供与之匹配的丰富课程体系。如果只有场所,只有"空间",没有课程,这样的场所就只是一个"空壳"。

温州中学建设了"温州中学 DF 创客空间",并将 Arduino 作为创客课程的主要实施平台。学校根据自身条件开设了一系列 STEM 课程。STEM 课程分为控制、互动以及设计三个方向。其中控制类课程有:"跟我学 App Inventor""Arduino 创意机器人""基于 Arduino 的电子控制技术";互动类课程有:"S4A 互动媒体技术""物联网与大数据";设计类课程有:"数学视界下的 3D 模型""3D 打印与 SketchUp"等。①

江苏省锡东高级中学的"创客空间",是江苏省教育厅 2016 年批准建设的课程基地项目。该项目建有"两大学习中心"及"三大展示平台"(如下图)。

学校为配合学生学习,设计开发了"艺术创意课程""STEM 课程""展示拓展课程"三大核心课程(如下图)。

---

① 谢作如,刘正云.做一个可复制的创客空间——温州中学 DF 创客空间经验谈[J].无线电,2015(7):5-7.

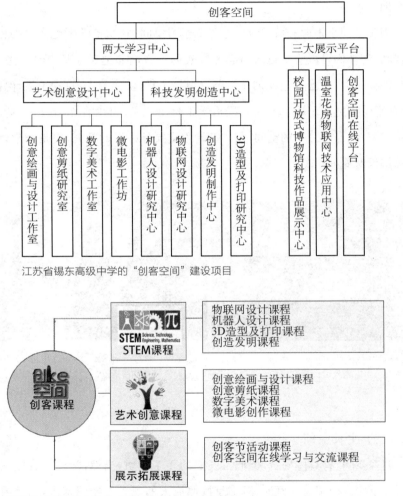

江苏省锡东高级中学的"创客空间"建设项目

江苏省锡东高级中学的"创客空间"三大核心课程

锡东高中的创客空间课程以兴趣为主导,强调课程选择和学习的自主性,学生
可以根据自己的特长和爱好自主选择课程学习,借以培养学生的创造性思维、
创新精神和动手实践能力,在高中时代为学生播下创意的种子,开发创意潜能,

提升创意素质。

　　创客空间是走向开放、自由、合作的学习空间,它赋予学生更多自由和选择的权利,使他们可以听从自己内心最真实的声音而非迫于家长、老师、考试、升学等外在压力,从容地选择创作主题、材料、工具、伙伴等,亲自动手设计、制作、检验,享受创造的乐趣。这些课程给学生自由想象、自由合作、自由创新、自由实验和演示、自由分享的空间,是传统课程重要且必要的补充,更是未来教育创新及学校发展的一个增长点。

江苏省锡东高级中学创客空间场景。 左图为"艺创空间"走廊,从这里可以达到创客空间其他教室。 右图为机器人设计研究中心,学生在进行机器人设计及测试活动。

(三) 生长空间

　　创客空间,有具体场所,类似工匠们的手工作坊,当然,学校创客空间不应该局限于此。校园需要设计,但不是按照成人的观念把校园塞满,而是要留给学生奇思妙想及尽情发挥的空间。理想的创客空间,不是要创造一个固定不变的环境,而是要给学生一个可以不断生长的空间。

　　学生在生长,学生的知识在生长,环境在生长,校园也在生长,最终达到学生与校园共同生长。

学生是校园的主角。由蒲公英团队整体设计的重庆市曼哈顿小学，其设计方向就是打造一个"互动性、游戏化、启智型"的校园①，让整个校园成为一个"创客空间"，给学生带来无限可能的创想环境。

曼哈顿小学的环境设计项目，在满足学校基本教学功能的同时，更多地从学生的视角，通过设计游戏化校园，创造多样的、有趣的、个性化的空间环境，鼓励学生进行广泛交流、多元互动。只有当学生游戏时，学生才会有奇思妙想；只有学生有了层出不穷的创造性想法后，才能创造出哲学家所说的"完整的人"。所以，为了实现学生的完整性，由创造激发学生潜能的游戏环境是必不可少的。

曼哈顿小学的环境设计项目把校园视为一个微型的城市和社会环境，一个生命发展的载体。校园按照学生成长的需要分为三大板块：一是"我是大地的孩子"；二是"我是世界的主人"；三是"我是人生的主演"。具体来说，就是在校园中创造出许多类似城市空间和家庭环境的场所，包括街道、交通系统、庭院、客厅、书房等。这些场所为学生提供了不同规模的游戏角落及很多迷宫般的空间体验。学生在这样的游戏空间中会发现自己的能力，创造不一样的自我。设计者希望依托这样的"创客"环境，给学生更多的学习选择及发展空间。

创客空间，为学生创造性学习提供了理想的场所，而具有"创客空间"特征的未来学校，是孩子最喜欢的学习环境，是一个能给孩子带来无限可能的"魔法学校"。

四、　连锁学校

谷歌一位名叫马克斯·文迪的前主管，在旧金山创立了 AltSchool"连锁学

① 王樱洁. 一切不需要完美——在校园环境中植入灵性的种子. [J]. 新校长，2015(7)：70－71.

校"，并担任 AltSchool 的首席执行官。[①] 他创立这所学校的动机是：很多谷歌的员工经常搬家，孩子跟随父母搬入新社区后，可能出现教学内容不一致的情况，也可能因全家外出度假而缺课，从而影响学业成绩。AltSchool"连锁学校"给经常搬家的家庭带来了福音。"连锁学校"提供个性化授课的学校网络，孩子们可以在不同的地点接受同样的教育，类似汽车 4S 店，客户可在不同的地方接受同等水平的服务一样。2017 年 11 月，AltSchool 宣布关闭硅谷的帕罗·奥多（Palo Alto）和纽约的曼哈顿两所学校，这一消息虽然给 AltSchool"连锁学校"带来很多不确定因素，未来"互联网＋"时代的学校样式也可能与 AltSchool"连锁学校"有很大的不同，但 AltSchool"连锁学校"还是给未来学校带来很多启示，我们从中可以寻找到未来新式学校的一些新动向。

这种新式学校会具有以下一些特点：标准化、个性化、信息化、学习分析、规模化。

AltSchool 连锁学校，类似汽车 4S 店，孩子们可以在不同的地方接受同样的服务。

---

① AltSchool，颠覆传统学校的模式. [EB/OL]. (2016 - 7 - 26). http://mt. sohu. com/20160726/n461009616. shtml.

（一）标准化

社会发展带来的一个问题就是流动性增加，人们很少在一个地方待上一辈子。流动性的增加，必然导致家庭成员的不断流动迁移。孩子不停地在不同的社区选择学校，不停地适应新的学习环境，特别是新的学习内容及学习进度。过多的变化，会导致孩子学习水平的下降。在这样的背景下由谷歌员工创立的"连锁学校"，为解决这一问题提供了一种思路。

连锁学校让孩子们能在不同的地方得到一样的教育，孩子不管到哪里上学，都能跟得上、学得进。这是家长最为关心的事。为此，AltSchool 学校教师团队自主开发课程，其课程参考了美国现行的教育标准或教育机构的建议。课程标准成为开发学习模块的标准，保证在不同地点的不同学校，能有相同的教学目标、教学标准，孩子们无论在什么地方都能享受到同样水平的教学。

（二）个性化

标准化主要指学校为孩子提供相同的基本的学习目标与学习内容，但不同的孩子有不同的学习需求，有不同的学习特点及发展目标，而这些也是未来学校特别关注的一个内容：个性化。AltSchool 学校在这一方面也作了一些探索。

AltSchool"连锁学校"被称为"Micro-school Network"（微型学校网络），在一定的软件基础上，每一所学校可以依据学生需求设定彼此不同的授课进度和授课方式，同时，彼此的教学经验不断加入数据库，并且可以为其他学校所用。"连锁学校"倡导按照孩子实际需求推进个性化的教学，其使命是"支持小型化、多样化的社区教学"。

在孩子正式进入 AltSchool 上学前，学校会通过与学生、家长的访谈，了解孩子的个性特点、兴趣爱好、思维方式、学习需求、学习策略、知识储备、学习强项及弱项等。老师把这些关键要素进行记录整理，最后为孩子创建一个"学习档案"或者"学习清单"。这些学习档案包括他们的兴趣、优势、劣势和学习类型等。这份档案的内容会随着学习情况及时间推移而不断更新。老师们会提出这样的问题:"如果你能设计学校,那你想要的学校是什么样子的?"孩子们的想法及诉求能让教师们了解孩子真正的需求及学习偏好,这对于制定孩子未来的学习计划及课程很重要。教师们可以编制出真正的基于学习者需求的档案、育人目标及学习计划。个性化学习计划以周为单位,每周更新。学校完全打破了原来按照年级进行分班教学的模式。你可以看到在同一个班的学生,有的在学数学,有的在学阅读,有的在学编程;有的是 3 年级的年龄却上着 5 年级的数学课。不同年级的孩子在一起,可以相互指导,相互学习。课程"以主题学习为基础,采用真实情境的课堂和教学推动孩子学习"。

个性化的学习模块,是 AltSchool 学校的亮点。一方面,学生利用这样的学习模块进行个性化的学习;另一方面,教师也需要通过相关的软件指导学生开展学习活动,及时进行定性或定量的教学评价。

AltSchool 学校建构了自有平台的学习资源网,学生在学习网络资源时,后台处理程序就会跟踪孩子的学习情况,并进行记录分析,以此判断这个孩子的学习喜好及习惯、学习水平及能力,系统再根据需要及时推送下一个学习任务。

与传统学校相比,AltSchool 学校会给孩子更多创造的空间。在开学前,学校甚至还没有为孩子们购买好学习设备,教室里呈现出空白状态,因为学校准备让孩子们参与到教室的设计中来:孩子们觉得需要什么就添置什么。一开学,法兰西(France)老师就教孩子"设计思维",带孩子们到校外参观,寻找教室设计的灵感。法兰西老师认为:"对于我而言,没有学生的想法和参与,你是没有办法也不可能布置一个真正为学生着想的学习环境的。"开学两个月后,这个空白的教室开始成为一个简洁而有趣的环境。

（三）信息化

AltSchool"连锁学校"创始人马克斯·文迪其实并没有教育行业背景,他的教育创新动力来自自己的孩子。幼儿园基本满足孩子通过玩与探索进行学习的天性,自由的氛围让孩子很愉快。但到了小学,情况发生了变化,过重的学业负担剥夺了孩子的乐趣及压制了天性。这种情形下他萌发了自己创办学校的想法,想建一所真正的基于个性化学习的学校,而当下发达的互联网技术,可以帮助他实现这一愿望。互联网技术让其在课程资源、学习方式、学生个性化选择上作出了很大的创新变革。

在依靠网络程序员合作开发的在线网络上,老师们可以分享他们的课程设计。同时,学校的网络会以最优化的方式,为每位学生设计出最适合他们的学习任务,提供个性化的学习模块,让孩子们用最适合的方式来完成学习任务。互联网技术带来的教育信息化,及教育大数据时代的到来,让学校教育产生了真正的变革。这一变化,让人们知道何时学习最有效、采用何种方式学习更合适、在什么地方需要深度学习等。这就是信息化带来的"学习分析"技术的兴起。

（四）学习分析

学习分析技术,最初人们把它定义为"使用数据和模型预测学生收获和行为,具有处理这些信息的能力";2011年《地平线报告》则将其定义为"对学习者及其所处情境的数据进行的测量、收集、分析和报告"。学习分析同时具有在学习过程中进行学习干预、对学生学习进行评价及对下一阶段学习提供策略三个意义。学习分析,需要在学习过程中记录学生学习轨迹,并对这些轨迹进行建模,形成某一位学生个性化的可视化学习模型。

学习分析包括以下几个方面:数据挖掘、数据分析、干预与决策等。教育要有大数据意识,即教师要在平时的教学中学会通过各种渠道采集学生学习信息,而且要善于从已有的信息中发掘教育价值;大数据可以帮助人们发现以往学习中看不见的层面。教育要重视学生学习过程的评价,及时记录学生在学习过程中出现的学习情况(包括回答问题、作业质量、合作学习、学习态度等),作为学习评价的一个重要资料。教学评价重视整体评价,要有建模意识,评价形式应该更加多样直观。教学评价要建立服务意识,过程中的评价是用来改善学生学习的,是为学习纠错提供指导,而非用来锁定学生的错。教学评价要为学生的发展服务,为学生进一步学习提供决策。

(五)规模化

因为"连锁学校"提供规模化学习课程,所以,办学者只要按照这样的模型进行创建、按这样的标准进行教学,"连锁学校"就可以克隆,在不同地点提供相同水平的教育。

借助现代科技提供的软件与硬件,同时得到了 Facebook 创始人扎克伯格、乔布斯妻子、硅谷著名投资人的大笔投资,实验取得了初步成功。AltSchool 已经颠覆了传统学校,可能会掀起一场全球性的学习方式的革命。

AltSchool"连锁学校",带来了学校及教育的一系列变革,为未来新式学校做了有意义的探索。Alt 是单词"alter"的缩写,意思是"改变"。计算机上的 Alt 键是一个"交替档键",在操作计算机时,运用 Alt 键可以大大提高工作效率。马克斯·文迪以"Alt"来命名自己创办的学校,意图让新学校从根本上替代传统学校。

五、 回归生活

1996 年,国际 21 世纪教育委员会向联合国教科文组织提交了报告《教育——财富蕴含其中》，报告提出了教育面向未来社会发展的"教育的四个支柱"：学会认知（learning to know）、学会做事（learning to do）、学会共同生活（learning to live together）、学会做人（learning to be）。[①]

学会认知，即进行知识学习及方法学习。学会做事，即学会在一定的环境中工作，这是学生从技能到能力的转变。学会共同生活，即培养学生在活动中参与和合作的精神，学会发现他人，发现他人的价值，建立共同合作的意识及能力。学会做人，就是学会生存、学会做人的能力，是要培养学生适应环境以求生存，改造环境以求发展的能力。学生的这些生活意识及能力，只有在公共生活、共同做事中才能建立起来。想让学生能适应未来生活，适应未来社会，就需要在学校设计及建设中具有回归生活的意识。回归生活，在生活中共同做事、共同相处，是实现这"四个支柱"的必要方式。

以"回归生活"为宗旨的未来学校，在空间处理上追求朴素，崇尚自然生态，营造生活化的校园环境。在课程设计上把培养学生适应未来生活需要的基本技能及对待生活的基本态度放在首位，在学习中强调生活体验，重视劳动教育，培养坚韧耐劳的"草木精神"。

（一）劳动教育

人们惯常把人的工作分两类，一类是脑力工作（或智力劳动）；一类是体力劳动。学校学习一般被认为是"智力劳动"，而体力劳动往往被忽视。回归生活的教育，应该把体力劳动放在一个重要的位置。学校教育培养的是一个完整的人，未来学校教育同样要把学生培养成爱劳动、懂得劳动价值、具有劳动意识及

[①] 联合国教科文组织总部中文科，译. 教育——财富蕴含其中[M]. 北京：教育科学出版社，1996. 12：2 - 3.

基本劳动技能的人。

媒体曾热议过一个问题："美国最难进的一所学校是什么?"不是哈佛,也不是耶鲁,而是号称"美国最神秘大学"的深泉学院。① 该学校坐落于美国加利福利亚州与内华达州交界处死亡谷沙漠深处的一片小绿洲,创办于 1917 年。该校校训为:劳动、学术、自治。

在与世隔绝的沙漠深处,学生们一边放牧,一边进行超强度的学术训练。该学院的学术质量得分与哈佛大学并列第一,是美国最顶尖学生的乌托邦。学校绝大部分毕业生转入哈佛、耶鲁、康奈尔等常青藤名校深造。该校招生条件苛刻,每年只招收 13 名男生,学制两年,学费生活费全免。

一旦被深泉学院录取,学校为每一位学生提供全额助学金,但代价是每个星期 30 个小时的苦力劳动。他们的原则是,因为你要吃饭,所以你要煮饭;因为篱笆需要加固,所以你要加固篱笆。学校有约 200 头牛以及马、羊、猪、鸡等动物,并在一小片绿洲上种有蔬菜。学生们必须和校工一起在牧场放牛、在绿洲耕种。

学生们上午上课,下午参加劳动。由于学校建设在牧场上,学生的劳动包括挤奶、在食堂做饭等,有时候劳动会持续到晚上。学生们的课业一点不轻松,一学期要学完三门到四门课程。该校最有特色的是学生们的自我管理。学校的一切日常管理都由学生们自己负责,包括学校开什么课程、任免教授、新生录取等,都有学生董事会参与,而且决定权很大。他们前 10 分钟或许手捧书本讨论海德格尔、下国际象棋、弹吉他,下一分钟就开始杀猪喂牛、种菜挤奶甚至织毛衣。

---

① 每年只招 13 名男生? 带你看看美国最神秘大学[EB/OL]. http://edu. ifeng. com/a/20141016/408388310. shtml. 2014 - 10 - 16.

深泉创始人有一段话:"在荒野深处存在着振聋发聩的声音,那是在熙熙攘攘、物欲横流的社会中所缺乏的,只有卓然不群的、真正的领袖人物才会试着去亲近孤独,寻找并倾听到这个声音。绅士们,你们来到最狂野的西部沙漠深处,不仅仅为了传统的书本知识学习,不仅仅为了体验牛仔生活、成为一个男子汉,不仅仅为了个人未来的物质享受与职业追求,更重要的是学会为一个更好的社会而贡献、效力。你们要明白,在这里,你们将获得的不仅是最顶尖的能力,也承载了最宏伟的志向——无私地运用你的能力让这个社会变得更美好。"可以说,劳动教育就是深泉学院的特色课程,正是这样的特色课程,培养了学生的刻苦精神与独立生活的能力,培养了学生热爱生活、乐于创造生活的情感。体验洪荒之力,是人类最原始也是最根本的能力历练。

2015 年,中国的一所"深泉学院"——"伊顿学园"①受到人们关注。位于江苏句容市边城镇附近的伊顿学园,是为培养"知行的乡村建设人"这一使命而建立的实验性公益学园,也是一所开放性、公益性的人文学园。它的"招生简章"是这样描述校园的:"她坐落在仑山、小茅山、高丽山三山的环抱之中,这里保持着完整的原始自然风貌,远处山坡上是一片黑松树林郁郁葱葱,伊顿学园便掩映于一水相间的黑松林之中,乘舟渡水,竹篱茅舍自甘心。"

"伊顿学园"创立者对自己的学校作了如下定位:

> 伊顿学园是一所诗意栖居的耕读学园。伊顿学园置立山林草庐间,以天地为"心斋",神驰于四极八荒渔樵耕读之中,正是于诗意栖居上追寻的结果。
>
> 伊顿学园是一所"返本开新"的学园。"返本"是回到生命的深处,返归

---

① 知行的乡村建设人[EB/OL]. (2016 - 1 - 8). http://www.sohu.com/a/53386191_372503.

原点,阅读伟大的典籍,接近伟大的心灵;"开新"就是以古典精神和人类共同教育价值承接古今。

伊顿学园是一所生命、生存、生活的学园。教育在于成就人格,在于使人获得生命的自由。在生活与劳作中,生发问题,自主构建与学习。

追求"草木精神",懂得劳动的价值,在劳作中体验生命的愉悦,这些都是未来学校所应追求的宗旨。

(二) 生活教育

一个体面及有品位的人,应该是最懂得生活的人。他不是象牙塔中的人,而是一个充满活力、热爱生活、关心生活并拥有独立生活能力的人。在日常生活几乎被网络控制的今天,这样的生活意识及生活能力越来越显得重要。

日本崎玉县的小仓朝日幼儿园在迎来建园 50 周年之际,特地邀请了日野比设计事务所重建园区。设计师采用了非同一般的设计理念,大胆地使用集装箱来搭建学校,[①]不但缩短了建设时间,而且体现了环保的理念。学校建筑本身就在时刻教育孩子要重视对身边资源的再利用、再创造,倡导绿色生活,鼓励履行环保责任。

很多人走进日本幼儿园的第一印象并不是绚丽多彩或高贵奢华,而是平常与朴素。这样的平常与朴素,让校园环境与生活更贴近,给孩子一种家的感觉,让他们更愿意去探索生活的奥秘。这样的平常与朴素,最能突现学校设计的功力与底蕴,是设计师最自然的也是最大的追求。在这样的环境中,孩子们不会

---

① 筑龙建筑设计. 深扒日本的幼儿园设计 [EB/OL]. (2016 - 10 - 31). https://sanwen8. cn/p/4816dgm. html.

缩手缩脚,而是可以随意地去摆弄它,竭力地去亲近她。正是在这样的环境里,孩子的创造潜能及创新冲动得到了很好的激发。

生活教育,需要学生在真实的社会与自然生活中体验、学习。德国排名第一的畅销书是一本介绍森林的书——《树的秘密生活》。① 全书介绍了森林中树木的灵性:树与树之间会相互沟通、相互关注、相互保护;它们还会照顾老树、病树,也会爱护幼树;并且具有记忆,拥有人性。这些深深打动了德国人,德国人的森林教育深入人心,从幼儿园开始就对孩子实施以"走进森林""没有森林就没有人类"为主题的教育,让孩子们定期走进森林,而且特别注明"走进森林,风雨无阻"。在森林里,孩子们体验不同季节给森林带来的变化,探究自然的奥秘,欣赏大自然的神奇魅力。学校还教育孩子们如何识别森林里的动植物,锻炼孩子们的动手能力,让孩子们用木头做可以带回家的手工活,在森林中让孩子做游戏,给生日的孩子进行庆祝活动等。这样的森林教育贯穿从幼儿园到中学的整个学段。政府积极为学校提供在森林公园进行森林教育的条件,如"森林之家""森林课堂""森林游乐场"等设施。德国的"森林教育",是一门具有丰富内涵、对孩子具有长久影响力的生活教育课程。

生活教育,就是让学生能回归生活,学会探究生活世界与生活现象,在生活中共同做事、共同相处。对生活现象的好奇是儿童学习的起点,未来学校要建设能够培养学生这些能力的生活化的校园,开设生活化的课程。

时代再怎么飞跃,学校的一些基本特征、教育的一些本质属性都是不会改变的,特别是教育对人发展的基本要求是不会改变的。现代化不是要远离生活,而是要更适应生活,更懂得生活价值,更能生活,更善于生活。人归根到底是生活在真实的世界中的,适应生活、学会生存,是学生应该具有的核心素养。

---

① 杨佩昌. 德国人的森林教育[N]. 报刊文摘,2016 - 9 - 16.

生活教育，是未来学校发展的永恒主题。

（三）合作教育

联合国教科文组织认为，学会共同生活（learning to live together），就是培养人们在人类活动中的参与和合作精神。一些地区充满了暴力，就是因为人们不能融洽相处，不能相互接纳。要改变这样的状态，就要学会欣赏他人，发现他人的价值，树立共同合作的意识及能力。这样的意识及能力只有在共同生活、共同做事中方能培养。能力是一种混合物，它把通过技术和职业培训获得的严格意义上的资格、社会行为、协作能力、首创能力和冒险精神等结合在一起。

"物物相连"构成了当今的世界。任何事物都不能孤立存在，万物都是相互制约、相互促进的。这个时代，独行侠再也不能"打遍天下无敌手"。《世界是平的》一书作者、美国经济学家托马斯·弗里德曼认为，21世纪全球化过程加速，"世界正被抹平"。"世界被抹平"后，合作共赢成为时代发展的主要特征。所以，未来学校必将更加开放，让学生更多参与社会实践，更强调合作意识及社会责任——这些，正是未来学校的重要使命。

勤劳动、爱生活、会共处，在任何时代都是教育需要坚守的基本价值观。

未来学校不会只是一种形态，而应该多元发展及混合发展。多种形态的学校，是符合未来社会多元发展需求的，也是符合未来多样化人才发展需要的。

主要参考资料

1. [美]R. Thomas Hillle. 现代学校设计:百年教育建筑设计大观[M]. 胡舒,译. 北京:电子工业出版社,2014.

2. 徐宾宾. 学校印象——国际一流景观设计事务所学校设计案例集合[M]. 南京:江苏人民出版社,2011.

3. 高迪国际出版有限公司,编. 中小学建筑[M]. 大连:大连理工大学出版社,2012.

4. 张宗尧,李志民,主编. 中小学建筑设计(第二版)[M]. 北京:中国建筑工业出版社,2009.

5. 凤凰空间·北京,编. 成长空间:世界当代中小学建筑设计[M]. 南京:江苏人民出版社,2012.

后　记

设计，让教育更有力量

　　著名的 TED 演讲视频有一个专题名为"如何改变一所学校的脏乱差"，主讲者为琳达·克莱特-韦曼（Linda Cliatt-Wayman）。黑人女性琳达是美国费城北部地区的一位高中校长，她所管理的学校基本都处在全美最贫困、条件最差、犯罪率最高的地区。在这个专题中，琳达分享了她管理草莓大厦高中的经历——她只用短短 4 年时间，就让这所学校发生了根本性的改变。

　　草莓大厦高中连续 5 年被列入"低绩效且持续危险的学校"名单。学校的特点是"一低四高"。一低，就是"成绩低"；四高，是学生"武器多""毒品多""被袭击多"及"被警方拘捕多"。琳达校长第一次到这个学校时根本进不了门，校门是被链条锁住的。她进学校后看到的景象是这样的：走廊又黑又暗，很多灯是不亮的；教室内堆满杂物及损坏的桌椅；学生坐在教室里，神态是恐惧的，生怕有什么事情会发生；老师无心教书，都在担心自己的人身安全……

琳达校长接管这所学校后提出了明确的治校理念及有针对性的教育变革方案。根据校园脏乱差的现象，她重新设计了校园的每一个公告栏，发布丰富多样的正面信息，向学生传递正能量。教室里更换了灯泡，增加亮度，清理教室不需要的杂物及旧资料等。根据教师们知道教学内容但面对众多学习水平不同的学生又不知如何去教的情况，学校为教师设计了一种课堂教学模式，专门侧重于小组教学，让所有学生在课堂中都可以满足各自的学习需要。重新设计教学日程，调整上下课时间，对核心课程、课外活动及其他教学服务重新安排，确保能正常开设。针对学校的特殊情况，学校设计了一个校园纪律项目——"没商量计划"。这是一个行为系统，专门用来持续促进学生的积极行为。重新调整学校预算，增加经费投入，提高老师及工勤的薪酬……

琳达校长的这些举措获得了成功，学校发生了根本性的逆转，她也赢得了学生、老师及社会的尊重。州政府数据显示，该校学生在代数方面的成绩上升了 171％，文学成绩上升了 107％。草莓大厦高中也摘掉了"持续危险学校"的帽子。

这成功的背后，有琳达校长执着的教育理想和对孩子们真诚的爱，而对学校教育理念、课堂教学模式、校园环境、学生行为规范、员工管理条例等进行系统设计，提出有创意的、科学的、务实的问题解决方案，起到了关键的作用。生活中有理想的校长有很多，爱孩子的校长也有很多，但能像琳达一样用设计理念，把自己的教育理念及对学生的爱，变成一个具体的可实施的教育变革方案，最后彻底改变一所学校命运的校长却不多见。

琳达校长的成功给我们的启示就是，设计让教育变得更有力量，也更有魅力①。

---

① 更多信息见：https://mp.weixin.qq.com/s/F98KJ_5K5zNFxCrcii64rw.

教育是有目的有计划的活动，设计就是使人们理想中的事物具体化、可视化、系统化及可操作化。所以，教育也是一项需要设计的活动。

设计，之所以能让教育变得更有力量、更有魅力，是因为设计的本质就是追求美的工作。

美是有规律的，设计的过程就是追寻美的规律的过程。

自然世界就是按照美的规律来设计一切的。霍金在《大设计》一书中提出，宇宙不是上帝创造的，而是"从无到有自己创造了自己"，这样的设计是依照宇宙自身规律进行的，比如，万有引力定律等。世间万物的演化是遵循定律，而非以人格化的神的意志为转移和运行的。这个宇宙定律虽是无意识的，但无疑是符合设计规律的，它是美的，从混沌到有序，几乎是有计划的有预谋的。通过宇宙大爆炸，宇宙的各要素实现了和谐相处，虽各行其道，但又相互依存，构成了一个美妙无比的伟大场景。这就是宇宙的大设计。

同样，教育也需要大设计。我们正处在一个教育大设计的时代，我们应该为孩子设计更适合他们学习、更符合教育规律、更安全也更具有美感的校园。

本书从审美视角，对学校发展及校园建设进行系统思考，通过对学校建设及发展产生影响的各要素的系统设计，为学校发展和学校品质提升提供系统化的解决方案。

设计，应该是帮助教育工作者实现教育目标，实现培养完美人格这一教育理想的一条通途。

本书以设计为名，包罗了学校发展的方方面面，设计成了一个筐。事实上，这些元素一旦让设计介入，就再也抛不开它了，除非你不想让学校有品位、有品质、有品牌。

"不谋全局者，不足谋一域"；不设计学校，不足以领导学校。

本书在编写过程中，得到了诸多专家学者的关心，特别是得到了江苏省人民教育家培养工程导师崔允漷教授、吴康宁教授、顾泠沅教授、董林伟主任、陆建隆教授等专家的热心指导；尊敬的成尚荣先生也欣然为本书写序；在书稿出版过程中得到了华东师范大学出版社王冰如编辑极其专业的指导，在此一并致谢！